国家社科基金项目"11至19世纪英国自由农发展演变研究"

批准号：11BSS023
证书号：20182245

英国自由农
——从中古到近代

English Free Peasants
From Medieval Times to Modern Times

李彦雄◎著

人民出版社

责任编辑：江小夏

封面设计：胡欣欣

图书在版编目（CIP）数据

英国自由农：从中古到近代／李彦雄 著 .—北京：人民出版社，2018.9

ISBN 978－7－01－019870－5

I.①英⋯   II.①李⋯   III.①封建经济－经济史－研究－英国

 IV.① F156.19

中国版本图书馆 CIP 数据核字（2018）第 226074 号

英国自由农
YINGGUO ZIYOUNONG
——从中古到近代

李彦雄 著

人民出版社 出版发行

（100706 北京市东城区隆福寺街 99 号）

北京盛通印刷股份有限公司印刷 新华书店经销

2018 年 9 月第 1 版 2018 年 9 月北京第 1 次印刷

开本：710 毫米 × 1000 毫米 1/16 印张：18.5

字数：260 千字

ISBN 978－7－01－019870－5 定价：68.00 元

邮购地址 100706 北京市东城区隆福寺街 99 号

人民东方图书销售中心 电话（010）65250042 65289539

自 序

六年时光终掷笔，有种如释重负的感觉，虽然其间历经艰辛苦涩，但终于踏过荆棘，嗅得花香。英国自由农发展演变问题研究贯穿中古农业社会到工业化时期发展演变整个过程，时间跨度大，牵涉问题多，微观案例与宏观理论把握起来比较困难；加之中世纪自由农研究文献收集困难，翻译任务重，尤其是中古英语与现代英语差异较大，翻译难度很大。或许正因为如此，这六年的记忆将成为我生命中最珍贵的收藏。

我于 2004 年有幸进入天津师范大学历史与文化学院世界历史专业攻读博士研究生，师从著名史学家侯建新教授，开始进入中世纪史学术殿堂。鉴于英国在世界近代史上的独特地位，英国自由农在英国从中世纪向近代转型过程中的重要作用，以及我国当时面临的农业、农村、农民三农问题，作为从豫北农村走出的学子，我随即确定了自己的研究方向，博士学位论文定为《中世纪晚期和近代早期英国自由农研究》。之所以确定这一研究题目，主要是基于两方面考虑：第一，国内外关于英国自由农问题研究的成果虽然不少，但系统地进行长时段研究的成果并不很多，国内的成果更是少见。因此本研究以 11—19 世纪英国自由农发展演变作为研究内容，可以弥补这方面的不足，丰富国内关于英国农民问题的研究成果。第二，英国中世纪自由农起源问题，英国自由农从中古到近代发展演变的整体轨迹如何，从 20 世纪至今百余年间中国世界历史学科发展历程中，没人进行系统回答，本书的研究是在该研究领域的大胆尝试。希望通过对

11—19世纪英国自由农发展演变的全过程进行长时段研究，揭示英国自由农发展全景，丰富英国农民史研究，以期对我国"三农"问题的解决有所裨益。

本书与博士论文既有联系又有区别和提升。具体表现在本书是以博士论文为研究基础，在此基础上进行延伸、拓展、丰富，基本结构、内容、观点、研究方法有相似之处，又有所区别和提升。首先，结构上，博士论文为五章14节，本书分为六章21节，每一章节内容都有很大的充实。其次，观点和内容上，二者观点基本相似，主要区别与提升在内容方面。内容增加了索克曼的起源研究，自由农与非自由农的区别研究，近代早期英国社会结构变化研究，并新增和细化了16—19世纪自由农的发展演变过程中各阶段发展原因的分析等研究内容，增加了大量史料。把英国自由农在不同时期发展演变的状况与英国社会变革的大背景相结合，既注重宏观理论分析，也注重微观历史研究，尤其是系统分析了不同阶段自由农演变原因，研究探讨了近代早期英国社会的人口结构变化及其对自由农的影响。较博士学位论文而言，本书的研究更加深入细致，篇幅大为扩充，补充了16—19世纪自由小农衰落的原因。再次，研究方法方面，二者研究方法基本一致。

全书共分导论与六章：导论主要介绍选题的缘起与研究方法，学术史回顾，基本思路；第一章庄园化过程中的自由农的起源，主要讲述了四个问题，即前征服时期的自由小农，早期自由农索克曼的历史渊源，自由持有农的历史起源，自由农与非自由农的区别；第二章11—19世纪自由农阶层的发展演变，内容包括：11—16世纪自由农阶层的发展壮大，富裕自由农"约曼"的兴起，自由农数量的增加，16—19世纪自由小农阶层的衰落；第三章11—19世纪自由农发展演变的原因分析，主要从社会条件、经济条件和其他因素等方面分析庄园制度下自由农发展壮大的原因，并且剖析了16—19世纪英国自由农发展演变的原因；第四章自由农发展的地区不平衡，主要分析了英国自由农发展的地区不平衡问题，并介绍和分析了国外学者对造成此问题的原因的研究成果，最后提出自己的观点，分析了自由农发展不平衡的原因；第五章自由农的历史贡献，分别从自由农在英国乡村社会的地位和作用，自由农与资本主义农场主的诞生，自由农在社会转型和变革中的主力军作用等三方面展开论述；第六章自由农阶层的分化，包括三部分：近代早期英国社会结构的变化，自由农阶层分化的原因，自由农阶层分化的表现。全书试图向读者描述 11—19 世纪英国自由农发展演变的轨迹，即英国自由农在 11 世纪从边缘群体到 15 世纪成为农民主体，15 世纪到 19 世纪又走向衰亡的过程，重点是把自由农民史从英国农民史中分离出来，从宏观上考察英国自由农 11—19 世纪 700 余年的演变过程，既解决英国自由农的起源问题，更关注自由农在三次重大社会变革中——从古代向封建过渡和从封建向资本主义过渡以及工业化中命运的变化，该问题涉及英国社会、政治、经济、宗教、文化等方方面面的内容，试图呈现一幅丰满的自由农民全景画面。另外，本研究以普通自由小农发展演变作为研究对象，是真正从底层劳动者的历史入手，实践"从底层向上看"的历史。

　　本书关注到了英国自由农整体发展演变的轨迹及原因，对英国自由农从 11 世纪到 19 世纪漫长的发展演变全过程进行了深入细致、系统的分析，取得了一定的成果。因为课题关注的自由农问题是英国历史研究的一个新视角，该问题又涉及政治学、经济学、语言学、民族学、法律史等诸多学科领域，这就需要研究者具备扎实的跨学科知识结构与学术素养，较为系统的跨学科知识训练，需要与社会学、经济学、语言学、民族学、法律史等领域的专家与学者保持密切合作，以弥补研究者可能存在的视野闭塞和学科壁垒所造成的缺失。在这方面本书仍有改进之处。本书在其他方面也还存在一些问题，比如关于英国早期自由小农的状况，由于史料的缺失，仍有值得深入挖掘的地方；对自由农在古代向封建过渡和从封建向资本主义过渡以及工业化过程中演变的理论分析仍待加强。总之，自由农问题是涉及重大理论问题的课题，要求研究者有深厚的史学功底和理论修养，而由于笔者学力所限，难免仍有许多不足，仍需在今后的研究中继续努力。

李彦雄

2018 年 2 月于安阳

目　录

导　论

　　英国是人类历史上第一个实现工业化的国家，是近代工业文明的发祥地。作为"内源型"的资本主义国家，在其实现从中世纪传统的农业文明向近代资本主义工业文明的转变中，农业和农民的发展演变历程无疑是特别值得关注的。这一转变过程中，英国农业经历了从传统农业向资本主义农场的转变，农民经历了从依附农到自由农，再到工业无产阶级和农业雇用工人的转变，已然是学界共识。然而对自由农问题，学界分歧依然很大。如关于自由农的历史渊源、自由农的发展、自由农的衰落、自由农的历史贡献等问题，仍旧智者见智。针对这一现状，在深入学习国内外已有相关研究成果的基础上，笔者试图对 11 世纪英国诺曼征服以来至 19 世纪英国工业革命完成这一长时段内，英国自由农的发展演变路径进行初步探讨，以对社会转型时期的农民问题研究奉献自己的微薄之力，以期为这一时期英国农民问题研究添砖加瓦。

一、选题的缘起与研究方法

　　选题的缘起。自由农起源于英国庄园化的过程中，是封建社会与农奴并存的一个被边缘化的群体。其源头可以追溯到 11 世纪的《末日审判书》中，之后的几个世纪自由在英国普通农民中迅速扩张，15 世纪自由农已成为英国农民的绝对主体，在近代化的过程中英国自由农阶层又发生了严重的分化，最晚到 19 世纪中期作为一个阶层就已经不存在了。

　　11—19 世纪的英国，经历了封建制度的确立、发展、衰落，以及资本主义的兴起和工业革命的发生。期间英国社会发生了复杂而深刻的社会变革，诸如商品货币经济的发展，城市和市民阶级的兴起，自然经济的逐步解体，庄园农奴制的崩溃，贵族的没落，自由农阶层力量的增强，工场手工业的兴起及其向现代工厂的转变，自由农阶层的没落以及工业无产阶级的兴起等重大的社会历史变迁。推动这些变化的"上帝之手"究竟是什么呢？是普普通通的英国农民的勤劳的双手。正如侯建新教授所言，"英国 13、14 世纪的普通农民正是通过'静悄悄的劳动'，铸造着使封建制度瓦解、资本主义产生的物质基础，他们创造的农业劳动生产率虽不是惊人的，却也是相当可观的，是几个世纪后英国农村社会发生划时代变化的一个重要台阶。"[①] 在英国经济发展和社会变迁中，乡村社会的结构当然也发生了缓慢而深刻的变化，农奴制瓦解了，大量农奴获得了自由，自由小农阶层成长为英格兰乡村社会劳动者主体。自由小农阶层的发展壮大不仅涉及农业和农民问题，更是涉及社会转型的理论问题。农民千方百计争取自由，采取一切手段增加收入，尽力保护自己的财产不会过多地被领主剥夺。领主则尽力保全自己的利益。但最终的结局是自由发展了，农奴制瓦解了，贵族没落了，农奴解放为自由农，资本主义发生了，在资本主义发生发展的过程中，自由农阶层最终衰落了。自由农的发展和衰落，是研究英国资本主义起源发展和实现近代化，研究英国社会从传统社会向近代社会转型的一个重要视角。对如此重大的理论问题从史学角度进行探讨，对中国这样一个处于转型期的农民大国，具有非常重要的现实意义。

　　恩格斯在为《资本论》所作的序言中指出，"毫无疑问，在这样的时刻，应当倾听这样一个人的声音，这个人的全部理论是他毕生研究英国的经济

---

① 侯建新：《现代化第一基石》，天津社会科学院出版社 1991 年版，第 46 页。

史和经济状况的结果，他从这种研究中得出这样的结论：至少在欧洲，英国是惟一可以完全通过和平的和合法的手段来实现不可避免的社会革命的国家。"①马克思关于英国社会变革的研究重点无疑是英国工业化实现的过程，即农民向工人的转变过程。英国社会的这一和平的和合法的转变过程，无疑对中国当代社会实现农村人口的城镇化具有重要的借鉴意义。

自由农民群体作为英国中世纪一个特殊的社会群体，其起源、发展和演变却不仅仅是农业和农民问题本身，而是关系奴役制度的消失和身份制度变化的重大社会问题，涉及社会转型和现代化的重要理论问题。因此，从英国自由农民的起源入手，对其发展、演变进行深入细致的研究，不仅是研究英国农业和农民问题的一个新视角，而且是研究英国资本主义发展和实现现代化的一个重要视角。本研究的重点、难点及创新之处就在于以统观和宏观的视野，对英国自由农发展演变过程进行细致入微的研究，整体把握该群体发展演变的脉络。另外关于自由农起源的问题更是学界研究的薄弱环节，对该问题的研究也有很重要的学术价值。对这样一个重要问题从历史学的角度进行探讨，对中国这样一个处于转型期的农民大国，具有非常重要的现实意义；而比如：经济活动和市场化的发展对农民生产、生活方式的影响，农民权利发展问题，农业劳动力过剩问题和城镇化等问题，英国自由农发展中的地区差别问题，对解决我国现阶段面临的城镇化和社会转型问题，解决我国面临的地区发展不平衡问题，都具有极其重要的借鉴意义。

最后，社会史以普通民众为主要研究对象，强调"自下向上看的历史"（history from below）。在农业社会农民是民众的主体，而 11 世纪至 19 世纪的自由农问题不仅是自由农本身的问题，更是涉及广大农奴解放和社会

---

① [德] 恩格斯："英文版序言"，载于 [德] 马克思：《资本论》第一卷，中共中央马克思恩格斯列宁斯大林著作编译局译，人民出版社 2004 年版，第 35 页。

转型的社会变革问题。因此，本文选择自由农作为研究对象。

研究方法。历史研究应当从哪里出发？恐怕稍有历史常识的人都会脱口而出：当然是让史实说话，从客观的历史事实出发。然而史实本身是不会说话的，真正能说话的是历史学研究人员，而研究人员说话的依据只能是史料。因此，史料的收集、鉴别和考证，就成为史学研究的基础；实证就成为历史学的基本方法。由于自由农问题涉及政治学、经济学、宗教学、语言学、民族学、法律史等众多研究领域，"跨学科交叉与渗透"特征明显，又决定了本研究必然需要史学研究方法与上述各学科方法的交叉运用。然而，经济学与社会学等学科的研究方法只能作为辅助研究手段，起到拓宽历史学科研究视野，深度发掘史料的多重内涵，避免研究缺失，碰撞激发新研究课题的作用。本文研究还是以历史学的实证方法为主，运用唯物史观和布罗代尔的"长时段理论"，以历史学的文献分析和实证方法为主，辅之以经济学、社会学等相关学科的研究方法，在实证研究的基础上进行理论分析。

史料问题。本文史料主要来自天津师范大学欧洲文明研究院收藏的有关英文原版书籍和电子资料，以及国家图书馆、北京大学、南京大学、武汉大学等国内英国史文献资料收藏量丰富的高校、机构所收藏的纸质和电子文献资料。另外，人大复印资料等国内外重要网上图书馆，也是本研究重要的史料来源。

二、学术史回顾

自由农问题是国内外学者普遍关注的一个问题，有不少研究成果可资借鉴。因此，了解相关的研究成果，是首先要解决的问题。

国外部分。农业与农民问题在英国从中古农耕社会向近代资本主义社会转变过程中的极其重要的地位，以及近代英国在世界历史舞台上的傲人地位，引起国内外学者浓厚的研究兴趣，产生了丰厚的学术成果。其中既有深入的理论分析，也有大量细致的微观研究，成果可谓汗牛充栋。综合国外与英国自由农问题相关的研究成果，大致包括如下几方面内容：

1. 关于英格兰中世纪自由农的发展轨迹问题。因中古早期时代久远和史料的匮乏，学术界在中世纪英国农民身份发展问题上难免会出现意见与观点的分歧。英国大多数历史学家，从早期的梅特兰、维诺格拉道夫直到当代英国著名马克思主义史学家希尔顿都认为，中古英格兰农民经历了从自由到被奴役再到自由的身份发展轨迹。当然，也有不少学者提出截然不同的看法，率先"开炮"的是西保姆，他指出奴役制自古有之，古代时期农民并没有经历从自由到被奴役的发展。① 著名史学大家、《过去与现在》杂志的总主编阿斯顿也持相似观点。阿斯顿认为英格兰在盎格鲁－萨克森时期，大概一开始庄园就普遍存在，田间的耕作者大多是依附于庄园主的依附农，而非自由农，或许是在垦荒运动中，农民才逐渐获得自由。② 英国著名经济史学家波斯坦曾担任《剑桥欧洲经济史》和《经济史评论》的编辑，他在《中世纪的经济和社会》一文中写道，史前时代人类最初是平等的，自从蛮族入侵罗马后就已经是不平等的了。盎格鲁－萨克森时期，英国农奴制十分普遍，奴役制度发达。但是波斯坦的观点明显自相矛盾，他同时认为从法律角度看，英格兰的农奴制形成要晚。③ 本文赞成中古英格兰农民经历了从自由到被奴役再到自由的身份发展轨迹的观点。

2. 关于英格兰自由农民与农奴的判断标准问题。自由农民和农奴判断标准问题不仅牵涉到农奴制的形成问题，而且还涉及庄园农奴制的衰落问题，即如何判断农奴摆脱奴役从不自由向自由转变的问题。关于这一问题

---

① 　F.Seebohm,*The English Village Community*,Cambridge,1926.

② 　T.H.Aston,*Social Relation and Ideas*,Essays in Honour of Hilton,Cambridge,1983.

③ 　M.M. Postan, *The Medieval Economy and Society*, Penguin Books,1972.

的探讨体现在学者关于英国农奴制形成问题的争论中。波斯坦对这个问题
进行了回答，他认为中古时期英格兰农民的法律地位与真实的经济状况并
不完全一致，虽然亨利二世时期从法律上确定了维兰的农奴地位，但从实
际的经济状况来看维兰离农奴反而更远了。[①] 波斯坦的回答使得对农民自
由与非自由身份的判断陷入更加模糊的境地之中。英国著名农民史专家希
尔顿力求使中世纪英格兰农民的法律地位和经济状况相吻合。他认为，在
封建农奴制度形成前，是否服劳役并不被视为非自由身份的标志，当时服
劳役的农奴好多还没有承担被认为是被奴役身份标志的遗产税与婚姻捐等
低贱的义务。但在英格兰农奴制形成后，衡量一个农民自由与否的主要标
准是看他是否服劳役，如果服劳役即意味着他是非自由农，不服劳役就是
自由农民。另外，从法律方面看，自由持有农民可以和贵族一样向王室法
庭提起申诉，相反，维兰无权向王室法庭提起申诉，王室法庭不受理维兰
的诉讼，他们只能向其领主的庄园法庭提起诉讼。遗产税、婚姻捐等屈
辱的义务也成为了维兰身份低贱的标志。他进一步指出，到13世纪如果
一个佃农服劳役，就被认为是不自由的维兰，如果缴纳货币地租，就被视
为是自由农民。[②] 哈切尔则明确反对希尔顿的观点。他在《英国的农奴制
和维兰制：一种重新评价的企图》一文中阐述了自己的观点。他指出，假
如如希尔顿所说到13世纪劳役负担是证明维兰农奴身份的标志的话，那
么11、12世纪一些资料（虽然资料稀少）表明当时的劳役负担较13世纪
的劳役负担而言并不轻松且流行范围更广，同时遗产税、婚姻捐等低贱的
义务也并不比13世纪少，甚至比13世纪更重。在此基础上，哈切尔提出
衡量一个佃农自由与非自由最重要的依据是看他是否有迁徙的自由，即被
固着于其所在庄园中的土地及其庄园领主，丧失了自由意志的人，就是农

①　M.M. Postan, *The Medieval Economy and Society*, Penguin Books, 1972, pp.166-167.

②　R.H.Hilton, "Freedom and Villeinage in England", *Past and Present*, No. 31, 1965, pp.11-13.

奴。① 国外大多数研究英国农业和农民问题的专家都和希尔顿持相似的观点，如陶内、贝内特、坎贝尔等人，他们都认为自由农民与农奴的主要区别在于血统和法律地位的不同，而非经济方面的差距，"自由农民负担的是光荣的义务，农奴负担的是卑贱的义务，自由农可以向王室法庭申诉，而唯一为农奴留有一席之地的只有领主的庄园法庭，劳役是不自由身份的主要标志，迁徙税和遗产税、婚姻捐同样是不自由的标志。"②

3. 关于英国自由农发展的研究成果。中世纪英格兰维兰制形成之初，与维兰同时存在的还有人数相对较少但力量强大的自由农阶层，他们在英国历史上起到的作用也许比维兰更为重要。然而，在过去相当长的时期内，学术界对其却重视不够，鲜有研究自由农发展的文章和专著，但是从大量研究农业和农民问题以及社会转型的文章和专著中，我们还是可以梳理出前人对自由农发展问题研究的很多值得借鉴的成果。这些研究成果主要涉及中世纪英国自由农民发展和壮大的原因和途径等问题。

首先，关于中世纪英格兰自由小农阶层发展壮大原因的研究成果。对自由小农阶层发展壮大原因的回答实际上就是对英格兰庄园制度瓦解原因的回答，在对该问题的研究中，学者们分别从各自不同的视角进行分析论证，提出了中世纪农民成功实现由不自由的依附农奴到自由农民身份的转变的原因，形成了不同的学术观点。概而言之，影响较大的观点有以下几种：第一种观点是"人口根源说"③。这一观点的典型代表人物是新人口论奠基人、著名中世纪经济史学家波斯坦。波斯坦认为，中世纪英格兰庄

---

① J. Hatcher, "English Serfdom and Villeinage: Towards a Reassessment", *Past and Present*, No. 90, 1981.

② 李彦雄：《国外学者关于英国自由农民问题的研究综述》，《历史教学（高校版）》2008 年第 11 期。

③ 李彦雄：《国外学者关于英国自由农民问题的研究综述》，《历史教学（高校版）》2008 年第 11 期。

园农奴制度是由经济事实决定的，与法律、社会制度、阶级关系等状况无关，在纷繁复杂的经济要素中，人口、物价和农业生产三要素紧密相连，深刻影响着中世纪经济史的发展，其中尤以人口因素最重。[①]12—13世纪英格兰人口的显著增长，导致粮食需求急剧增加，进而造成粮价迅速上涨、地租提高，为应对这一局面，英格兰爆发了大规模的垦荒运动，刺激了经济发展。但是过快的人口增长与经济增长的速度比例严重失调，从而诱发了黑死病的爆发，黑死病的爆发直接导致了14—15世纪英格兰社会的变化。这些变化具体表现为，因为人口急剧减少，造成劳动力严重不足，领主之间为了确保庄园收益展开了对劳动力的争夺与竞争，促使劳动力价格上涨，为赢得劳动者的欢迎，领主开始把象征屈辱身份的劳役逐渐折算为货币，代表佃农与领主之间单纯经济关系的货币地租最终彻底取代了代表佃农与领主之间人身依附关系的劳役地租，农奴制瓦解了。简言之，人口因素即劳动力奇缺造成了劳动者从不自由的农奴向自由农民的转变。[②]第二种观点是"阶级斗争推动说"[③]。英国马克思主义史学家、著名农民问题专家希尔顿是其主要代表人物，他"以马克思主义的观点在研究中世纪经济和社会的诸多方面做出了杰出的贡献，他的著作贯穿了阶级冲突和从封建主义到资本主义转变的思想"。[④]希尔顿指出，"英国农民在中世纪晚期已经成为了一个阶级"[⑤]，"英国农民史最突出的特征之一，特别是在14世纪80年代以后，乃是庄园农民——惯例佃农——对减轻地租，特

---

①　[英]波斯坦：《中古社会的经济基础》，载《波斯坦论文集》，中译文载《世界历史译丛》1980年第4期。

②　侯建新：《现代化第一基石》，天津社会科学院出版社1991年版，第9—10页。

③　李彦雄：《国外学者关于英国自由农民问题的研究综述》，《历史教学（高校版）》2008年第11期。

④　C.Dyer,"A new Introduction", in R. H. Hilton, *Bondmen Made Free*, London, 2003, p.x.

⑤　R. H. Hilton, *The English Peasantry in the Later Middle Ages*, Oxford, 1975.

别是对减轻明显的'封建型'地租的迫切要求的多次成功。这种成功在司法上的反应是农奴制的实际消失"。[①] 希尔顿强调农民和领主阶级斗争作用的主要著作有《阶级冲突和封建主义的危机》[②]、《从封建主义向资本主义的过渡》[③]、《农奴争取自由》[④] 和《中世纪英格兰农奴制的衰落》[⑤] 等。希尔顿认为波斯坦强调的经济和人口因素对英格兰农奴制度瓦解起到了一定的促进作用，但不是造成农奴摆脱封建人身依附关系获得自由的主要原因。[⑥] 英国另一马克思主义史学家道布也指出，封建农奴制是人类生产技术低下、生产力落后、自然经济占统治地位以及超经济强制的领主权力共同造成的结果。"封建制度解体的基本原因是，封建制度作为一种生产制度的局限性，以及统治阶级征缴租税的贪欲性，而租税的增加使得直接生产者的负担达到了不可忍受的程度。"[⑦] 很明显，道布也把依附农奴向自由农民转变的原因归结于封建庄园制度的局限性与庄园领主对封建农奴的压迫引起的农奴与领主之间的阶级斗争。第三种观点"经济决定论"，代表人物为爱德华·P. 夏内。夏内认为，"农奴制是多种因素共同维持的一个不稳定的处在平衡状态的有机体，许多社会变化，如货币的增加、政治变化、观念的变化等可能都对它的衰落发挥了作用，但这个有机体的不稳定性表明它的存在得到了某个强大力量的维持，找到这个支撑农奴制的真正力量就找到了 14 世纪和 15 世纪农奴发展为自由农的真正原因。他认为，

① R.H.Hilton, "The Crisis of Feudalism", *Past and Present*, No.80.(Aug.1978).

② R.H.Hilton, *Class Conflict and the Crisis of Feudalism*, London, 1985.

③ R.H.Hilton, *The Transition from Feudalism to Capitalism,* London, 1976.

④ R.H. Hilton, *Bondmen Made Free*, London, 1980.

⑤ R. H. Hilton, *The Decline of Serfdom in Medieval England* , prepared for the Economic History Society by R.H. Hilton.

⑥ R. H. Hilton, *The Decline of Serfdom in Medieval England* , prepared for the Economic History Society by R.H. Hilton.

⑦ Maurice Dobb, *Studies in the Development of Capitalism*, New York, 1984, p.42.

导致农奴制产生并维持其存在的力量显然在政治和法律领域是找不到的，因此必须在经济上寻找。也就是说，农奴制必定代表了一些有影响的社会阶层的物质利益，农奴制的存在是因为领主领地经济的存在。在中世纪晚期，随着经济的发展，货币地租取代劳役地租和庄园主领地的出租使得农奴主退出领地的直接经营才是导致农奴变为自由农的主要原因。"[1] 夏内对这个问题的分析思路清晰、逻辑严密，几乎无懈可击，但是他没能解释中世纪英格兰的农奴是如何富裕起来的，为什么能够富裕起来，为什么依附农奴甚至竟然富裕到能够赎买人身自由和租佃庄园领主自营地的程度。很好地解决这个问题的学者是英国中世纪史专家亨利·斯坦利·贝内特。他是第四种观点的代表人物，"即从庄园制度本身找到了农奴发展和解放的原因"[2]。贝内特的代表作是《英国庄园生活》[3]，该书以 1150—1400 年英格兰乡村为研究对象，全书从 12 个方面展开研究，具体为中世纪英格兰庄园的乡村生活模式、时令与季节对英格兰庄园乡村生活的影响、时人农业生产与耕作的知识状况、英格兰庄园中的地租与劳役、英格兰庄园农奴的义务、英格兰庄园领主对庄院的管理体系及运作、英格兰庄园中的日常生活、庄园乡村娱乐活动、基督教与英格兰庄园村庄的日常生活、封建法庭（尤其是庄园法庭）与庄园生活、庄园普通民众对封建社会结构的态度以及普通劳动者谋生的种种行业等。作者文笔优美，描绘生动形象，分析透彻，入木三分，为读者呈现了中世纪英格兰庄园乡村普通农民物质和精

---

① Edward P. Cheyney, "The Disappearance of English Serfdom", *The English History Review*, Vol. 15, No. 57.(Jan., 1900), pp.20-37.

② 李彦雄:《国外学者关于英国自由农民问题的研究综述》,《历史教学（高校版）》2008 年第 11 期。

③ H.S.Bennett, *Life on the English Manor*, Cambridge University Press, 1989. 即龙秀清、孙立田、赵文君译的《英国庄园生活：1150—1400 年农民生活状况研究》,上海人民出版社 2005 年版。

神生活的全方位、立体式景观。贝内特既致力于详尽描绘中世纪庄园农民个体日常生产与生活场景，也努力揭示中世纪庄园生产生活赖以存在的文化氛围与制度空间。该著作主要目的是为了解决英格兰封建庄园制度的成因问题，而不是庄园农奴制瓦解问题，但该研究无形中为解决这一问题提供了思路。贝内特认为，英格兰庄园制下农奴对领主的屈辱的人身依附虽然是阻碍农民个体发展的障碍，但由于日耳曼民族"光荣"的自由传统与长期历史发展中累积形成的制度性惯例等因素对英格兰社会历史发展的深刻影响，庄园制度下个体农民的发展仍然存在足够的空间。正因为如此，到 14 世纪，英格兰庄园农奴普遍摆脱了封建农奴制枷锁，成为光荣的自由农。该著作对中古英国封建社会研究具有重要启迪，对英国自由小农阶层研究同样具有重要的史料参考价值和思想启迪作用。除上述观点外，涉及农奴从不自由到自由的转变的研究成果还有很多，学者们根据自己研究兴趣分别从商业、城市和田制等方面深入剖析探讨，本书不再详细介绍。

其次，关于中世纪英格兰农奴解放为自由农的途径研究。关注这一问题的国外绝大多数学者基本形成共识，他们认为英格兰农奴解放为自由农民至少有四条明确的道路。第一为农奴赎买自由，其前提是庄园领主需要货币，自愿以货币折算农奴义务来释放其农奴；第二是农奴逃亡，其前提是农奴主不愿释放农奴或者农奴无力赎买自由，在这种情况下，农奴通常选择逃往城市、新垦区或其他庄园，从而成功解放自身；第三是通过法庭授予获得自由，中世纪为了削弱地方领主的实力，强化王权，王室法庭普遍偏袒自由，这为农奴通过法庭斗争获得自由创造了有利条件。不过，上述三条途径虽然事例不少，但影响毕竟有限，很难导致大多数农奴普遍获得自由。真正导致农奴制彻底崩溃，农奴普遍获得自由的是第四条途径，即货币折算，或者说是货币地租取代劳役地租，这条道路对农奴解放产生了更加全面而深刻的影响，是彻底摧毁封建奴役制度的杀手锏。

4.关于英国富裕自由农的研究。对这一问题进行专题研究的代表人物是研究英国富裕农民问题的专家坎贝尔与阿尔伯特·J.施密特。坎贝尔研究英国转型时期富裕农民问题的代表性专著是《伊丽莎白和斯图亚特早期的约曼》[①]。该书是在作者1932年博士论文的基础上修订出版的。作者1932年在耶鲁大学读取了博士学位，其后历经坎坷，八年后终成书稿。本书史料丰富、详实、准确，作者收集选取了伊丽莎白和斯图亚特早期大量的原始资料，包括丰富的庄园记录、各种法庭案卷档案、农民账簿、契约和私人信件等。作者在史料收集上不辞辛劳，在得到很多私人帮助基础上，还在1935—1937年争取到英币奖学金资助，亲自到英国本土继续研究。作者勤奋刻苦，研究兢兢业业，1939年夏研究进入资料最终校对阶段。这一时期欧洲局势已非常紧张，然而作者在英国档案局（Public Record Office）一直校对到档案局关闭的最后一天即大战即将爆发的8月31日。一年以后的1940年夏秋该书稿完成了最终的校对。坎贝尔选题的缘起是对英国清教徒在伊丽莎白和斯图亚特时期远涉重洋进行殖民开拓感触颇多，目的是为了再现该时段英国富裕自由农群体约曼的真实状况，无意中却为研究英国转型期农业和自由小农发展提供了珍贵资料。该著作目前已成为国内学者研究约曼问题的必备参考书目，受到广泛引用。作者共分十章论述，分别是约曼之祖先；约曼之身份等级及其优越性；约曼对土地的欲望及土地扩张；约曼土地持有方式：公簿持有与自由持有；约曼谋生与牟利之道；约曼之日常生活；约曼教育与安置；堂区教堂与乡村绿地；约曼对公共事业的贡献；约曼的衡量标准与品质要求。作者认为富裕自由农阶层约曼的最初来源主要是庄园中的自由人或自由佃农，作为约曼祖先的自由佃农与维兰身份上有本质区别，他们是自由的，地位在维兰与贵族之

[①] Mildred Campbell, *The English Yeoman Under Elizabeth and the Early Stuarts*, New York, 1968.

间，他们与贵族和骑士的根本区别在于财产多寡而非血缘的不同；伊丽莎白与斯图亚特时代约曼成为富裕农民的代名词，涵盖了自由佃农、契约租地农和公簿持有农，三者的区别只是土地持有方式的不同，而非身份地位的区别。古代法学家确定的约曼等级的财产标准即自由土地上的年收入达40 先令的标准已经不合时宜；这一时期约曼生产经营的目的已不只是谋生需求而且有强烈的牟利动机，他们满怀热情投资土地，充分利用一切可乘之机购买与扩张土地，很多人冒险成功从而发家致富，甚至因其财富与成功而跻身更高等级的贵族和骑士行列，在冒险中竞争失败者逐渐落魄，最惨的破产者甚至完全丧失土地，沦为无地的雇佣劳动者甚或流浪者；约曼对英国乡村公共事务贡献突出，是地方基层行政事业的骨干和支柱，作者美誉其为英格兰"乡村社会的脊梁"；约曼经济上的成功促使其生活水平显著提高，伊丽莎白和斯图亚特时期一些富裕约曼家庭享受着过去绅士才能享受的生活；经济上成长起来的约曼非常重视子女的教育和婚姻，他们利用其经济实力，在孩童时代就把子女送到堂区和学校接受教育，优秀的约曼的子女还有机会进入大学和律师学院（Inns of Court）学习深造。富裕自由农父母对儿女的婚姻非常重视，多数父母为了孩子未来能有更好的生活，常常从经济角度考虑子女的婚姻，在子女择偶方面往往过多考虑对方的家庭地位与财产；至于约曼的衡量标准问题，坎贝尔频繁使用"勤劳""节俭""与邻为善"等词语。坎贝尔的思路，显然存在一些明显的矛盾，如在文中作者时而采用"勤俭""节约""好邻居"等溢美之词赞扬约曼的品质高尚；时而又采用"贪婪"来描绘约曼对土地的占有欲望，且多次强调约曼对自己邻居土地的觊觎和贪求。然而作者以发展的观点分析约曼问题是非常可贵的，他特别强调前代法学家对约曼概念的界定已经与实际状况不符，时代在发展，社会在变迁，到伊丽莎白和斯图亚特时期约曼阶层已完全成为富裕自由农民阶层，作者认识到了社会发展与变迁的实质，提出除自由持有农外，租佃持有农和公簿持有农也是自由农的观点。此外，他对约曼经济状况、生活水平、教育状况以及约曼在乡村社会公共事务中的贡献等方面都进行了大量翔实、严谨的论述，这些都为后人的研究提供了启发、借鉴与参考。

阿尔伯特·J.施密特关于富裕自由农研究的成果主要集中在一本小册子《都铎和斯图亚特时期英格兰的约曼》中。该作品以都铎王朝和斯图亚特王朝时期富裕自由农约曼为研究对象。作者和坎贝尔一样认为，从法律意义上来说，约曼是指在土地年收入在 40 先令以上的自由人，约曼地位大约在绅士之下、农夫之上。随着庄园经济衰落，领主经营不善，庄园领主逐渐把领地出租，劳役地租被货币地租取代，自由农民数量迅速增加，他们致力于扩张土地扩大经营，16 世纪约曼原有概念已经过时，英格兰社会各阶层间巨大的社会流动导致约曼身份界定模糊不清，大体说来，这一时期的约曼同时具备农场主和绅士特征，成为"半农场主、半绅士"性质的富裕农民。作者指出约曼发展的关键时期在 16 世纪，由于畜牧业和农业的发展，约曼对土地需求急剧增加，他们纷纷蚕食公地，利用有利的历史机遇购买修道院土地，在激烈经济竞争中失败者沦为农业雇用工人，成功者获得巨大的利益。约曼圈地在当时虽然也遭到时人的一些责难，却并没有引起公愤。作者认为，"富裕起来的自由农约曼的社会流动即使在从一个社会阶层进入另一个社会阶层非常普遍的时代也是令人震惊的。约曼和乡绅之间微弱的分界线经常不费太大困难就被越过。约曼子女进入大学、法学院、教会、晋升为绅士的不在少数，他们还通过婚姻、过继子女给地位高的亲戚等手段提升自己的地位。施密特还用大量的史料介绍了约曼的住宅和生活。他指出约曼在推动中世纪农业实践的终结中起到了非常积极的作用，他们在 17 世纪成为清教徒的重要来源。英国自由农在英国和美国历史上都留下了永恒的印迹。其对英国农村的改变是体现文艺复兴特征的重要经济转变的一个重要方面，而自由农却和英国后来的伟大没有一点关系。以自己的勤劳、节俭和友善为自豪的自由农 17 世纪经常独自从英国航海到美国。他的独特的英国品质很快成为北方佬的品质，他的强烈的独立精神在新英格兰民主宪政的发展中起到了和在大洋彼岸的旧英格兰同样重大的作用。"①

5. 关于英国圈地与自由农民阶层衰落的问题研究。英国圈地运动与自由农关系密切，因此很有必要对国外学者有关圈地运动的研究成果进行大致梳理与总结。英国圈地运动从本质上说是侵占公共土地和剥夺小农土地的一个过程，它集中体现了英国封建庄园制度的解体与自由小农阶层的衰落以及农业生产领域资本主义生产关系的产生与发展。"圈地早在 13 世纪就已出现"②，但因为规模较小，学界对其重视不够。由于阶级斗争史观的影响，学者对圈地运动的关注还有一种倾向，那就是更多集中在贵族圈地和议会圈地方面，而对农民的圈地运动关注较少。农民圈地主要表现为富裕自由农圈地，前述坎贝尔是研究富裕自由农民群体圈地活动的主要代表人物，其成果在本课题研究成果其他部分有详细介绍，不再赘述。过去很长时期以来，学术界对圈地运动关注的重点集中在大规模的圈地运动，包括两个高潮，即 15 世纪末期到 17 世纪末期的二百年间的私人圈地和 18 世纪中叶到 19 世纪中叶的议会圈地。对自由小农与圈地运动关系的研究成果可谓汗牛充栋，代表性观点主要有以下几种：一种观点认为大规模议会圈地到来之前的民间自发的私人圈地对小农阶层的衰落影响最大，该阶段贵族、乡绅和一些上层富裕自由农民发起并积极参与圈地，他们圈地的主要意图是扩大牧场，还有一些是为了建立新型资本主义农场，少数达官贵人则是为了建立用来消遣的私

---

① Albert J. Schmidt, *The Yeoman in Tudor and Stuart England*, The Folger Shakespeare Library , 1961. 转引自李彦雄：《国外学者关于英国自由农民问题的研究综述》，《历史教学（高校版）》2008 年第 11 期。

② H.S.Fox, "The Chronology of Enclosure and Economic Development in Medieval Devon", *The Economic History Review*, New Series, Vol.28, (1975), pp.181-202.

人游猎场所。率先被侵占的是乡村公共土地，被圈土地还包括一些领主或农民私人占有的耕作土地，甚至有的农民住所也被圈占。这一时期的圈地规模大影响大，造成乡村可耕地面积大范围缩小、牧场面积大大扩充，乡村农场主数量有很大增加，个体独立经营的小农数量急剧减少，有大量自由小农沦为乞丐和流浪汉。罗伯特·C.艾伦女士在其《约曼与圈地》一书中认为，"约曼即是自耕农，在议会圈地之前自耕农就已经被毁灭了。"[①] 前苏联学者拉甫罗夫斯基等人认为，这一时期自耕农情况急剧恶化，人口减少，并在18世纪最后20年间作为阶级趋于消灭。[②] 马克思认为，在英国议会圈地高潮之前，"大约在1750年，自耕农消灭了，而在十八世纪最后几十年，农民公有地的最后痕迹也消灭了。"[③] 马克思主义经典作家和两极格局时期社会主义阵营史学家普遍认为，英国空想社会主义者托马斯·莫尔描绘的"羊吃人"的悲惨景象绝非夸大。这种观点也曾长期在我国史学界居于主导地位。对此，盖伊率先提出了截然相反的观点，他认为议会圈地之前的私人圈地难免有暴力现象出现，也难免造成一些农民在圈地中破产并沦落为无家可归的流浪汉，但是这一时期英国私人圈地规模很小，对自由小农阶层的影响不大，莫尔等人明显夸大了圈地的负面影响。[④] 英美等国学者有很多仍然赞同盖伊的观点。还有一种观点认为，前期的私人圈地影响有限，议会圈地才是造成英国自由小农阶层消失的主要原因。这种观点被研究英国土地所有制变化的大多数早期历史学家所接受，他们都认为议会圈地时代是农民

①　Robert C. Allen, *Enclosure and the Yeoman*, Oxford, 1992.

②　程西筠：《关于英国圈地运动的若干资料》，《世界史研究动态》1981年第10期。

③　《马克思恩格斯全集》第23卷，人民出版社1972年版，第791页。

④　J.A.Yelling, *Common Field and Enclodure in England*, Macmillan Publishers Ltd, 1977, p.21.

阶级下降剧烈和迅速的时期。① 以吉尔伯特·斯莱特②和威廉·哈巴奇③为代表的一方遵循左翼的方法，采取马克思的观点，认为圈地导致了大量无地工业无产者的产生。其中以 J.L. 哈蒙德和巴巴拉·哈蒙德的《乡村雇用工人》一书影响最大，他们无视同时代的其他研究成果，提出并在后来继续坚持认为，议会圈地不仅是对农民剥夺的原因而且是导致乡村贫穷和当时的动荡的根本原因。④ 法国著名经济史家保尔·芒图也认为，英国自耕农在议会圈地时期的 19 世纪 30 年代被消灭了。他们的观点后来被普遍接受。⑤ 第四种观点认为，议会圈地对小农的影响有限，小农的衰落是一个延续了几个世纪的长期过程。以约翰逊⑥、陶内⑦、冈纳⑧和明格等为代表的持这种观点的学者采用大量可信的材料，对圈地作了更加中性的解释。比如，约翰逊认为，小农的消失是一个长期的过程，对小土地所有者来说最为困难的时期是 17 世纪末到 18 世纪上半期之间。⑨ 明格《18 世纪英国的农业社会》一书的第 2—4 章系统考察了当时大地产的兴起和小地产的衰落，以及发生这一变化的背景。⑩ 该书被誉为关于农业社会结构、性质和

① G.E.Mingay, *Enclosure and the Small Famer in the Age of Industrial Revolution*, 1973, p.12.

② Gilbert Slater, *The English Peasantry and the Enclosure of Common Fields*, London, 1907.

③ Wilhelm Hasbach, *History of the Agricultural Labourer*, English translation, 1908.

④ J.L and Barbara Hammond, *The Village Labourer*, 1st edn, 1911. new edn, London: Longman, 1978.

⑤ [法] 保尔·芒图:《十八世纪产业革命》，杨人楩、陈希秦、吴绪译，商务印书馆 1983 年版，第 110 页。

⑥ A.H.Johnson, *The Disappearance of the Small Landowner*, Oxford,1909.

⑦ R.H.Tawney, *The Agrarian Problem in the Sixteenth Century*,1912.

⑧ E.C.K.Gonner, *Common Land and Inclosure*,1st edn,1912.

⑨ A.H.Johnson, *The Disappearance of the Small Landowner*,Oxford,1909，p.147.

⑩ G.E.Mingay, *English Landed Society in the Eighteenth Century*,London and Toronto,1963.

变化的第一部著作。[①] 他在《工业革命时代的圈地和小农场主》以及后来的《议会圈地》中更加详细论述了自己的观点，他认为，小农的消失是几个世纪长期圈地的结果，在议会圈地之前自由小农的数量已经很少，议会圈地的规模和影响都很有限，并且主要采用协议圈地方式，而非暴力性手段，因此，对议会圈地对自耕农阶层的消失的作用估计不能太高。[②] 除上述几种观点外，还有其他一些观点，钱伯斯就坚持认为，圈地运动并没有造成小农数量的急剧下降，反而促进了小农数量的增加，造成英国社会农业无产者出现的原因不是圈地运动而是人口的急剧增长，小农大量涌入城市不是圈地运动本身造成的，而是农村难以消化吸收急剧增长的过剩人口以及城市本身的吸引力造成的。[③]J.H. 克拉彭则认为 19 世纪英国自由小农阶层仍未消失，至少在 19 世纪 80 年代，英格兰和威尔士仍有 14% 的土地在自由小农手中，英国自由农阶层显然并没有消失。[④]

国内部分。国内史学界有很多学者的研究涉及自由农问题，他们的研究都是本研究的基础。

在《现代化第一基石——农民个体力量与中世纪晚期社会变迁》[⑤] 和

---

① J.V.Beckett, *The Decline of the Small Landowner in Eighteenth Century and Nineteenth Century England:Some Rigional Considerations*,Agricultural Hisstory Review,Vol.XXX,1982.

② G.E.Mingay, *Enclosure and the Small Farmer in the Age of the Industrial Revolution*, London, 1968.;*Parliamentary Enclosure in England,*Longman, London and New York, 1997.

③ J.D.Chambers, "Enclosure and the Small Landowner", *Economic History Review*,Vol.X,1940.

④ J.H.Clapham, *Economic History of Mordern Britain,*II, Cambridge, 1932, pp.260-264.

⑤ 侯建新:《现代化第一基石——农民个体力量与中世纪晚期社会变迁》，天津社会科学院出版社 1991 年版。

《社会转型时期的西欧与中国》[①]中，侯建新教授"走进中古英国乡村社会"，从农民和农业入手，从权利"保障机制"入手，以对英国中世纪农业生产率的考察为基础，并通过对习惯法和剥削量，农民社会生活和交往的变化，农民自由劳动的获得，农村社会结构的创新的分析，论证了"农业是近代经济基础"，西欧社会转型的"基本动力来自农民个体力量的壮大"。侯先生关于英国转型时期农业和农民的发展问题的论述是本研究的理论基础。中世纪英国农民经历了从被奴役到获得自由的发展历程，自由农的发展是以农民个体财力的充分发展和积累为基础的，而农民个体财力的充分发展和积累虽说是农业生产效率提高的结果，但更主要的是受益于西欧相互共存和相互制衡的多元社会力量和多元法律体系决定的尊重法律、参与裁判制以及一切需经过法庭和除法庭干涉外不受任何干涉的司法独立的传统。经济上，中世纪法庭保障封建领主合法地享有农奴应尽的封建义务，同时依法保障农奴在封建义务之外的利益，从而保障农奴的等级权利，这客观上阻止了领主的过度剥削，因而形成小农经济稳定发展的"防波堤"，因此，即使是农奴也有财产和财富的独立发展，从而形成个人或社会财产和财富有效而广泛的积累，即"前原始积累"。经济上富裕起来的农民个体权利也不断发展，逐渐获得了自由劳动的权利，成为事实上的自由农。农奴挣脱农奴制枷锁、获得自由的主要途径包括逃往城市和新垦区、通过法庭合法斗争获得自由、劳役地租折算和货币赎买以及集体反抗。其中最重要的是货币地租取代劳役地租（又称货币折算），货币地租的确立使得农民和领主之间的关系从人身依附关系发展为货币关系和契约关系。到中世纪晚期，英国自由农民阶层勃兴，他们中的富裕阶层约曼跃升为乡村社会的脊梁，开始深入乡村社会的方方面面，成为"头面人物"，在经济、地方政治、法

[①]　侯建新:《社会转型时期的西欧与中国》，高等教育出版社 2005 年版。

律事务中发挥重要作用，他们中的杰出人士改变经营方式、采用雇佣劳动、面向市场生产，成为租地农场主阶级，实际上就是农村新生资产阶级的前身。侯先生在《西欧富裕农民——乡绅阶级形成与农业资本主义兴起》和《工业革命前英国农民的生活与消费水平》[①] 两篇文章中，又分别从富裕农民的兴起和农民生活与消费的提高，论证了英国社会结构的变化和资本主义的兴起，是以农村经济的普遍发展和农民的普遍富裕为前提的。2014 年出版的《资本主义起源新论》[②]，汇集了侯先生数十年的研究成果，该著作共分农民与欧洲资本主义关系、欧洲文明与资本主义关系、中西比较视野下的资本主义起源研究三编，全书以经济—社会史的理论方法为分析框架，重视经济因素，同时重视观念、法律政治和思想文化传统等非经济因素，突破了中国史和世界史的分野，从整体上对16—18 世纪的中、西方社会进行长时段、全方位的比较研究，拓展了历史学研究领域。其中第一编即农民与欧洲资本主义的关系，对本研究具有重要的启迪意义。

马克垚在《西欧封建经济形态研究》《英国封建社会研究》《五百年的西欧农奴制度》及其主编的《中西封建社会比较研究》[③] 等著作中，虽然关注的是英国"封建社会"的整体结构，意在论述世界历史发展的"统一性"，然而其对英国中古农业和农民的发展的研究，特别是对自由农民的发展和农奴制解体的介绍，对本书有很大的帮助。尤其在《英国封建社会

---

① 侯建新：《西欧富裕农民——乡绅阶级形成与农业资本主义兴起》，《天津社会科学》2000 年第 3 期；侯建新：《工业革命前英国农民的生活与消费水平》，《世界历史》2001 年第 1 期。

② 侯建新：《资本主义起源新论》，生活·读书·新知三联书店 2014 年版。

③ 马克垚：《西欧封建经济形态研究》，人民出版社 2001 年版。马克垚：《英国封建社会研究》，北京大学出版社 2005 年版。马克垚：《五百年的西欧农奴制度》，商务印书馆 1983 年版。马克垚主编：《中西封建社会比较研究》，学林出版社 1997 年版。

研究》一书中，作者采用简洁平和的笔调大致勾画出中古英国农民的发展框架和脉络，作者认为中世纪英国农民经历了从自由到被奴役再到自由的发展轨迹，盎格鲁-萨克森时期英国农村的基本居民是自耕的自由小农刻尔（ceorl），到11世纪相当数量的刻尔转变为人身自由但经济上依附于领主的格布尔（gebur），并可能再转为维兰；《末日审判书》中的维兰是对领主有一定依附关系的自由人，在庄园制形成的12世纪末，农民身份发生了重大变化，自由人、索客曼（sokeman）成为庄园制下自由农民的主要来源，维兰主体沦为农奴，只有少量成为自由农民；到14、15世纪庄园制和农奴制逐渐瓦解，广大农奴逐渐发展成为自由农民，作者肯定了领地出租和货币地租在自由小农发展中的意义，指出了惯例佃农发展为公簿持有农（copyholder）意味着佃农和领主之间的关系发展为契约关系，佃农发展成为了自由农，农奴消失的主要渠道有逃亡、释放和农奴的反抗。这些无疑是正确的，但作者认为农奴制衰亡的主要原因是14、15世纪的经济衰落，尤其是14世纪中期黑死病造成的劳动力短缺的结果，却是值得商榷的。

赵文洪代表作是《私人财产权利体系的发展——西方市场经济和资本主义的起源问题研究》[①]，该书虽然是从私人财产权利发展的角度，探讨资本主义起源问题的专著，但其中对农民私人财产权利的研究，对本书有很大的借鉴意义。作者指出，英国封建社会的自由持有农，并没有现代意义上的独立的财产所有权，他们相对于农奴而言只是不承担农奴义务，相对于贵族而言在法律地位上是平等的，中世纪自由持有农的财产权利受到领主禁用权的严格限制；维兰个体财产权利的发展实质上就是农奴向自由农民的发展。作者认为，总的来说，到15世纪英国的农奴制已基本消

---

① 赵文洪：《私人财产权利体系的发展——西方市场经济和资本主义的起源问题研究》，中国社会科学出版社1998年版。

失，农奴对领主的人身依附关系也就是领主对农奴的人身控制已经消失，维兰成为了自由农。这一过程包括各种农奴义务被废除、货币地租取代劳役地租等等，农奴私人财产权利的发展主要指农奴拥有了对自身劳动的自由支配权，以及动产与不动产的财产权利的发展；农奴成为自由农是农奴通过艰苦斗争并付出经济代价而获得的胜利，货币地租的确立和自由迁徙的实现标志着农奴对自身劳动力所有权的基本实现；作为农奴主要财产的不动产——以土地为主体的财产权利发展程度的一个关键标志是土地能否自由进入市场，作者以大量的史实为依据论证了农奴转让和买卖土地的普遍性，他指出，到了 15 世纪，即使有些农民身份上仍带有不自由的印记，但他们也和其他农民一样，可以自由买卖土地了，到 15 世纪中叶，英国普通法就开始保护公簿持有的土地了，事实上到 16 世纪时，英国自由持有农的土地占有权已接近或达到了近代意义上的"绝对所有权"的程度；16 世纪是中世纪私人对土地的财产权利发展的黄金时期，农村私人财产权利及其行使的自由的发展，特别是农奴的权利和自由的发展，意味着西欧从身份时代走向契约时代，17 世纪及以后两个世纪所做的，在很大程度上只是把权利身上的残余附属物抖落，把事实上的权利变为法律上的权利；作者还从公权消失和私权确立的角度对英国的圈地运动有所论述。

除上述学者的专著外，国内还有许多学者的研究涉及自由农问题。沈汉的《英格兰中世纪的土地保有权和各种身份的土地持有者》①一文，从法律史角度对中世纪英格兰各种复杂的土地保有权及附带的权利和义务，以及自由持有农、公簿持有农、租佃持有农和维兰等土地保有人的法律身份及相应的权利和义务，进行了深入细致的介绍。黄春高的《1350 ～ 1640

---

① 沈汉：《英格兰中世纪的土地保有权和各种身份的土地持有者》，《贵州社会科学》2014 年第 10 期。

年英国农民经济的分化》①一文，以 1350 ～ 1640 年英国农民分化问题为
研究对象，对商品经济发展造成英国农民两极分化的观点提出质疑，提出
英国农民分化不是单一因素造成的，而是多种因素共同影响的结果，农民
分化因原因不同而呈现不同类型。王晋新在《近代早期英国社会结构的
变迁与重组》一文中表述了自己对变革时期英国农民的发展状况的观点，
他认为 14 世纪下半叶和 15 世纪是英国农民发展的"黄金时代"，但进入
16 世纪之后，农民阶级开始发生分化，分化的原因是人口重新增长，可
耕地相对不足，"地产主阶级开始重新掌握了主动权。为了攫取更多更大
的经济利益，地产主或以改变经营方式，或以推行农牧混合作业，或以提
高地租的方式向农民进行盘剥，致使农民经济整体繁荣的时代不复存在，
进入了一个多样化变迁的时代"。② 在这个变迁过程中，一方面土地集中
经营的规模愈来愈大，"工业乡村化"愈来愈普及，小农受到排挤，造成
了大多数农民生活境况悲惨，地位低下，相当数量的农民沦为雇工；另一
方面，一些善于经营的富裕农民则能够顺应形势，财富越来越多，生活
富足；除上述两种极端现象外，相当数量的农民维持温饱生活。孙立田的
《中世纪英国维兰土地权利考察》③一文不仅考察了维兰土地权利在法理和
实践中的明显差异，而且分析了中世纪早期和晚期维兰土地权利的巨大变
化，事实上就是从土地权利的角度和法理上论述了农奴向自由农的发展。
当然，国内学者也有持不同观点的。沈汉在《近代英国的农业结构和性质
问题——兼论从封建主义向资本主义过渡问题》一文中，就指出农奴制瓦
解后兴起的租地农场在 16 世纪前后形成了近代新兴地主地产，16 世纪以

---

① 黄春高：《1350~1640 年英国农民经济的分化》，《首都师范大学学报（社会科学版）》2004 年第 1 期。

② 王晋新：《近代早期英国社会结构的变迁与重组》，《东北师大学报（哲学社会科学版）》2002 年第 5 期。

③ 孙立田：《中世纪英国维兰土地权利考察》，《世界历史》2006 年第 5 期。

后租佃制仍是大地产内部的基本纽带，在整个近代时期，中世纪的法律体系、农民等级身份制度残余继续存在，生产关系的特征可以概括为后封建主义和半资本主义的混合结构特征。[1]2011 年他在《资本主义还是后封建主义——论英国近代租佃农场制的性质》一文中甚至认为，19 世纪英国的租佃农场制仍然夹杂着封建残余，19 世纪的英国农业是后封建主义和半资本主义的混合。[2] 然而，长期以来国内学者的研究重点集中在圈地与英国小农的消失问题上。一些学者从阶级斗争的角度分析圈地和自由小农的衰落，认为圈地运动是对自由小农的暴力掠夺，圈地过程充满了血腥。如蒋孟引认为，英国的圈地至迟在 12 世纪就已出现，13 世纪圈地渐多。14 世纪中叶以后，由于制呢工业迅速发展，对羊毛的需求增多，圈地养羊的更多。15 世纪英国的商品货币关系已很发达，圈地更加猖狂，到 16 世纪形成了规模空前的圈地狂潮。疯狂圈地的主要是贵族地主、投机商人和富裕的农民上层。圈地狂潮充满了血腥和暴力，其后果是"吃"了农民，毁了村庄；土地集中，租金猛增；使阶级分化严重，富的愈富，穷的愈穷。[3]他认为，直到 1760 年，英格兰约半数地区还保留着敞田制，但 18 和 19 世纪的议会圈地最终彻底瓦解了敞田制。导致议会圈地的根本原因是资产阶级的贪欲和工业革命对劳动力的需求，在议会圈地中受打击最大的是自耕小农，圈地的方式和 16 世纪一样血腥，如果 16 世纪是"羊吃人"，18 世纪就是"人吃人"了。[4] 姜守明认为，都铎时代的圈地是导致自由小农

---

① 沈汉：《近代英国的农业结构和性质问题——兼论从封建主义向资本主义过渡问题》，《史学理论研究》2007 年第 1 期。

② 沈汉：《资本主义还是后封建主义——论英国近代租佃农场制的性质》，《史学集刊》2011 年第 1 期。

③ 蒋孟引：《十六世纪英国的圈地狂潮》，《南京大学学报（社会科学版）》1963 年第 2 期。

④ 蒋孟引：《18、19 世纪英国的圈地》，1963 年 12 月（初稿），载《蒋孟引文集》，南京大学出版社 1995 年版，第 270—294 页。

破产的主要原因，参与圈地的除资产阶级和新贵族外，还包括富裕农民，主要采用暴力掠夺的方式，使大量自耕农沦为城乡雇用工人。[①] 这种强调圈地的暴力和血腥性的观点在我国学界曾经有相当大的影响。近年来随着研究的深入，圈地的暴力性越来越受到学者们的怀疑，多数学者逐渐认识到了圈地一般是通过协议实现的。学者们的另一个分歧主要是自由小农阶层消失的具体时间问题。一些学者采用经典作家的观点，认为自由小农阶层在议会圈地高潮来临之前的18世纪中叶已基本上被消灭了。很多学者对此提出了不同看法，如程西筠认为，大约在19世纪50年代至70年代，自耕农消失了。[②] 叶明勇认为，15、16世纪的圈地因政府对小农的保护而影响有限，始于18世纪的议会圈地得到政府的支持，规模空前，基本上清除了英国自然经济的残余，消灭了自由小农，把农村劳动力全面卷入了市场。[③] 丰华琴提出了自由小农消失的阶段性划分的说法，她在《英国圈地运动与自耕农的消亡》一文中提出，英国自耕农的消亡不仅仅是因为圈地运动，而是一个受到多种因素综合作用的复杂的经济淘汰和转化过程，可分为三个时期：一是15世纪末至17世纪，圈地主要在牧区进行，自耕农受的影响不大；二是17世纪至18世纪中叶，自耕农大幅度下降；三是18世纪中叶至19世纪70年代，自耕农消亡。[④] 笔者以为自由小农的消失经历了三四百年的长期的历史过程，过程漫长而持久，是渐进式的，具体年份很难确定，笔者比较赞同19世纪中期是自由小农作为一个阶层消亡的时间点的观点。还有一些学者注意到圈地对自由农的不同阶层的影响也是不同的。如，陈曦文认为，13世纪就已经出现了农民圈地，15世纪下

[①]　姜守明：《匀议都铎时代的圈地运动》，《湘潭师范学院学报》2000年第1期。

[②]　程西筠：《关于英国圈地运动的若干资料》，《世界史研究动态》1981年第10期。

[③]　叶明勇：《英国议会圈地及其影响》，《武汉大学学报（人文科学版）》2001年3月。

[④]　丰华琴：《英国圈地运动与自耕农的消亡》，《殷都学刊》1999年第3期。

半叶开始的大规模圈地虽然是贵族（包括乡绅）主导的以养羊为主要目的的圈地，但富裕自由农也参与了圈地。圈地中农民发生了分化，极少数富裕农民上升为乡绅和资本主义租地农场主，但大批小农却沦为了雇工和流浪者。[①] 徐奉臻也指出，自由农的衰落"沿上下两种走势进行"，走向没落的主要是竞争力比较弱的小自由农，而富裕的大农则逐步发展成为农村中的富农或资产阶级，有的甚至跻身上流社会和贵族行列。[②] 此外，还有一些学者对自由小农向城市工人的转移的原因提出了新的见解。沈玉在其《论英国圈地运动与工业革命的劳动力来源》和《英国圈地运动对农民影响新论》两篇文章中提出了全新的观点，作者认为，英国的圈地运动在不同时期、不同地区对农民造成的影响是不同的。早期圈地运动规模小、数量少，对农民的影响程度不大，没有大规模从土地上驱离农民，大多数农民仍然占有土地，尽管土地数量不多。晚期圈地运动规模大、范围广，对农民的影响程度较深，但并没有起到驱逐农民离开土地进入工厂的作用，一方面农民的衰落已在工业革命后期，另一方面圈地也需要大量的劳动力。因此，圈地并未给工业革命提供主要的劳动力来源，工业革命劳动力主要来源于自然增长的人口。[③] 古延方与黄秋迪在《前工业时期英国农村劳动力转移原因探析》[④] 一文中提出了工业革命之前英国就已经存在农村剩余劳动力向城市和非农产业的转移，造成农民成为非农人口即向城市转移的根本原因是农业生产率的大幅度提高，16 世纪的人口膨胀是劳动

---

① 陈曦文：《圈地运动的最初发动》，载戚国淦、陈曦文主编：《撷英集——英国都铎史研究》，首都师范大学出版社 1994 年版。

② 徐奉臻：《关于自耕农的再研究》，《世界历史》2000 年第 3 期。

③ 沈玉：《论英国圈地运动与工业革命的劳动力来源》，《浙江大学学报》（人文社会科学版）2001 年第 1 期；沈玉：《英国圈地运动对农民影响新论》，《绍兴文理学院学报》2002 年 2 月。

④ 古延方、黄秋迪：《前工业时期英国农村劳动力转移原因探析》，《北方论丛》2004 年第 1 期。

力转移的重要推动力量，而圈地运动则加速了转移进程。肖玉琼认为，19 世纪英国农村仍然存在很多小农（50 英亩土地以下），虽然 19 世纪下半叶英国掀起了保护小农的运动，"也产生一定的效果，但终究无法阻止英国农村变革的步伐，英国的农民社会最终消失了"①。

除以上学者的研究成果外，朱寰主编《亚欧封建经济形态比较研究》②、徐浩的《18 世纪的中国与世界：农民卷》③、刘启戈的《西欧封建庄园》④、沈汉和王建娥合著的《欧洲从封建社会向资本主义社会过渡研究》⑤等著作，虽然研究领域各异，却从不同角度涉及了农民地位转变、农业转型、自由农衰落等问题。

国内外诸学者对英国自由农问题进行了大量的研究，并取得了很大成就。以上成果是笔者了解英国自由农的窗口，是本研究的起点。然而，前人对于农民问题的研究大多是从农奴制解体和资本主义兴起的角度及社会转型的角度进行研究的，虽然其中涉及到了自由农问题，但关注的主体是农奴的发展，很少以自由农为直接研究主体。虽然有研究自由农问题的专著和文章，但也主要限于富裕自由农的研究，或者是为了研究资本主义的发展的目的而局限在对圈地运动和自由小农的衰落的研究上，缺乏对自由农发展的系统研究。基于以上分析，本书研究的目的即在吸收借鉴他们研究成果的基础上，对以往一些观点进行新的诠释，并提出自己的见解，厘清自由农发展的大致脉络和轨迹，希望能对英国农民问题和社会转型的研究提供一个新的视角。

----

① 肖玉琼：《19 世纪英国小农变化初探》，南京大学研究生毕业论文，2015 年。

② 朱寰主编：《亚欧封建经济形态比较研究》，东北师范大学出版社 1996 年版。

③ 徐浩：《18 世纪的中国与世界：农民卷》，辽海出版社 1998 年版。

④ 刘启戈：《西欧封建庄园》，商务印书馆 1965 年版。

⑤ 沈汉、王建娥：《欧洲从封建社会向资本主义社会过渡研究》，南京大学出版社 1993 年版。

三、基本思路

本书写作的思路如下，首先对选题的意义和研究方法进行简单介绍，并对前人的研究成果进行回顾。然后，对自由农的历史渊源进行追溯。接下来分析英国自由农能够发展起来的社会条件，主要从英国多元的政治和法律体系、庄园习惯法与剥削量的限定入手，分析英国自由农能够发展的社会历史条件中的有利因素。本书以为，前原始积累中农民个体力量的壮大是自由农发展的经济基础，是农民个体力量的壮大使得农奴减轻并摆脱对领主的人身依附关系成为可能。因此，把前原始积累也列入自由农发展的社会条件。以前原始积累为基础，个体劳动者力量日益壮大，商品经济日益发展，导致经济上的两个重要转变，一是劳役地租最终被货币地租取代，二是领主在封建危机下经营不善，开始出租自营地，动摇了农奴制赖以存在的经济基础。此外，黑死病造成的劳动力缺乏和王室的干预也在一定程度上促进了农奴的解放。在论述了自由农发展的社会条件之后，从逃往新垦区、赎买自由、富裕自由农"约曼"阶层的兴起、自由农数量的增加和自由农发展的地区差别及原因等几个方面论证自由农的发展。在从传统社会向近代社会的转型过程中，由于英国乡村激烈的市场竞争和土地产权的集中，自由农作为一个社会阶层的整体衰落，具体表现为自由农阶层的结构发生了裂变，其上层大多跻身上等社会和新兴资产者行列，而多数自由农则在转型期的社会巨变中蜕变为农业雇用工人和工业无产者。对自由农的分化，从原因和表现两方面进行了分析。本书还对自由农的社会贡献作出了历史性评价，主要从自由农在英国乡村社会的作用、自由农的发展与资本主义农场主的诞生、自由农在英国社会转型和变革中的作用等方面入手，进行论述。

第一章
庄园化过程中自由农民的起源

自由的观念不是一成不变的，它在不同历史时期有着不同的内涵，因而在英国从古代到近代自由农的概念内涵也是不同的。本书中自由农是相对于农奴而言的，中古晚期和近代早期的英国自由农与中古英国早期自由农已经发生了显著变化，两者不可互相替代。中古早期英国自由农民主要指自由持有农和丹麦法区的索克曼，到中世纪晚期，随着农奴制的瓦解，维兰由非自由农转变为自由农，劳动者的区别主要变为持有土地性质的不同而非身份的不同。要了解英国自由农发展演变过程，首要任务就是弄清楚中古英国自由小农的起源。

第一节　前征服时期的自由小农

随着罗马帝国的衰落，不列颠也遭到蛮族入侵，盎格鲁-萨克森人成为岛上新主，面对入侵，英格兰的一部分不列吞人逃往威尔士，一部分不列吞人继续居留岛上，在历史长河中逐渐融合到盎格鲁-萨克森人中。英格兰在后来的历史中又两度遭受丹麦人入侵，影响了英国历史发展。不过，在5—16世纪600年间，从语言、文化等方面来看，英格兰属于盎格鲁-萨克森人的社会。

以部落和氏族为单位的盎格鲁-萨克森人，在他们酋帅的率领下，逐渐在英格兰各地定居下来，他们把聚居地村镇称为翰姆（ham），翰姆本意指居所或家，以后慢慢演变为村庄和小镇之意。盎格鲁-萨克森人也把居住地叫作屯（tun），屯的英文本意是指围篱，应该是住宅周围的防护设施，以后成为村庄的代名词，与中文中屯字"聚集"的本意有点类似。他们主要从事农耕，种植的作物主要是大麦、小麦和燕麦等。[①] 阎照祥指出，"早期的乡村居民的土地占有和使用方式各种各样，他们用牛和带铁尖的步犁翻地，播种大麦、小麦和燕麦。许多农户、牧人养育绵羊、猪和少量的山羊，获取乳、肉和羊毛。后来他们演变成为'刻尔'"。[②] 刻尔（ceorl）指的是盎格鲁-萨克森村庄中的普通居民，他们分户居住，家家都有自己的耕地和住宅。文献记载他们的偿命金在威塞克斯为 200 先令，而肯特则为 100 先令，法律上他们是自由人。刻尔普遍拥有小块土地，自我耕作，生活基本能够自给自足。他们的土地所有权受法律保护，任何人不得侵犯。[③] 盎格鲁-萨克森人社会存在奴隶，比较而言，奴隶地位极其低下，因为他们自己都不属于自己而是别人的财产，法律规定奴隶没有偿命金，任何人伤害了奴隶只需赔偿他的主人。奴隶一无所有，触犯法律之后他们只能受到"鞭笞、刖刑、死刑等肉刑的处罚。当时英格兰奴隶市场相当繁荣，奴隶平均价格大约为男奴 1 镑、女奴半镑。刻尔作为自由人有参军义务，每个人都可以是一名战士，这是对男子皆须服兵役的日耳曼古老传统的沿袭"[④]。在当时法律

①　H. P. R. Finberg, *The Agrarian History of England and Wales*, v.1, part2, A.D.43-1042, Cambridge, 1972, p.424.

②　阎照祥:《英国史》，人民出版社 2003 年版，第 29 页。

③　H.R.Lyon, *Anglo-Saxon England and The Norman Conquest*, London, 1991.p.306.

④　李彦雄:《中世纪英国自由农民的起源探析》,《历史教学（高校版）》2008 年第 7 期。

体制下刻尔是享有相应权利和义务的权利主体，他们有权出席法庭。当时英格兰惯例规定有权利和义务出席地方"百户区法庭，对一些案件需要全体刻尔依据习惯法进行民主裁决，参与地方上缉捕盗贼等治安活动，也可参与王室法庭的诉讼、担保等"①。英格兰王权形成后，刻尔作为乡村居民主体开始承担对王权的义务，他们的主要义务是三项义务（Trinoda necessites），也就是修筑桥梁、堡垒和服军役，这其实就是对王权服劳役和兵役，这些负担大约开始于 8 世纪。除此之外，刻尔还要向教会缴纳什一税。作为独立自耕的小农，他们的法律地位基本相同②，但贫富差别古已有之。这一时期英格兰人中还有格布尔（gebur）和伽福吉尔达（gafolgelda），他们的身份和刻尔相似。自由农民的土地允许分割继承，还可以使用奴隶。在丹麦占领区，农民的经济情况和土地使用情况就更加复杂，例如诺森布里亚（Northumbria）的自由佃农被称为杰恩（drengs），他们最初是封臣（ministeriales），但在社会发展过程中，逐渐沦为自由佃农。③

　　进入 11 世纪，刻尔不见了，文献中没有了对刻尔的记载。格布尔成为庄园里主要的劳动者，他们对庄园主的义务很多，劳役负担为每周 2—3 天，还承担许多实物与货币租金。格布尔的地位与后来的农奴几乎没有差别。汉普郡赫尔斯特伯恩地产在同一世纪记载之前刻尔的后裔的义务，与格布尔极其相似，区别只在于劳役义务没有具体的天数和时间限制，按规定他们每周都要为领主劳动，但没有明确具体到格布尔每周 2—3 日的

---

①　李彦雄：《中世纪英国自由农民的起源探析》，《历史教学（高校版）》2008 年第 7 期。

②　李彦雄：《中世纪英国自由农民的起源探析》，《历史教学（高校版）》2008 年第 7 期。

③　Jean Scammell, "Freedom and Marriage in Medieval England", *The Economic History Review*, New Series, Vol.27,No.4(Nov.,1974),pp.523-537.

劳役量。马克垚据此推测，刻尔中有相当数量的人员转变为格布尔，并有可能再转为维兰。①

11世纪的《末日审判书》中维兰已成为农村劳动者主体。"《亨利一世法令集》中明确规定授权维兰（villani）依法享受底层自由民200先令的赎杀金。但是维兰却同时被描述为'卑微而不独立的人'（viles et inopes persone），这表明维兰即使是自由的，也是一个长期受蔑视并处在依附地位的阶层。《末日审判书》中记载维兰总的状况也是自由的，但对领主有一定的依附关系，'往昔的自由人成为了维兰'句子的出现，也表明维兰身份开始与自由人出现了差别。"②

第二节　早期自由农索克曼的历史渊源

中古时期英格兰存在一个特殊的佃农等级索克曼（sokeman），他们的聚居地主要集中于丹麦法区，索克曼群体占《末日审判书》记载的总人口数量的比例略高于8%。③许多西方学者对其身份进行了大量深入细致的研究。但是，因为距今年代久远以及档案资料严重不足，直到现在，学术界对索克曼仍然知之甚少，在许多问题上仍然含混不清。例如，F. M. 梅特兰（F. M. Maitland）认为索克曼是承担轻微劳役的自由

① 马克垚：《英国封建社会研究》，北京大学出版社2005年版，第41页。

② 李彦雄：《中世纪英国自由农民的起源探析》，《历史教学（高校版）》2008年第7期。原文史料来源于R.H.Hilton,*The Decline of Serfdom in Medieval England*,The Macmaillan Press Ltd, 1983, p.15. 以及马克垚：《英国封建社会研究》，北京大学出版社2005年版，第194页。

③ 李彦雄：《索克曼：英国早期自由农起源研究》，《历史教学问题》2015年第2期。原文参考：*Ellis' General Introduction to Domesday Book*(1833),vol. Ⅱ ,pp.419-514.

农[1]；维诺格拉多夫（Vinogradoff）认为被称为索克曼的人是丹麦法区受法律保护的自由人[2]；学者 A. 巴拉德（Adolphus Ballard）则认为索克曼是持有土地的人，他们持有土地的条件是承担一定的义务，而并不是依据当时庄园法律而依法享有土地使用权[3]；H.E. 哈勒姆（H. E. Hallam）观点更加偏激，"他甚至认为索克曼是非自由人，需要承担繁重的劳役负担；多数学者认为索克曼法律上是完全自由的"[4]，其地位介于自由持有农（freeholder）与维兰奴（villein）之间。国内关于索克曼的研究成果很少，近年来沈汉等少数学者对此问题有所涉及，李彦雄 2015 年发表在《历史教学问题》上的《索克曼：英国早期自由农起源研究》一文，对索克曼起源问题进行了初步探讨[5]。索克曼问题与中世纪英国农村社会结构，尤其是自由农的发展变迁关系密切。

一、索克曼的历史渊源分析

由于历史资料的匮乏，要澄清索克曼的起源问题，首先需要从语源学角度研究索克曼的由来。

---

① 李彦雄：《索克曼：英国早期自由农起源研究》，《历史教学问题》2015 年第 2 期。原文参考：Pollock and Maitland,*History of English Law before the Time of Edward I*,2vols, London, 1923, pp.291-292.

② Paul Vinogradoff, *Villainage in England:Essays in English Mediaeval History*, Nabu Press, 2010, p.119.

③ Ballard, Adolphus. *The Domesday Inquest*. London: Methuen & Co,1906.

④ 李彦雄：《索克曼：英国早期自由农起源研究》，《历史教学问题》2015 年第 2 期。原文参考：H. E. Hallam, "Some Thirteen-Century Censuses", *The Economic History Review*, New Series,Vol. 10, No.3(1958), pp.340-361.

⑤ 李彦雄：《索克曼：英国早期自由农起源研究》，《历史教学问题》2015 年第 2 期。

索克曼是 sokeman 的中文翻译，英文复数写作 sokemen，由英文单词 soke 加后缀 man 而组成的复合名词。古英语中 Soke（索克）写作 soc。Sokeman 最早写作 socman，由 soc+man 构成，源于盎格鲁 - 拉丁语 soc-mannus，指索克人，意思是在索克领领有土地的佃农。[1]Soc 原意为"寻找"，与 secan（to seek）是同义词。索克在诺曼征服时期有"司法权"的意思，不过因为用法非常模糊导致很难对其进行简单明了的定义。索克在一些案例中是持有(hold) 法庭的权利[2]，但是索克在其他一些档案记载中，却仅有征收罚金和罚物的权利，征收对象为在相对应的法庭被判罚有罪的人。soka faldae 是中古英语，意思是寻找领主法庭的义务。索克(soc) 在中古法律文献中还经常被提到进行诉讼调查。征服者威廉入主英格兰之后，索克的含义很快就产生了很大的争议。在短文中最常见的解释是 aver fraunc court，意思是"均等的自由法庭"，而在有的短文中则含糊不清地注释为"司法申诉"(claim ajustis et requeste)。[3] 中世纪英国法律作品认为索克领最早由 socus 演变而来，socus 等同于 ploughshare，意思是犁头、犁铧，进而演化为农活的代名词。[4]

Soc 含义上的分歧，造成对索克曼的理解的混乱。索克曼在《诺曼征服百科全书》中指：英格兰盎格鲁 - 萨克森时代的自由人，他们依附于塞恩（thegns），拥有自己的土地。在丹麦法区，他们的比例似乎更大，但

---

[1] 李彦雄：《索克曼：英国早期自由农起源研究》，《历史教学问题》2015 年第 2 期。原文参考：*Collins Dictionary*, http://www.collinsdictionary.com/dictionary/english/sokemen。

[2] 李彦雄：《索克曼：英国早期自由农起源研究》，《历史教学问题》2015 年第 2 期。

[3] Wikipedia, *The Free Encyclopedia*, http://en.wikipedia.org/wiki/Soke_(legal).

[4] See Pollock and Maitland, *History of English Law*, i. 271 ff.; F. W. Maitland, *Domesday Book and Beyond*, 66 ff.; P. Vinogradoff, *Villainage in England*, 113 ff., 196ff.; *English Society in the 11th Century*, 431 ff. (P. Vi.) In Chisholm, Hugh. *Encyclopædia Britannica* (11th ed.). Cambridge University Press.

是不太可能是丹麦人的后裔。索克曼要为他们的土地支付租金，而茅舍农则为其承担义务。索克曼对王权履行军事与社会义务，其地位低于塞恩，但地位在丹麦法区之外的自由茅舍农之上。①《苏联大百科全书》（The Great Soviet Encyclopedia）则这样记载："形成于盎格鲁 - 萨克森时期的中世纪自由佃农（人身独立的农民）的一种。索克曼因其对领主的特殊义务而著名。（11 世纪）诺曼征服之后，他们分化为两类，一种归类于普通法下的自由佃农（与农奴化的维兰相比较），而另一类是享有'古代头衔'的索克曼，是在维兰和自由索克曼之间的一个中间阶层的土地持有者。15和 16 世纪，索克曼逐渐与更加宽泛类型的自由佃农合并而被称为自由持有农。"②《维基百科》的解释是："索克曼属于佃农的一个等级，主要发现在东部郡，地位在自由佃农（free tenants）和非自由农或维兰（bond tenants or villeins）之间。通常他们拥有个人自由，但却履行多种维兰农业义务。历史学家通常认为，他们因为属于领主的索克或司法权范围内而成为'索克曼'等级。然而，巴拉德认为，索克曼只是一个承担义务的人，索克土地是因承担义务而获得的土地，而不必是在一个庄园的司法权限之下获得的土地。"③

由此可知，"索克曼是自由人，他们主要分布在丹麦法区"，④ 也许不是丹麦人的后裔，但也不能完全排除。那么，他们为什么会聚集在丹麦法区呢，他们和丹麦人有无渊源？如果有的话，又是怎样的渊源呢？虽然受

---

① *Norman Conquest Encyclopedia*, http://www.essentialnormanconquest.com/encyclopedia/sokemen.htm.

② Encyclopedia,the Free Dictionary, http://encyclopedia2.thefreedictionary.com/Sokemen.

③ Encyclopedia,the Free Dictionary, http://encyclopedia2.thefreedictionary.com/Sokemen.

④ 李彦雄：《索克曼：英国早期自由农起源研究》，《历史教学问题》2015 年第 2 期。

困于中古早期英国历史资料严重不足，不过通过仔细分析，还是可以窥其一豹的。

　　中古时期丹麦人历史上曾两度入侵英格兰，这些野蛮人涉海而来第一次踏上不列颠的土地是在公元 787 年，劫掠完财宝后，北方海盗瞄准了英格兰肥沃的土地，他们抢占土地，建造房屋，集中定居下来。在这块肥沃的土地上，他们拥有了许多土地和少数人口，渐渐地与原住民融合。丹麦语言、法律和习俗被带入英格兰，而且还为以凯尔特人和盎格鲁 - 萨克森人为基础的现代英国民族加入了丹麦血统。在英国中古时期，形成了专供丹麦入侵者集中居住的丹麦区。具体过程如下：威塞克斯王阿尔弗雷德于 876 年在爱丁顿对丹麦人取得了战略上的胜利，迫使敌人首领签署了和平条约，为其指定居住区"丹麦法区"。丹麦法区包括约克郡、里斯特郡、林肯郡、诺丁汉郡的广大地区。在丹麦区，入侵的"蛮族军队"逐渐发生了深刻变化，其中一些人从海盗演变为士兵，战争逐渐减少以及战争成本提高后，这些人逐渐退出军事活动，以农耕为生，由承担兵役变为承担农业义务，最终完成了向稼穑自由小农的转变。[①] W. 哈德森（W. Hudson）在其《前征服时代东盎格鲁丹麦区的"维兰"和其他佃农状况》一文中指出：土地持有者包括维兰和索克曼，他们耕种着大部分土地，虽然未必拥有法律意义上的土地所有权[②]。关于英国索克曼的出现，中世纪英国历史学家是这么记载的：一个不同于刻尔的自由人群体，在盎格鲁 - 萨克森统治时期结束时登上了英格兰的历史舞台，他们与先前存在于英格兰其他地区的多数萨克森刻尔处境相似，但他们更加独立，地位更高。《末日审判书》称他们为索克曼，地位与维兰相反，他们主要聚居在丹麦法区和

---

　　① 　阎照祥：《英国史》，人民出版社 2003 年版，第 21 页。

　　② 　W. Hudson, "Status of 'Villani' and Other Tenants in Danish East Anglia in Pre-Conquest Times", *Transactions of the Royal Historical Society*, Fourth Series, Vol. 4 (1921), pp.23-48.

东盎格鲁。① 中世纪史专家利特尔顿认为："一个索克领佃农能通过固定的免服兵役税——为守卫一座城堡等而支付一笔固定的货币——而持有土地。"②"在古时，相当多的佃户以每个月为领主犁地或耕种为条件租种土地……因为在服役时使用他们的犁，这种租佃制便称为无兵役租佃制。以后，经领主的要求和佃户的同意，可交现金替代此种服役，即转化为年地租。但是，无兵役租佃制的名称仍然继续使用。在某些地方，佃户仍然用犁为领主耕地。"③

通过对以上史料与史实的分析，我们能够断定入侵英国的丹麦人与索克曼是有联系的：第一，两者都是生活在丹麦区；第二，两者都是自由的；第三，两者出现的时代惊人的巧合，都出现于丹麦入侵英格兰时期；第四，索克曼曾有服役保卫城堡的军役，后来才专事耕稼，只负担农役，这也类似于入侵并居留在英国的丹麦人；第五，在诺曼征服之前索克曼和维兰是丹麦区专事农耕的乡村劳动者主体。因此，我们可以大胆推测，索克曼是"发现"和"寻找"新生活的人，也许是为了寻找司法权，也许是为了寻找"犁铧"。索克曼寻找自由的司法权，是为了自由自在的生活，他们寻找的"犁铧"应该是土地的指代，目的是寻找可以"分享"的土地，这两种目的，其实是统一的，都是为了寻找"幸福生活"。通过他们与丹麦入侵者的联系，可以初步判定，他们至少是丹麦人的追随者，为了寻找

---

① See Pollock and Maitland, *History of English Law*, i. 271 ff.; F. W. Maitland, *Domesday Book and Beyond*, 66 ff.; P. Vinogradoff, *Villainage in England*, 113 ff., 196ff.; *English Society in the 11th Century*, 431 ff. (P. Vi.) In *Chisholm, Hugh. Encyclopædia Britannica* (11th ed.), Cambridge University Press.

② Robert B. Holt, *Socage: Our Modern Freeholder Tenancy of Land*, Land Nationalisation Society,1894, p.7.

③ A. Simpson, *A History of Land Law*, Oxford: Clarendon Press, 1986, p.12. 转引自沈汉：《英格兰中世纪的土地保有权和各种身份的土地持有者》，《贵州社会科学》2010年第 10 期。

新生活,他们涉海而来,侵入英格兰,即使不是入侵者的直系后裔,也与入侵的丹麦人有着密切渊源,有国外学者直接断定他们就是丹麦入侵者的后裔,也是不无道理的。因此,在前征服时期,作为入侵者,他们的地位在刻尔之上,后来随着战事弥减,"他们逐渐摆脱了军事义务,转而通过缴纳货币地租承担农耕义务"①。

二、诺曼征服与索克曼身份的演变

丹麦人第二次踏上不列颠的土地是在公元980年,历经三十三年,1013年,丹麦王韦恩斯的王权被英格兰承认,韦恩斯死后,他的儿子克努特真正完成了英格兰的统一。直到1042年38岁的忏悔者爱德华战胜丹麦人,登上英格兰王位,英格兰才最终摆脱了丹麦人的统治。这一时期内索克曼的状况应该是最好的。1066年初,爱德华去世,无嗣,威赛克斯伯爵哈罗德二世被推选为国王,法国诺曼底公爵威廉以爱德华曾面许其继位为由,要求继承王位。9月底,威廉发动征服英国的战争,12月25日加冕成为英国国王。诺曼人来自诺曼底,诺曼人是英文的中文翻译,本意是"北方人"(Norman 是 North-man 缩写而来),指的是来自北方的"入侵法国的维京人,主要是丹麦人。在入侵并征服英国之前,诺曼人已经在诺曼底建立起了比较完善的封建分封制"②。征服者把法国的封建制度引进了英国,威廉在英国推行法兰克骑士占领制度,在兵役条件下将土地分配给骑士。最初,骑士只能享受终身占有和使用封地的权利,后来逐渐成为世袭的领地。由此,以土地分封为媒介与条件,通过层层分封,保持"各级土地所有者层间分割封建政权的责任,造成政治权利和土地使用权紧密

---

① 李彦雄:《索克曼:英国早期自由农起源研究》,《历史教学问题》2015 年第 2 期。
② 李彦雄:《索克曼:英国早期自由农起源研究》,《历史教学问题》2015 年第 2 期。

结合的政治体制"①，由威廉导入英国。威廉通过征服和分封极大地改变了英国的社会结构。到"末日审判"时期，英国原有的盎格鲁 - 萨克森贵族"塞恩"几乎消失殆尽，农民阶级的各个阶层也发生了相应的变化。

诺曼征服造成了不列颠的法兰克化。② 进入不列颠的法兰克人成为享受特殊荣耀的光荣群体。马克·布洛赫说："'法兰克人'（populus Francorum）只由自由人组成，而与民族特性无关，这一点可由这个事实证明，这个民族性质的名称，最终和这种法律地位变成了同义词。libre（自由）和 franc（法兰克）这两个词，可以互相替用。"③ 中世纪英格兰自由农普遍喜欢用"富兰克林"（franklin）自称，目的是突出其光荣与荣耀的出身。④《韦氏英汉大词典》对 franklin 是这样解释的，"富兰克林"指英国 14 至 15 世纪非贵族出身的地主，该词典又附加解释"非贵族出身的地主"为"自由土地保有者"与"中等阶级小地主"，⑤ 其实就是英语中的自由持有农（freeholder）。Franklin 在古英语中是 fra(u)nkelin。⑥ frank1 与 franc 是同义词，都指法兰克人，这两个词汇古英语中都可以解释为"自由的"、"原先的"意思，与 free 和 liberal 是同义词。⑦ 中古英语中 -ling1 是名词后缀，由 -l-+-ling 构成，-l- 起源于 -la，-la 古语中是表示爱称的后缀。⑧ 由此可见，富

---

① 李彦雄：《索克曼：英国早期自由农起源研究》，《历史教学问题》2015 年第 2 期。

② ［英］阿萨·勃里格斯：《英国社会史》，陈书平等译，中国人民大学出版社 1991 年版，第 64 页。

③ ［法］马克·布洛赫：《封建社会》，张绪山等译，商务印书馆 2004 年版，第 406 页。

④ Mildred Campbell, *The English Yeoman Under Elizabeth and the Early Stuarts*, New York, 1968, pp.11-13.

⑤ 李彦雄：《中世纪英国自由农民的起源探析》，《历史教学》2008 年第 14 期。

⑥ 《韦氏英汉大词典》，蓝登书屋、商务印书馆 1997 版，第 890 页。

⑦ 《韦氏英汉大词典》，蓝登书屋、商务印书馆 1997 版，第 889 页。

⑧ 《韦氏英汉大词典》，蓝登书屋、商务印书馆 1997 版，第 1335 页。

兰克林是自由持有农的爱称。他们应该是后来退出军事服役的法兰克人，作为征服者他们成为农民阶级中"头等"。

随着新的诺曼入侵者的到来，原先的入侵者后裔或追随者索克曼的身份必然发生一定的变化。正如前文《苏联大百科全书》指出的，11 世纪威廉入主英格兰后，索克曼分化为两部分，一部分成为普通法下的自由农（与农奴化的维兰相比较），另一部分仍然享有索克曼的"古代头衔"，地位优于维兰，但在自由农之下，逐渐沦为了"二等农民"。 也许是因为他们都有与丹麦人的历史渊源，索克曼得以保留法律地位的自由，但毕竟是被征服者，他们需要负担部分维兰义务。由于与丹麦人没有历史渊源，维兰作为被征服的英格兰原住民，地位急剧下降，逐渐沦为农奴。当时，一份王室索克领土地令状或许能说明问题，国王给领主的令状是：汝等须立即公正保障这个村庄村民对其土地及其附属物的完整权利，因为他们声称该村土地早先属于其先辈，他们拥有完整的继承权，特命汝等向其征收自由农义务，如若不然，朕将委派一位伯爵来执行。[①]W.哈德森的记载也能说明问题。他指出，领主为了保障庄园领地的生产，出于经济目的，让村民维持平等的身份与协作生产。《末日审判书》记载 36 个自由人剥夺了一些维兰的土地，他们还分配到了 27 个索克曼的土地。这 27 个索克曼早先的土地为 235 英亩又 1 路德（rood），但在《末日审判书》中却仅剩 30 英亩和 3 个耕犁，足足减少了 205 英亩，这些土地哪里去了？被分配给了这 36 个自由人。一些土地直接被"录进"36 个自由人的《末日审判书》，27 个索克曼的土地也将被分配到这些自由人的《末日审判书》。这本书记录了这 27 个索克曼在《末日审判书》中只有 30 英亩土地和 3 具耕犁，但事实上他们有 235 英亩和 1 路德土地。

---

① Robert B. Holt, *Socage: Our Modern Freeholder Tenancy of Land*, Land Nationalisation Society,1894, pp.6-8.

205 英亩的土地在哪里被减少了？这些土地被分配给 36 个自由农民，原因是土地调查委员会（The Domesday Commissioners）认为有充足的理由把这些土地变成由这 36 名自由人负责。除了直接持有的 30 英亩土地外，这些索克曼在其余土地上只是 36 位自由农的合作者（co-workers）。实际上，自由人因其对国王的封建义务而成为了整个村庄土地的所有者（holder），而索克曼则只能在村庄内"持有"或者更确切地说是耕种土地了。①

保留了索克曼称号的这些人内部也发生了分化。他们的土地是自由的索克领（free socage）。大多数索克曼通过缴纳货币租或实物租，有的则只需要负担轻微的劳役，从索克领领有土地。据梅特兰记载：有的索克领义务是象征性的，耕种者持有土地的条件是每年只需向领主献一枝玫瑰花。另外一种索克领耕种条件为实物租，每年需要向领主缴纳一只雀鹰、一磅胡椒、一幅手套等。缴纳货币地租的也有。② 还有一部分索克曼义务繁重，林肯郡菲斯克顿（Fiskerton）的索克曼就需要负担劳役，该地有 20 个索克曼，他们必须为修道院服役，需要自备耕犁，每年为修道院犁地 5 次，分别为"冬季 1 次，春播 3 次，休耕时期 1 次。根据惯例，每个人必须收割 1 英亩谷物，8 月份做 2 个布恩工（boon），割一天干草，制作一天干草，另一天用车帮领主推干草。每个人在圣诞节交一只母鸡，还有他们一年必须支付 4 英镑。需要注意的是，他们的义务是繁重的，但却不负担周工。"③ 索克曼中还有些地位甚至更加低下，他们需缴纳劳役地租。斯科特

---

① W. Hudson, "Status of 'Villani' and Other Tenants in Danish East Anglia in Pre-Conquest Times", *Transactions of the Royal Historical Society*, Fourth Series, Vol. 4 (1921), pp.23-48.

② Pollock and Maitland,*History of English Law before the Time of Edward I*,2vols,London, 1923, pp.291-292.

③ 李彦雄：《索克曼：英国早期自由农起源研究》，《历史教学问题》2015 年第 2 期。

（Scotter）共有 29 名索克曼，他们都需要负担劳役，具体劳役地租量为：全年除 8 月外每周都是 1 天，8 月每周服 2 天劳役，此外，春播时节和冬季分别要为领主犁 1 天地，还要向领主支付一份额外的租金。当地农奴全年的劳役量都是每周 2 天，这些索克曼负担显然比农奴要轻。文献表明，负担最重地位最低的索克曼，封建义务与维兰非常相近。斯伯丁女修道院地产（Spalding Priory）就比较典型，该修道院地产上的索克曼的义务就和当地其他一些地产上的农奴非常接近。另外，在韦斯顿（Weston）情况又不一样，当地斯伯丁女修道院地产上的索克曼都需要向领主支付相当数量的货币租金，家有耕犁的索克曼还需要承担 1 天的耕犁工作，为领主把地以及做一些运输农活，被称为"爱布恩"（loveboon）。当地所有索克曼在秋收季节都为领主做 3 天收割布恩，更为屈辱的是他们都要向领主缴纳结婚税(merchet) 和塔利税(tallage)，未经领主许可索克曼之子不能做教士。①由此可见，各地的索克曼因地区惯例的不同而承担不同的封建义务。

为什么会出现这种状况呢？吉恩·斯卡梅尔(Jean Scammell) 在其《中世纪自由与婚姻》一文中给出了解释。他认为，出现这种状况的主要原因是史学家把拥有索克（soc）的索克曼（socman）与服从于他的索克曼（sokemen）合并使用了：前者最初不是农民，而后者是不自由的。这样拼写只是为了方便区分 13 世纪所知道的自由和维兰索克领（socage）。索克曼（socman）在 10 世纪时是指上层的、有土地的、有等级的男性，相当于富裕的男性领主，和公共法庭有直接的联系，在很多郡有少量的存在。即使在 1066 年的约克郡、白金汉郡、剑桥郡，他也可能拥有一个庄园，并且在诺福克郡和萨福克郡拥有高水平的或更大的索克领。相对照的是，索卡（soca）或索克曼（sokeman）是居住在并且服从于一个索克（soke）

① W. O. Massingberd, "The Lincolnshire Sokemen", *The English Historical Review*, Vol.20, No.80(Oct.,1905),pp.699-703.

的人。然而，从 1066 年到《末日审判书》时的 1086 年，短短 20 年时间，丹麦区居民地位就下降了。史学家对索克曼（socman）的衰落以及对英格兰东部的高度关注，几乎证明了诺曼征服是导致农民状况普遍恶化的唯一原因。进一步而言，相信他们是丹麦入侵者的后裔，必然经历了短暂的反抗压迫力量。简言之，在这种设想的基础上，东部地区在 1066 年后农民家庭的自由很快被摧毁了。自从和索克曼（sokeman）合并使用之后这个词变得模糊不清了，并且甚至与成为"自由农民"阶层的东盎格鲁的自由人（*liberi homines*）合并使用。但是索克曼（sokeman）的负担和《末日审判书》列出的其他非自由农民没有本质的区别。然而《末日审判书》区分了来自自由人和非自由人的索克曼（socman）。作者认为，在诺曼征服后，作为被征服者的索克曼（socman）和索克曼（sokeman）地位都发生了相应的变化。前者地位下降，从 10 世纪时上层的、有土地的、有等级的男性，相当于富裕的男性领主身份，沦落为自由的索克曼；后者，在封建化的过程中，地位有所改善，为"摘花"（defloration）而支付的通奸税与婚姻捐的演变过程，都体现了非自由人的索克曼（sokeman）地位的改善与社会的进步。然而，这两个词汇的混用确实造成了索克曼义务和负担的巨大差异。①

1290 年爱德华一世颁布法案（Quia Emptores）规定索克领租佃土地自动代代相传（不同于租约形式）。由于封建制度的衰落，索克领形式的土地逐渐增加并最终成为英格兰王国普遍的土地制度。1660 年《土地保有法案》（Statute of Tenures）终结了残余的军事服役土地形式，所有自由土地都转为索克领。②《苏联大百科全书》则认为，索克曼在 15 和 16 世

---

① Jean Scammell, "Freedom and Marriage in Medieval England", *The Economic History Review*, New Series, Vol.27, No.4(Nov.,1974), pp.523-537.

② From Wikipedia, the free encyclopedia, http://en.wikipedia.org/wiki/Socage.

纪逐渐与自由持有农、契约租佃农、公簿持有农一样成为自由农，并且获得了"自由持有农"称号了。总之，索克曼阶层的存在贯穿了整个中世纪，以后随着英国封建制度的逐渐瓦解，广大农民封建义务的逐渐废除，索克曼最终与其他农业阶层融为一体。

三、索克曼的等级权利

诺曼征服对英国历史产生了深远影响，也深深地影响着英国乡村社会。诺曼征服后英国历史上出现了一个用来描述土地单位的术语维尔（vill），并且延续到中世纪晚期。尽管《末日审判书》本身并没有使用这一术语，《末日审判书》中的土地单位却经常被称为维尔。传统意义上，法律史学家认为，维尔指的是一个乡村共同体的土地。[①] 维尔的不自由的居民被称为维兰（villein）。[②] 维兰一词是由诺曼人引进英格兰的一个法文词汇，在英国最早见诸记载大概是在威廉征服英国后进行全国性土地调查而编撰的《末日审判书》中，原意是指村庄共同体的成员。[③] 索克曼的土地在诺曼征服后演变为索克领，英文写作 socage，由 soc 加法语后缀 -age 构成。[④] 来自诺曼底的征服者成为自由人的代名词，法兰克人中退出军事服役转而从事农耕的群体被称为"富兰克林"（franklin），他们成为了自由持有农（freeholder）。因此，要了解索克曼的等级权利，必须深入维尔，深入索克领，从索克曼的生活本身入手进行分析研究。

---

① Angus Winchester，*Discovering Parish Boundaries*，Shire Publications,2000, pp.21-29.

② From Wikipedia, the free encyclopedia, http://en.wikipedia.org/wiki/Villag.

③ E. Miller ＆ J. Hatcher, *Medieval England Rural Society and Economic Change 1068-1348*, Longman, 1978, p.22.

④ http://www.thefreedictionary.com/socage.

第一，我们需要认清索克曼的土地性质，关于索克领土地性质有三种解释：（1）索克领是一种封建租佃土地，领有土地的条件是为领主提供耕作义务或货币而非军役。[1]（2）索克领是英国中世纪一种封建义务，以及因之而起的一种封建土地租佃形式。具体情况是，领主通过向国王承担一定的封建义务从国王手中获得土地，然后再把土地租佃给佃农，佃农领有土地的条件是向领主尽相应的封建义务，这些义务界定清晰明确，并且是固定的。理论上，佃农的义务包括向领主提供产品，但多数情况下只是现金支付，即缴纳货币租金。它既不同于封建服役租佃（serjeanty），也不同于宗教服役租佃（frankalmoin）。这种租佃形式之上还有军事服役租佃形式。[2]（3）索克领是一种自由土地租佃制，这种制度下佃农只需要向领主提供经济义务，即缴纳地租，依据各地惯例不同，表现为货币地租或劳役地租，也会有一些额外的农活。这些土地"在英国中世纪法律中被称为索克领土地。其主要出现在盎格鲁-萨克森时期结束时，在英格兰的《末日审判书》中被称为与维兰相反的索克曼等级，"[3] 他们主要集中在丹麦法区与东盎格鲁地区。威廉征服英格兰后，随着普通法的形成，索克领演变为最低形式的自由持有地。[4] 通过上述三种解释不难看出，索克曼的土地在法律意义上是自由土地，索克曼持有土地的条件是承担货币地租和轻微的劳役等封建土地义务。

真实情况如何呢？真实情况是索克曼的土地制度索克领确实表现为犁

---

① 　http://www.thefreedictionary.com/socage.

② 　From Wikipedia, the free encyclopedia, http://en.wikipedia.org/wiki/Socage.

③ 　李彦雄：《索克曼：英国早期自由农起源研究》，《历史教学问题》2015 年第 2 期。

④ 　See Pollock and Maitland, *History of English Law*, i. 271 ff.; F. W. Maitland, *Domesday Book and Beyond*, 66 ff.; P. Vinogradoff, *Villainage in England*, 113 ff., 196ff.; *English Society in the 11th Century*, 431 ff. (P. Vi.) In Chisholm, Hugh. *Encyclopædia Britannica* (11th ed.). Cambridge University Press.

耕义务，这些义务是确定的。埃利斯（Ellis）指出，索克曼（Sockmanni）是从男爵手中获得特许土地或在索克领拥有土地的低等级土地所有者。布拉克顿（Bracton）指出：一些土地是军役土地，一些土地是封建服役土地。还有一种土地，只需要向直接领主提供货币租金，它领自自由的索克领，只给主要的领主提供货币服役，不需要对国王及其保护人履行任何义务，这种土地可能来源于只负担农耕义务的索克领，这种土地上的耕作佃农可能被称为索克曼，实际上这些佃农只从事耕作。兰勃德的肯特（Lambord' Kent）郡的索克上，索克领要求佃农自带耕犁为领主劳动，并向领主缴纳一定的租金和谷物。在肯特古代索克领上全部实行古代土地继承。[①] 案例表明，对于重罪犯国王只能拿走其牲畜，却不是拿走其土地。兰米德（Langmead）指出：索克领是义务确定的土地，"尽管缺乏荣誉，但也较骑士义务缺乏危险，利特尔顿（Littleton）认为：索克领土地是佃农持有的其领主的土地，这种土地的所有义务都是确定的，因此这种义务不是骑士义务；里夫斯（Reeves）则认为，骑士义务和索克领的主要区别是前者的义务是不确定的而后者是确定的，索克领佃农或自由佃农的状况是由其土地决定的独立与安全的状态，他确实拥有诉讼权和义务，他为摆脱责任和义务需要负担非常沉重的租金，几乎不少于土地的年价值。从这些证据我们可以安全的得出结论——首先，索克领是生产租佃而非军事租佃。"[②] 索克曼的独立与安全地位是因为他们依法拥有诉讼权，他们通过向领主缴纳租金摆脱责任，但租金负担很重，与其耕种的土地价值相差无几。通过以上分析，不难得出明确的结论：首先，索克曼土地承担的是农业义务而非军事义务；其次，索克曼的土地是有保障的、安全的；第三，索克曼的土

---

① 李彦雄：《索克曼：英国早期自由农起源研究》，《历史教学问题》2015 年第 2 期。

② 李彦雄：《索克曼：英国早期自由农起源研究》，《历史教学问题》2015 年第 2 期。史料来源：Robert B. Holt, *Socage: Our Modern Freeholder Tenancy of Land*, Land Nationalisation Society,1894, pp.6-7.

地承担固定的封建义务。① 中世纪索克曼的义务大多是货币租金或少量劳役。伯恩（Bourne）韦克家族（The Wake Family）情况则比较特殊，当地自由佃农负担少量租金，拥有法庭诉讼权，但我们没有被告知他们为其领主负担任何农业工作。② 当然，也有承担较重义务的，但却不承担周工。关于各地索克曼义务的不同，在前文已有论述。造成索克曼封建义务差别的主要原因是各地惯例的不同，而且索克曼分布地区在整个英格兰占比很小，当时在英格兰各地索克曼的封建义务都比本地维兰要轻。

第二，公共法庭明确保护索克曼的土地和义务。③ 法律保护对索克领是非常重要的，以至于当维兰土地获得法律保护时会被认为是维兰索克领。古代案例表明农民确实有权依法起诉他们的领主。在庄园法庭索克曼有非常重要的地位。索克曼中绝大多数人拥有 3 周法庭诉讼权，这是由法庭召开次数决定的，因为法庭每年只召开三周，他们的权利是充分的；其他人则一年只能参加 2 次，还有则在被传唤的重要时刻。④ 他们起诉别人也被别人起诉，他们通常乐于接受庄园法庭的判决，因为他们认为判决是公正的，庄园法庭实行同级审判，民主判决，全体审判员由邻居们组成并且是免费诉讼。但是如果自由持有地在庄园领主的主张下处于危险状况中，最安全的计划是走上国王法庭。例如，奥姆斯比（Ormsby）女修院院长在 1244—1245 年侵占了一名索克曼木匠在福瑟比—马丁（Fotherby-Martin）的半路德土地，该索克曼通过国王的巡回法庭维护了自身的权益。⑤

---

① Robert B. Holt, *Socage: Our Modern Freeholder Tenancy of Land*, Land Nationalisation Society,1894, pp.6-7.

② W. O. Massingberd, "The Lincolnshire Sokemen", *The English Historical Review*, Vol.20, No.80,1905, p.701.

③ 李彦雄：《索克曼：英国早期自由农起源研究》，《历史教学问题》2015 年第 2 期。

④ 李彦雄：《索克曼：英国早期自由农起源研究》，《历史教学问题》2015 年第 2 期。

⑤ W. O. Massingberd, "The Lincolnshire Sokemen", *The English Historical Review*, Vol.20, No.80,1905, p.702.

因此，维诺格拉多夫（Vinogradoff）教授认为，在丹麦法郡那些被称为索克曼的人是受保护的自由土地持有者。[1] 即使在其形成时期，这种土地在古英国的起源仍是显而易见的，这一点从监护权与结婚权角度能够充分说明。在索克领上未成年人的土地监护权不属于领主，而是属于该未成年人关系最亲近的男性亲属，并且监护人必须是法律上不能享有被继承土地继承权的人。关于索克曼的监护权史蒂芬有过非常经典的论述，他说：索克领的监护权从来就不属于领主，而且领主也从来无权干涉，索克领监护权属于没有继承权的最亲近亲属中的一人。监护权在被监护人 14 岁时终止，因为法律规定继承人 14 岁就可以自主选择监护人，自主决定土地租金和自身利益，有权驱逐监护人。但是被监护人父亲通过遗嘱指定的监护人可以一直监护到被监护人年满 21 岁。索克领未成年继承人可以自由订立婚约，不受领主干预。在索克领上被监护人结婚对于监护人没有任何好处而是相反，因为如果监护人让他的被监护人在 14 岁前结婚，他必须对婚姻的价值负责，尽管他从中得不到任何好处。[2] 许多索克领土地案例中继承惯例还是独特的，长子继承制的封建规则并没有被普遍执行。查理二世统治时期，公簿持有地的折算与解放，以及军事租佃的废除，导致索克领逐渐被同化于普通的自由持有土地等级中。[3]

第三，在维尔（vill）的农业协议中索克曼拥有个人利益和兴趣。索克曼在公田上和维兰并排拥有自己的土地。如果牲畜损坏了谷物，他和维

---

[1]　Paul Vinogradoff, *Villainage in England:Essays in English Mediaeval History*, Nabu Press,2010, p.119.

[2]　Robert B. Holt, *Socage: Our Modern Freeholder Tenancy of Land*, Land Nationalisation Society,1894, pp.7-8.

[3]　See Pollock and Maitland, *History of English Law*, i. 271 ff.; F. W. Maitland, *Domesday Book and Beyond*, 66 ff.; P. Vinogradoff, *Villainage in England*, 113 ff., 196ff.; *English Society in the 11th Century*, 431 ff. (P. Vi.) In Chisholm, Hugh. *Encyclopædia Britannica* (11th ed.), Cambridge University Press.

兰的遭遇一样。根据村庄的惯例他负责维修属于他持有地上的海堤。他有权依据自己的持有地在维尔放牧。在《墨顿法令》（The Statute of Merton）之前，他必须同意因公共利益而必须的圈地。如果索克曼所在镇区被罚款，他必须分担属于自己的那一部分。作为回报，他也享有相应的权益，同时有权分享村庄共同体成员承租庄园的相应权益。① 最初，索克曼不得在其有生之年转让或部分转让其土地，也不能通过遗嘱的形式在其死后转让他的土地。1290 年的《土地完全保有法》允许索克曼在其有生之年把土地转授给他人。②1506 年的《用益权条例》曾取消上述规定，但 5 年后亨利八世颁布的《遗嘱法》又恢复了这种权利。③ 索克曼与维兰以及自由持有农的区别主要体现在法律地位的不同，而非经济状况的区别。索克曼作为自由人，其地位高于沦为农奴的维兰，却低于源自征服者的诺曼征服后的自由持有农。索克曼这一称号在整个中世纪延续了下来，并且这一群体不断地壮大。1275 年柯顿（Kirton）的陪审员说，里士满（Richmond）伯爵领地上的自由索克曼数不胜数。④ 在林肯的教长（dean）和全体教士的档案室以及私人家中有很多特许状，这些特许状表明 13、14 世纪的小自由持有农交易自己的土地。此外，几份文献证明 13 世纪索克曼或自由佃农的数量要比 11 世纪多得多。在斯托的林肯主教地产上 1086 年有 27 个索克曼，1283 年达到 43 个自由佃农；在迪平（Deeping）1086 年没有索克曼，1282 年有 25 个自由佃农，在伯恩从 7 个发展为 61 个，在凯尔比（Kelby）

---

① 　W. O. Massingberd, "The Linconlnshire Sokemen", *The English Historical Review*, Vol.20, No.80,1905, p.702.

② 　A. Simpson, *An Introduction to the History of the Land Law*, Oxford: Oxford University Press,1961, p.35.

③ 　B. W. Adkin, *Copyhold and Other Land Tenures of England,* London: The Estates Gazette, 1919, pp.34-35.

④ 　*Hundred Rolls*, i. 307.

从 3 个变为 27 个；塞尔比（Saleby）1086 年有 3 个索克曼，1303 年发展到 23 个；在奈斯（Knaith）从 1086 年的 3 个索克曼发展到 1324 年的 11 个。[1]

　　通过前文所述，不难看出，索克曼在丹麦人大举入侵英格兰时出现，他们极有可能是丹麦人的直接后裔，至少也是追随入侵者进入英格兰的。索克本意有"寻找"的意思，索克曼意思是"寻找司法权"或"寻找犁耕土地"的人。丹麦人统治英格兰时期索克曼是自由人，诺曼人统治英格兰后，他们地位有所下降，但总体上仍然是自由的，他们成为英格兰地位最低的自由农，在法兰克农民之下，但境遇要优于维兰。索克曼在诺曼征服后没有完全沦为农奴，或许与其最初来源不无关系。在从中世纪向近代社会转变的过程中，军事服役土地制度的废除，农奴制的崩溃，使得索克曼和英国其他农民等级的分别也不复存在了。

第三节　自由持有农的历史起源

一、中世纪早期英格兰的乡村居民

　　有关英国中世纪早期乡村居民的资料极其有限，只有《末日审判书》有所记载。《末日审判书》可供参考信息如下表：

居民种类	自由人与索克曼	维兰	边地农、茅舍农	奴隶
人口数量	37 000	109 000	87 000	28 000

---

[1]　W. O. Massingberd, "The Linconlnshire Sokemen", *The English Historical Review*, Vol.20, No.80,1905, p.702.

据史料记载，中世纪早期英格兰乡村劳动人口共分五个等级，依据社会地位高低依次为自由农和索克曼、维兰、边地农和茅舍农 (Cotters)，最后是奴隶。据《末日审判书》载，自由人和索克曼占当时英格兰总人口的 14%，除去前文提及的索克曼占人口的 8%，自由人只占 5%，他们拥有全英格兰 20% 的土地；维兰人口占 41% 的比例，耕种土地却占全国的 45%；边地农和茅舍农占有土地极少，仅为 5% 左右，人数却很多，在全国的人口比高达 32%；奴隶占总人口的 10%，却不占有土地。[①] 通过计算不难看出，五个等级的劳动人口占全国总人口的 97%，占有的土地却仅有全国土地的 70%。其余 30% 的土地无疑掌握在占全国人口 3% 的贵族与骑士手中。自由人和索克曼法律上都是自由的，维兰地位居于其次，他们占英格兰总人口数的 55%，占有总土地的 65%。虽然同属自由身份，都不能完全独立于庄园与领主，但又有所区别。边地农和茅舍农法律意义上身份可能是自由的，但经济状况较差。奴隶处在社会最底层，不受法律保护，没有自由和任何财产。

二、维兰身份的转变：从自由到被奴役

11 世纪晚期的土地与人口调查表明，维兰在英格兰人口中占比高达 41%，占地 45%，是乡村劳动者的主体。这个群体的身份变化轨迹如何呢？英国大多数历史学家，从早期的梅特兰、维诺格拉多夫直到当代英国著名马克思主义史学家希尔顿都认为，中古英格兰维兰经历了从自由到被奴役再到自由的发展轨迹。笔者赞同这一观点。《末日审判书》中的维兰已经依附于庄园和庄园领主，但总的说来他们还是自由人。那么，维兰是如何成为后来的农奴的呢？研究英国农民史的对此论述颇多，意见分歧也

---

① E.Miller and J.Hatcher, *Medieval England:Rural Society and Economic Change:1086-1348*, London, 1980, p.22.

很大。主流观点认为，维兰向农奴的转变是在诺曼征服者把庄园制移植到英格兰的过程中逐渐完成的。

维兰身份从自由向不自由的转变，主要集中在 11 世纪征服者威廉征服英格兰后的一百多年间。百年间维兰身份发生了根本性变化。造成维兰身份变化的根本原因是生产力极其低下，日耳曼人耕作体系的落后粗放。在这样的背景下，庄园领主往往单独划出庄园自营地以保障自己的供给，而把其他土地租佃给维兰，作为交换条件，维兰需要对领主承担一定的封建义务。庄园主这么做的目的主要是为了保障领主自营地的劳动人手，所以维兰最主要的义务就是劳役地租，即每周要按规定到领主自营地耕作一定的天数。除了向维兰征收劳役地租外，领主同时还采取一些超经济的强制手段，以实现对维兰剩余劳动的占有，保障庄园主自身的生活，这样劳役租之外的一些低贱的农奴义务也就随之产生了，维兰开始承担任意税、婚姻捐、遗产税、通奸税及劳役等义务。由此，维兰的自由就消失了，农奴制产生。经济史专家波斯坦认为，维兰的法律地位与经济地位并不统一，他指出，维兰的经济地位在诺曼征服后的一百年间有了很大提升，而在法律意义上其身份却下降了，12 世纪亨利二世在位期间的立法导致维兰变身为奴。[①] 英国著名马克思主义史学家、农民问题专家希尔顿对此有不同看法。他试图使农民的经济状况与法律地位相一致，提出对土地上的耕作者身份的界定，要从劳动者实际情况入手，不能单纯依赖官方文献与法律著作，需要深入研究庄园档案与各种案例。通过研究，他得出结论，维兰在 12 世纪大多数时间还是自由的，还没有实现农奴化，维兰的农奴化集中在 12 世纪晚期，大约在同一时间段内，维兰失去王室保护，只能在庄园法庭诉讼，无权向王室法庭提起诉讼。[②] 除波斯坦和希尔顿外，不少学者

---

① M.M.Postan, *The Medieval Economy and Society*, London, 1981, pp.166-167.

② R.H.Hilton, *The Decline of Serfdom in Medieval England*, London, 1983, pp.17-18.

对此问题也有所研究，他们各有解释，分歧较大，但是绝大多数史学家在维兰的农奴化这点上取得了共识，认为维兰从自由农转化为了非自由农。

通过第一节和以上分析不难看出，英国中世纪自由小农起源与盎格鲁 - 萨克森时期的自由小农无关，也与《末日审判书》中农民主体维兰无关。英国中世纪自由农究竟是如何起源的呢？

三、中世纪英格兰自由农溯源

英国中古早期的史料对乡村人口的记载，通常不使用"农民"或"乡下人"，"农民"和"乡下人"的概念和表述出现较晚，中古早期文献通常从法律角度记录社会成员的身份，常用表述有自由人（liberi）、半自由人 (liti) 和农奴 (servi)。与民间法（folk laws）记录的一样，所有农业人口都受中古早期普通法律保护。他们的主要区别是法律规定的权利不同，自由人享有全部合法权利，可以参加公共集会，通常领有自由土地。农奴法律地位低下，从领主庄园领有不自由的土地，没有自己的财产（至少理论上是这样的），需要为领主服劳役并缴纳赋税，人身受到领主的控制。半自由人地位介于自由人与农奴之间。[1] 基督教会则从维护神权的角度出发，依据社会分工对人们进行初略归类，极力宣扬人类从最初就由三部分构成，即为神灵服务的祈祷者，维护世俗社会秩序的战斗者和为众生提供衣食的劳作者。公元 10 世纪英国散文学家艾尔弗雷克是名修士，担任恩舍姆修道院院长，他对自身所处时代英格兰的社会分层解释说："王权依靠'三个支柱'支撑——劳作者、说教者与作战者：劳作者系为我等提供衣食之人，唯犁耕播种者专事于此；说教者系为我等求助上帝、并在基督的臣民中间弘扬福音之僧侣，唯此专事圣职者方使我等蒙恩爱惠；作战者

---

① Werner Rösener, *Peasants in the Middle ages*, IIIini Books edition, 1992，p.12.

系以武器防范即将临近之敌、为我等护卫城市及家园之人。"①这种分类方法影响深远，中世纪的人们对此深信不疑。作为英格兰乡村社会劳作者主体的农耕者和畜牧者当然在很早就已出现，英格兰乡村社会必然也早已存在，然而对农耕者身份进行细分则较晚，学界普遍认为自由农阶层作为一种身份的出现与英格兰庄园制度的形成同步。

英格兰自由农阶层是何时形成？又是如何形成的呢？他们起源如何呢？中世纪欧洲的自由是征服者的自由，罗马帝国衰亡后，日耳曼人成为欧洲新主，他们在欧洲各地纷纷建立王国，在众多日耳曼人王国中，法兰克王国最为重要，存在时间最长，影响最为深远。初到法国的法兰克人政治上近乎无知，缺乏社会治理的基本知识和起码的社会责任感，野蛮地把法兰克人定义为法定自由人。《封建社会》作者著名历史学家马克·布洛赫对此作了精辟论述。他说，"'法兰克人'（*populus Francorum*）只由自由人组成，而与民族特性无关，这一点可由这个事实证明，这个民族性质的名称，最终和这种法律地位变成了同义词。*libre*(自由)和*franc*(法兰克)这两个词，可以互相替用。"②英格兰中古自由农阶层与欧洲法兰克人之间有没有关系呢？答案是肯定的，这种联系始于诺曼征服。1066年威廉征服英格兰，登上英格兰王位，英格兰成为了法兰克的一部分。此后英格兰就被法兰克化。③中世纪英格兰自由农普遍喜欢用"富兰克林"（franklin）自称，目的是突出其光荣与荣耀的出身。④正如前文指出的，富兰克林是

---

① ［英］阿萨·勃里格斯：《英国社会史》，陈书平等译，中国人民大学出版社1991年版，第58页。

② ［法］马克·布洛赫：《封建社会》，张绪山等译，商务印书馆2004年版，第406页。

③ ［英］阿萨·勃里格斯：《英国社会史》，陈书平等译，中国人民大学出版社1991年版，第64页。

④ Mildred Campbell,*The English Yeoman Under Elizabeth and the Early Stuarts,* New York, 1968, pp.11-13.

自由持有农的爱称，英格兰自由农起源于征服英国的法兰克人。

　　那么中世纪自由农是怎样从征服者中分离出来成为单纯的农民的呢？这需要了解日耳曼人的古代传统，据塔西佗记载，罗马时代日耳曼人奉行"流血不流汗"的道德观，部落成员中的男子都是战士，他是这样记载的"当一个人到达能使用兵器的年龄，就在大会上（部落全体会议，编者注）由一位酋帅、或本人的父亲或亲属给这个青年装备一面盾和一支矛；这就犹如罗马青年以著拖袈为平生第一次喜庆一样。在此以前，他还是家庭中的一员；此后他开始成为国家的一员了。"[①] 日耳曼人这一传统一直延续到中世纪早期，德国史学家沃纳·德雷纳（Werner Rösener）指出，"农民"术语出现较晚，此前法律上农耕人员与日耳曼战士并无明显区分，到中世纪中期情况开始改变。11 世纪以后的文献中，市民（cives）、战士（Milites）和乡下人（rustici）称谓开始出现，并成为法律文件中的固定用语，先前的奴隶称谓不见了。[②] 马克斯·韦伯指出，农业生产的发展，农作物产量的提高，促使耕战兼备的男性把更多精力用于生产而非战斗。随着战争成本的增加，这些亦兵亦农的法兰克人靠武装暴力掠夺的机会和收入越来越少，同时谷物产量的提高，促使他们越来越依附于土地，而离军事活动越来越远。[③] 耕战兼备亦兵亦农的法兰克人不再从事军事活动，这样就出现了一个专门从事军事活动的职业群体，他们被称为骑士，骑士等级的形成加速了西欧封建等级制的形成。奥托·布鲁纳认为，庄园领主接管政治和军事任务之时，农民战士就变成农夫了。骑士与准备进入骑士行列的人越来越把自己和农民区别开来。法兰克国王长期的大规模战争也使得自由

---

　　① 　[古罗马] 塔西陀：《阿古利可拉传·日耳曼尼亚志》，马雍、傅正元译，商务印书馆 1985 年版，第 61—62 页。

　　② 　Werner Rösener, *Peasants in the Middle Ages,* IIIini Books edition, 1992, p.12.

　　③ 　马克斯·韦伯的观点转引自 Werner Rösener, *Peasants in the Middle ages*, IIIini Books edition, 1992, p.13.

农民很难参与。这样，军事活动就成了职业骑士的专职，他们不再从事农业生产并从农民中被分离出来，成为社会精英阶层。自由农与骑士区别的进一步强化主要有两方面原因：一是，11、12世纪的农民生活安定，且受到保护；二是法律特别规定了禁止农民拥有武器。另外，加洛林时代采邑（feudal）制和庄园制日益扩展，自由农越来越依附于庄园领主。为保障领主的收益，更多的人口转化为农奴，自由农逐渐成为了社会边缘群体。①

　　沃纳·德雷纳对西欧自由农阶层产生的分析是有一定道理的，他认为西欧自由农阶层出现从整体上看在骑士出现以后，时间大致为11—12世纪。英格兰自由农的出现与西欧相仿，但也有自身的独特性。英国自由农阶层的形成也与英国的封建化密切相关。法兰西加佩王朝诺曼底公爵威廉的征服打断了英格兰历史发展进程，改变了其发展轨道，使其历史留下了深深的诺曼痕迹，使得英国中世纪的社会结构和法国有很多相似之处，然而除了入侵的自由法兰克人外英国社会同时还存在一些原住民自由人。这些原住民自由人主要包括索克曼和维兰。关于这两部分人前文已有介绍，为了行文方便与论述充分，现进行简要回顾。索克曼主要居住在丹麦法区，是身份自由的农民，他们的土地是索克领，大多数耕种索克领土地的条件是向领主缴纳租金（分货币租和实物租），也有索克曼只负担轻微的劳役。如前文中提及的，有的索克曼一年只需向领主进献一支玫瑰花以示尊重，有的则每年象征性为领土提供一只雀鹰、一幅手套、一磅胡椒等。诺曼征服英格兰时期维兰是英国农民的主体，他们占英格兰总人口的41%，占有全国45%的土地，地位低于自由人和索克曼，但身份是自由的。中世纪英格兰自由农阶层的形成与索克曼和维兰之间有

　　① Werner Rösener, *Peasants in the Middle Ages*, IIIini Books edition,1992, pp.12-13.

无历史渊源呢?

诺曼征服后，征服者把法国庄园制引入英格兰，英格兰骑士开始出现①，英国农民身份开始发生重大变化。关于庄园农奴制实现的时间，学者们的一致意见是始于 12 世纪，特别是 12 世纪下半叶以后。在 12 世纪的森林法中，维兰明显失去自由，成为农奴。所以有的学者认为农奴制在 12 世纪中叶，最晚到 12 世纪末完成；也有学者认为完成于 13 世纪初，如希尔顿指出，最代表农奴身份的几种捐税是在 12 世纪最后 25 年才创造出来的。② 由此看来，英格兰农民身份变化在 12 世纪末和 13 世纪初正式完成应该是比较准确的。农奴制形成的同时，英国自由农阶层也就出现了。《欧洲农民史》一书为我们大致勾画出了英国农奴制形成时期的各种农民的身份变化，书中指出了 11 世纪的农民和 12—13 世纪的农民之间的关系。其中 11 世纪的自由人主要分化为骑士及侍从等级和自由农民，少量沦为茅舍农；索克曼中一部分沦为维兰，其余分化为骑士及侍从等级和自由农民；维兰主体沦为维兰（农奴），少量成为自由农民；边地农和茅舍农大部仍旧是茅舍农，其余则分化为维兰（农奴）；奴隶大部分成为茅舍农，其余成为维兰。③

通过以上分析不难得出中世纪英国自由农的历史渊源，他们主要来源于《末日审判书》记载的自由人、索克曼与少量维兰，这一转变过程是在英格兰封建化过程中完成的。

---

① 黄春高：《西欧封建社会》，中国青年出版社 1999 年版，第 65 页。

② 蒋孟引主编：《英国史》，中国社会科学出版社 1988 年版，第 105 页。

③ Уцалъцова，З.В.(1985-1987),История Крестьянства В Европе,эпоха Феоцализма,В трех томах Москва.1985,t.Ⅱ,122.转引自马克垚：《英国封建社会研究》，北京大学出版社 2005 年版，第 197 页。

第四节　自由农与非自由农的区别

中世纪自由与不自由不同于现代意义上的自由和不自由。现代自由的法律意义是社会成员在法律范围内不受他人干涉也不干涉他人的自由。现代自由是在古代、中世纪和近代自由的基础上发展而来的。中世纪自由和不自由有两方面的含义，一是劳动者即农民身份的自由与不自由，二是财产（主要是土地财产）的自由与不自由。因此，研究中世纪自由农问题，必须要澄清中世纪自由农与非自由农、自由土地与非自由土地的区别。

一、自由农与非自由农的区别

中世纪不自由的农奴制度，最晚在 15 世纪已经不复存在，因此，关于中世纪自由农与非自由农的区别的探讨，主要集中在 15 世纪以前。中世纪英国自由农与非自由农的区别主要体现在出身、法律地位、财产权利和封建义务等方面。

首先，自由农与非自由农的出身不同。中世纪关于自由农和非自由农的记载中，经常可以看到：自由农出身是高贵的，拥有光荣而高贵的血统；非自由农和农奴出身是低贱的、卑微的。实际情况怎样呢？英国中世纪的自由农主要是指《末日审判书》中出现的自由持有农（freeholder）和索克曼。这两个群体都源于外来的征服者。正如本章第二节所述："丹麦法区的索克曼起源于丹麦入侵时期，即使他们不是丹麦人的直接后裔，至少也应该是丹麦入侵者的追随者。索克本意有'寻找'的意思，索克曼意思是'寻找司法权'或'寻找犁耕土地'的人。在丹麦人统治时期他们是自由人，诺曼征服后他们总体上仍然是自由人，但地位沦为来自法兰克的入侵者诺曼人之下，成为最低等的自由土地持有人，仅在维兰之上。索克曼在诺曼征服后能保留自由身份，或许是因为征服者和丹麦人的千丝万缕的历史渊源，而他们也和丹麦人存在历史渊源。"自由持有农则主要来源于诺曼征服时期的法兰克人，他们在成为英国的"新主"后，随着战争成本的提高和战争的减少，其下层开始摆脱了军事义务，成为单纯提供农业服役的生产阶层，但他们是光荣的富兰克林。

中世纪英国的非自由农指的是维兰。"维兰"（Villani）一词是由诺曼征服者引入英格兰的一个词汇，在英国最早出现在《末日审判书》中，是征服者对英国被征服地村庄共同体成员的称谓。当时，维兰是农民人口的主体，从身份上看他们是自由的，社会地位在边地农、茅舍农和奴隶之上；从经济上看，他们是一种生活殷实而保有一定土地的农民。调查员认为，他们生来自由只是不能出卖份地。"在 12 世纪的森林法中，维兰明显失去了自由，成为农奴。所以有学者认为，维兰在 12 世纪中叶，最晚到 12 世纪末完成了农奴化；有的学者则认为，维兰的农奴化完成于 13 世纪初，如希尔顿指出，最代表维兰农奴身份的几种捐税是在 12 世纪的最后 25 年才创造出来的。"[1] 由此看来，维兰是出身于英国乡村共同体的土著劳动者，在诺曼征服后，他们的地位在封建化的过程中，于 12 世纪末、13 世纪初完成了农奴化。最终，由于其作为被征服者的不幸地位而沦为非自由农。相反，自由持有农和索克曼却因其与征服者同为诺曼人的历史渊源，而成为自由农。因此，吉恩·斯卡梅尔（Jean Scammell）指出，中世纪自由不是一个吸引人的概念，而是由拥有这一头衔的人们享有的具体特权构成的。英格兰的自由人和大陆自由人同样"卓越"，他有自己的法庭。他的自由是伟大的，因为他不仅享受着给予他尊严的公共权力的直接关系，而且因其自由而体现了司法公平。瑞德小姐（Miss Reid）列举并引用的一段文章表明，11 世纪国王的塞恩和自由人是同等的。正是在这种贵族气派的意义上，

---

① 孙立田：《中世纪英国维兰土地权利考察》，《世界历史》2006 年第 5 期。

马姆斯伯里（Malmesbury）的威廉说道英国的全体自由人都对亨利一世的儿子宣誓；《大宪章》中的自由人是拥有法庭的贵族（baron）；1228 年有这么一句话，达勒姆的普赖尔（Prior of Durham）像任何自由人一样拥有他的法庭。自由是一个对英国社会发展有巨大影响的习俗。①

其次，自由农与非自由农的法律地位不同。中世纪英国自由农因其出生自由，而享有和贵族平等的法律地位。按照英国中世纪的法律规定，自由农与其之上的社会阶层的区别，仅限于经济区别，而非法律地位不同。按照当时的法律规定，年土地收入达到 40 先令的自由农，可以晋升为约曼，年土地收入达到 40 英镑可以成为骑士，大多数贵族的标准是年土地收入 400 英镑。因此，自由农不仅受到庄园法庭的保护，而且还受普通法保护，可以向百户区法庭和王室法庭上诉。作为非自由农的维兰则仅能受到庄园法庭的保护。不但如此，庄园法庭对自由人与非自由人的审理也是不同的。按照司法权限，庄园法庭专门进行了分类区别，庄园内一种法庭是施行公权力的，审理的多为刑事案件，一种是封建主主持的对庄园领地内的领有他的土地的自由人进行审理的法庭，最后一种是封建主对农奴进行审判的法庭。

第三，自由农与非自由农财产权利的区别。本文将从动产和不动产两方面分析自由农和非自由农财产权利的区别。中世纪最重要的财产无疑是作为主要生产和生活资料的不动产——土地。从不动产土地上的财产权利而言，英国中世纪庄园制下的自由，指的是血统的光荣与出身的高贵，法律地位与贵族的平等，受王室法庭保护的权利，免于承担卑贱的农奴义务，而与现代意义上的财产所有权无关。对自由农而言，他们租佃领主土地，向领主缴纳地租，可以世代耕种，却无权随意转让。这是由封土制下

----

① Jean Scammell, "Freedom and Marriage in Medieval England", *The Economic History Review*, New Series, Vol.27, No.4 (Nov.,1974), pp.523-537.

较高一级封主拥有对土地的权利决定的。就非自由农的不动产财产权利而言，土地同样是从领主处租种的，只是租借时限各不相同，由数年、一代或数代——一般是三代不等。同样是从领主处租来的土地，但非自由农的土地财产权利从根本上说是属于领主的，而自由农的土地财产从根本上说应该是属于国王的。因此，非自由农要对领主承担附着在土地上的封建义务，而自由农却不承担相应的维兰义务。自由农和非自由农的土地权利的区别还体现在，自由农的自由土地是可以无条件继承的，非自由农的土地需要缴纳一定的继承捐才能继承，并且非自由农在其继承人年幼时死亡的，其土地的监护权属于庄园领主。①

就动产财产权利而言，布伦纳把非自由农的财产权利称为"超经济强制"②。这种超经济强制从总体上侵犯非自由农的财产占有权和限制其实施财产权利的自由。例如，13 世纪，英国法学家认为，主人拥有其农奴（维兰）作为一件动产，可以出售。因此，维兰本人一无所有；其全部土地和实物属于主人。由于无任何东西可以转交给一位继承人，因此，除领主外，他无合法的继承人。③ 根据死手原则，农奴死后，家中最好的牲畜作为死亡税交给其领主，次好的牲畜作为什一税交给教会。根据惯例，农奴家里的一些重要动产农奴不能随意处置。例如，农奴院中的树木，不能随意砍伐，如果砍伐，须经领主同意。④ 塔利税（Tallage）是最能体现农奴不自由身份的封建义务之一。塔利税本来是紧急情况下领主为了应急向包

---

①　李彦雄：《中世纪英国庄园中的儿童监护权研究》，《历史教学（高教版）》2013 年第 8 期。

②　R. Brenner, "The Agrarian Roots of European Capitalism", *Past and Present*, 1982, No.8, pp.50-60.

③　Paul. R. Hyams, *King, Lords and Peasants in Medieval England*, Oxford, 1980, p.2.

④　[英] 波洛克和梅特兰：《英国法律史》第 1 卷，第 377 页。转引自赵文洪：《私人财产权力体系的发展：西方市场经济和资本主义的起源问题研究》，中国社会科学出版社 1998 年版，第 71 页。

括农奴在内的臣属征收的一种税收，税额不定，征收时间频率也不固定。后来逐渐具有强制性质。12世纪以后，庄园领主的这种特权受到限制，在征收频率上被固定为一年一次，大多在天使长节。在征收数量上也逐渐固定。与此同时，那些只缴纳地租的佃户——显然是自由持有农，则完全摆脱了这种税。所以到13世纪，塔利税成为农奴的特定标志之一。[①] 就对劳动力的财产权利而言，劳动力作为一项最基本的财产，对非自由农而言，理论上他们完全没有自己的劳动所有权，因为农奴"从头到脚"都是主人的，实际上他们的劳动力所有权至少是不完整的。农奴每周要到领主自营地服够固定天数的劳役，即"周工"，也就是缴纳劳役地租，又得随时听从领主（或其代理人）的通知以应特别需要。农奴的劳役是不确定的。农奴不仅没有自己的劳动力权利，而且其女儿的劳动力权利也是受限制的。这一点在婚姻捐上体现尤甚。婚姻捐是农奴身份的又一个重要标志，是农奴为女儿出嫁到外庄园而缴纳的一种税。这种税额的数量存在很大的差异，但直到12世纪末，该数额在英格兰从来没有像法国那样高。

　　中世纪英格兰农民身份是一个极其复杂的问题，除了自由农和非自由农的区别外，自由农自身的状况和非自由农自身的状况，也因各地惯例不同而有所不同。因此，英格兰存在一种"特殊的农民"，其权利明显不及自由农，而略好于"典型的农奴"。沈汉将其称为"习惯自由持有农"，并概括了其与"普通自由持有农"的区别："第一，习惯自由持有农从庄园领有土地，而普通自由持有农从国王或中层封建主那里领有土地。第二，习惯自由持有农受庄园习惯法管理，而普通自由持有农由普通法管理。第三，习惯自由持有农的土地财产权通常由庄园案卷记载下来，而普通自由持有农的权利由地契来证明。第四，习惯自由持有农的土地让渡用交出

---

　　① ［英］贝内特：《英国庄园生活》，龙秀清等译，上海人民出版社2005年版，第117页。

或许可进入及其它方法进行，而自由持有农的土地转让通过转让证书进行。第五，习惯自由持有农向领主交纳地租和服役，而普通自由持有农原则上不服劳役，而要向国王表示忠诚。第六，习惯自由持有农死后无继承人时，土地交还领主，而普通自由持有农则把土地交还给国王或中层封建主。第七，在没有专门的习惯法批准的情况下，习惯自由持有农不得出租土地1年以上，而普通自由持有农出租土地的权利不受限制。第八，习惯自由持有农土地上的矿藏属于庄园领主，而普通自由持有农地产上的矿藏属于佃户本人。"①通过以上分析，不难看出，无论从领有土地的方式，土地财产权利的法律支撑和保护，还是承担的封建义务来看，所谓"习惯自由持有农"本质上应该属于农奴，而非"自由农"，因为自由与非自由的本质区别应该就是是否向领主服劳役。

除上述区别外，非自由农与自由农相比还要承担更多的封建义务，如各种形式的布恩工（boon）、迁徙税、死亡税等等。自由持有农的自由土地的所有权是自由的、稳定的，基本上不负担封建义务，偶尔会负担轻微的劳役，即在农忙季节去给领主做帮工，但领主需要负担相应的"报酬"——指惯例规定的饮食标准。自由农和非自由农在封建义务方面相似的地方主要是领主的"禁用权"（bans）。禁用权包括磨坊的禁用权、面包烤炉和榨酒器的禁用权、酒的禁用权等。农民要行使这些物品的使用权利，需要向领主支付一定的使用费。

二、自由土地与非自由土地的区别

中世纪自由与非自由的区别还体现在土地上，如同土地的耕种者一

---

① 沈汉：《英格兰中世纪的土地保有权和各种身份的土地持有者》，《贵州社会科学》2010年第10期。

样，中世纪的土地也分为自由土地和非自由土地。在中世纪的英格兰，并没有严格意义上的土地所有权，按照基督教思想，土地只是上帝赐予人们的一种托管财产，不能私自加以利用或粗暴地加以使用。[①] 土地的使用者是在封建制度框架下，通过地主和附庸间的契约关系而"持有"或"保有"土地。农民持有土地的情况也是封建契约关系的结果。

在中世纪的英国，土地的保有权的获得是有条件的，取得封地的人要向封主承担一定的封建义务。自由土地与非自由土地获得的法理依据和法律保障不同。自由土地来源于国王的分封，受封者要"效忠"国王；自由土地因来源于国王，受到普通法的保护，1166 年"土地新近被夺占有诉讼"（Assize of Novel Disseisin) 明确了自由土地被非法侵占的诉讼程序："国王向郡长 N 致以问候。A 向我诉称……B 不公正地且未经判决地侵夺了他位于 C 地的自由土地。因此，我命令你，如果前述 A 向你保证进行他的诉讼，届时……你要召集该地附近 12 名自由且守法之人去查验该土地，并在此令状之上签名，同时，通过合适的传唤人通知他们于开庭之日到庭，准备进行查验结果的确认。同时责成 B 为此提供担保物和担保人，到庭听取确认结果……传唤人要到庭，本令状及担保人姓名亦应届时当庭出示。"[②] 非自由土地是从领主手中租来的，要交纳劳役地租；非自由土地因租佃于领主，所以仅受领主庄园法庭的保护。从法理而言，自由土地的保有权是有保障的，非自由土地的保有权是不安全的，但事实上，封建法律保障维兰土地的持有权，无论自由的还是不自由的土地都是不可剥夺的是国王们不断强调的一条封建社会的公理。

自由土地和非自由土地的主要区别还在于附着在土地上的封建义务的

---

①　Joyce Youings, *Sixteenth-Century England*, London: Pengiun Books, 1884, p.53.

②　［英］S. F. C. 密尔松：《普通法的历史基础》，李显冬等译，中国大百科全书出版社 1999 年版，第 12 页。转引自孙立田：《中世纪英国维兰土地权利考察》，《世界历史》2006 年第 5 期。

不同。11 世纪诺曼征服以来，英国的自由土地可以分为三类：由贵族和骑士拥有的以军事服役为主要义务的自由土地，教会拥有的以为授田者祈祷为义务的自由土地，自由农持有的以农耕义务取代了军事义务的自由土地。本文所指自由土地是指第三种类型，即自由持有地（freeholding）。自由持有地的持有条件是自由的，没有卑贱的义务，而且义务是固定的，一般只需交纳货币租金，有时会有些轻微劳役，自由持有土地的持有与收益都受法律保障，可以世袭，这些都不受领主意志影响，领主也无权干涉。无论耕作者身份如何，自由土地的性质不会改变，换句话说，即使农奴租种了自由土地，他也不会因这块土地承担任何附加的奴役性条件，只需负担该块土地附带的义务。诺曼征服后英国的非自由土地被称为维兰土地或惯例土地，是维兰世代相传的土地，但在诺曼征服后成为了征服者的土地。维兰虽然依然耕种该土地，但其身份由自由变得不自由，其土地也成为不自由土地，变成了租佃于庄园主的土地。维兰对不自由土地拥有不自由的保有权，土地保有条件是低贱的，维兰需要承担劳役地租，并且附带有大量的不自由的封建义务，即布伦纳所称的"超经济强制"。维兰的不自由的土地的持有权、收益权理论上都是没有保障的、不安全的。不自由的土地虽然可以世代相传，但理论上其土地是依据领主意志而持有的，在继承人年幼时死亡的维兰，其不自由的土地的监护权是属于领主的。有一点需要注意的是，农民身份与土地持有状况并不是完全相符的，自由农持有维兰土地的情况也会出现，在此情况下，耕种维兰土地的自由农就需要承担其持有的维兰土地上的维兰义务。

在农奴制瓦解的过程中，非自由土地逐渐消失，到 15 世纪时，英国盛行公簿持有制。公簿持有地英语表述为 copyholdings，意思是"根据官册享有的不动产"，其实质上是维兰从领主手中重新获得维兰土地的租佃权，于是维兰不自由的惯例土地就转变为了公簿持有土地，维兰也由不自由的农奴变成了自由的公簿持有农。

在中世纪英国，除了自由土地和非自由土地外，还存在一种土地类型，即"公田"。所谓"公田"即未开发的土地，它们既不属于公共集体，也不属于私人。领主、自由农和非自由农一直在共同使用未开发地。这些土地在后来的圈地运动中大量被圈占，成为私人地产。

三、英格兰自由持有农的基本状况[①]

通过前文分析，可以概括出英格兰中世纪自由持有农的一些基本状况。第一，他们法律上是自由的。他们是中古英国乡村社会一个独特的农民群体，与贵族一样出身光荣，享有自由血统，受到各级封建法庭的保护，既可以向庄园法庭、百户区法庭申诉，也可以寻求王室法庭的保护；第二，他们的土地权益是有保障的。法律意义上自由持有农的土地是自由的，非奴役性的，可以继承。当然也有自由持有农持有非自由土地的现象，这种情况下自由农要负担附属于其耕种的非自由土地上的义务，但这与他们本身的自由无关。一般情况下自由农耕种的是从领主手中租佃的自由土地，该土地法理上属于国王所有，因此作为自由人的自由农只需要交纳租金，而无劳役。第三，他们的义务是"光荣的"，负担是固定的。相对于农奴而言，他们的义务是"光荣"的，不承担低贱的农奴义务。与维兰的经济状况相比，单纯的自由身份就决定了其经济负担要轻得多。为了维持同样的生活水平，维兰需要比同村的自由持有农拥有更大有时甚至大得多的持有地。自由人和非自由人真正的经济区别不是他们拥有的平均土地数量而是他们对其土地收入的真正的支配。通过其土地大小判断，自由

---

① 本书研究的英国自由农概念是发展的，11 世纪到 15 世纪的英国自由农指的是自由持有农，15 世纪以后，农奴制瓦解，自由农概念扩展，各种形式的土地持有农都成为了自由农。文章本部分主要以自由持有农作为研究对象。

农未必比维兰的经济状况更好，但是，拥有同样土地财产的自由农的经济状况肯定要优于维兰。

研究中世纪英格兰自由农问题，必须注意英国中世纪史上两个重要现象：第一，自由农群体虽不是农民主体，但力量却不可忽视。第二，英格兰维兰解放及自由农阶层壮大贯穿农奴制发展全过程，英国农奴制时间非常短暂。许多学者认为英国农奴制形成于12世纪末和13世纪初，而这一时期，也是维兰迈向解放的大潮开始涌动的时期。在英国，农奴的解放也很短暂，很多人认为14世纪末英国农奴制已经瓦解了。最保守的观点也认为，15世纪中叶英国农奴制已不复存在，乡村人口的绝大多数都是自由人了，这一发展趋势是不可阻挡的。

小　结

英格兰中古自由农在封建制形成的庄园化过程中诞生，这一群体主要起源于进入英格兰的法兰克人和原丹麦法区的索克曼人，而不是英格兰农民主体维兰阶层。中世纪自由和不自由有两方面的含义，一是劳动者即农民身份的自由与不自由，二是财产（主要是土地财产）的自由与不自由。中世纪英国自由农与非自由农的区别主要体现在出身、法律地位、财产权利和封建义务等方面。中世纪自由土地与非自由土地的区别主要体现在土地持有的法理依据和法律保障是不同的，附着在土地上的封建义务是不同的。中世纪英国土地等级和土地持有人的身份并非完全一致，自由农和非自由农真正的经济区别不是他们拥有的平均土地数量而是他们对其土地收入的真正的支配。

第二章
11—19世纪自由农阶层的发展演变

在从中古向近代过渡的过程中，英国乡村社会阶级结构发生了深刻变化，其主要表现之一就是农民法律身份的重大变化。广大农民逐渐摆脱了农奴义务，取得了自由劳动权利，成为自由农民，并最终在英国消灭了农奴制。那么，英国社会为什么会发生如此重大的变化——即自由农发展的社会条件如何呢？广大农民又是怎样从农奴变为自由农的呢？自由农发展表现在哪些方面呢？这些问题正是本章关注的主题。

第一节 11—16世纪自由农阶层的发展壮大

英国自由农的发展贯穿整个中世纪的始终，随着农民个体经济力量的发展，其权利也随之发展，在法学家和经济学家眼中，农奴和自由人之间的界限经历了从界限分明到渐趋模糊的变化过程，到近代早期最终变成了一种历史的记忆。自由农的发展是一个渐进的历史过程，广大农奴成为自由人主要是通过货币地租取代劳役地租、农奴逃亡和赎买自由而实现的。关于货币地租取代劳役地租在上一节已经论及，货币地租的确立使得农奴和领主的关系变成了单纯的货币关系，事实上造成了农奴对领主人身依附关系的解除，为避免重复，本节主要论述赎买自由和农奴逃亡。

一、赎买自由

经济力量壮大的农民为摆脱农奴制束缚，争取自由，采用各种可能的方法，摆脱庄园领主的超经济强制。随着经济的发展，商品化程度的提高，货币不仅在经济生活中占有至关重要的地位，而且成为对付农奴制束缚的一件有力武器。为领主提供一定数量的货币赎买自由是农奴获得解放的基本途径之一。历史记载中这样的事例很多。一些农奴购买部分农奴义务，争取相对的自由，也有一些农奴一次性购买全部农奴义务而获得完全的自由。恩格斯这样评价："骑士的城堡在被新式火炮轰开以前很久，就已经被货币破坏了。"[1]波斯坦也说，领主对婚姻、迁徙或签订协议的许可是可以通过罚金购买的，并且迄今为止所发现的资料中几乎找不到一例领主拒绝接受罚金的事例。[2]

第一，农奴通过购买部分农奴义务而获得部分自由的权利。

塔利税（Tallage）意为任意税，原是领主在紧急情况下向其臣属包括农奴要求缴纳的一种税收，税额不定，征收时间频率也不固定。后来逐渐具有强制性质。12 世纪以后，庄园领主的这种特权受到限制，在征收频率上被固定为一年一次，大多在天使长节。在征收数量上也逐渐固定。与此同时，那些只交纳地租的佃户——显然是自由持有农，则完全摆脱了这种税。所以到 13 世纪，塔利税成为农奴的特定标志之一，因此，消灭塔利税就成为农奴解放斗争的一部分。13 世纪最后一年邓斯特布尔修道院的维兰经过和领主多次讨价还价，终于以 60 英镑赎买了塔利税，在他们看来，与其忍受塔利税折磨，还不如下地狱。[3]

---

① 《马克思恩格斯全集》第 21 卷，人民出版社 1965 年版，第 450 页。

② M. M. Postan, *The Medieval Economy and Society,* London, 1972, p.161.

③ ［英］贝内特：《英国庄园生活》，龙秀清等译，上海人民出版社 2005 年版，第 117 页。

婚姻捐是农奴身份的又一个重要标志，是农奴为女儿出嫁到外庄园而交纳的一种税。这种税额的数量存在很大的差异，但直到 12 世纪末，该数额在英格兰从来没有像法国那样高。法庭案卷中极少发现有超过几先令的情况：我们从某些地产上所获知的最糟糕的情况是，婚姻捐的数额由农奴和领主之间按照对领主最为有利的条件协商确定。但即使在这些地产上，如拉姆塞（Ramsey）各庄园，惯例对农奴还是起到了保护的作用，它规定这笔费用一般不能超过 5 先令。后来农奴们越来越不满意这种屈辱的人身标记，一般在继承地产时一并买下结婚权，或者通过与领主讨价还价取得"随时选择"和"随地选择"结婚的特权，而不受任何庄园当局的干涉。不仅如此，他们还用金钱将这种豁免权写入庄园案卷，以便总管或管家对此记忆有误时，可以据理力争。①

此外，农奴还通过向领主提供货币获得了一些其他权利。例如，托马斯的儿子理查德给领主 40 便士，使他的儿子可以继续上学；1371 年沃里克郡沃尔理奇斯顿的威廉·波特（Potter）支付了 13 先令 4 便士，这样他的小儿子可以上学并接受任命；②1222 年，布尔沃西斯（Bulverhythe）维兰用 20 先令从领主手中赎买了担任庄头的义务，英格里桑（Inglethorp）庄园的 12 名维兰大农以 6 先令 8 便士从领主手中赎买自由，"以免他们被选做庄头"。③

第二，购买全部农奴义务，成为完全的自由人。利用领主对货币的贪婪和需求，有的农奴一次性赎买下全部的农奴义务，重新获得"自由的血液"。一份来自约克郡的有趣的释放特许状这样写道：国王告知所有人，

① ［英］贝内特：《英国庄园生活》，龙秀清等译，上海人民出版社 2005 年版，第 214—215 页。

② Edward P. Cheyney, "The Disappearance of English Serfdom",*The English Historical Review*, Vol.15, No.57. (Jan.,1900), pp.20-30.

③ ［英］贝内特：《英国庄园生活》，龙秀清等译，上海人民出版社 2005 年版，第 145—146 页。

由于我们布鲁斯韦克（Brustwyk）庄园农奴约翰·西蒙森（John Simond-son）支付了赎金，赎金足以解放我们指派给农奴的义务，约翰·西蒙森和他的子孙获得了解放，免除他们对我们的全部农奴义务；我们和我们的继承人自愿承认约翰·西蒙森和他全部子孙永久的自由，因此我们和我们的继承人今后都不能因为约翰·西蒙森或他的子孙的维兰身份提出任何要求。1338年5月16日，国王在伦敦塔证明。约翰·鲍尔特（John Bolter）来到法庭，整个法庭都承认他生来就是领主巴特尔（Battle）修道院院长的农奴，他给了领主2马克银币获得了自由，将来任何时间都不允许对他提出任何维兰义务的要求。① 又如，据文献记载，约翰·菲茨沃林（John FitzWarin）的地产在1270年前后已没有农奴，因为该地产领主的父亲在他继承领地之前已出售了维兰义务。13世纪中叶，15名男女农奴向赫伯特·德·乔里（Herbert de Chaury）的领主谈判把地租提高14便士，并纳银1马克，如果自己有犁队，领主提供饭食，可以每年在三个固定季节为领主各耕地1天，在此条件下，他们获得了解放。②

赎买虽然是农奴获得自由的主要途径之一，然而却不能过高地估计这种方式的作用，因为它影响的仅仅是个人，不能对大众产生深刻的影响。波斯坦指出，通过赎买获得释放的农奴数量是有限的，自由的购买绝不是经常性的。温彻斯特地产合计平均每年的释放数量几乎不超过5个，并且自1209年以来的150年的累计总数是否超过250个都是有疑问的。在1340年代的任何一年通过赎买获得自由或来源于被释放维兰的主教的自由佃农的总数大概不超过70或80个，或主教全部佃农的2%。③ 但是，

---

① Edward P. Cheyney, "The Disappearance of English Serfdom", *The English Historical Review*, Vol.15, No.57.(Jan.,1900),pp.20-30.

② ［英］贝内特：《英国庄园生活》，龙秀清等译，上海人民出版社2005年版，第253、254页。

③ M. M. Postan, *The Medieval Economy and Society*, London, 1972,pp.160-161.

不论货币赎买的规模和影响有多大，至少我们可以肯定，在中古农民普遍富裕起来的背景下，货币成为了排挤和取代人身依附关系的一件有力武器，并且预示着佃农对领主的人身依附关系必将为纯粹的货币关系所取代。除货币赎买外，选择逃离庄园是农奴获得自由的另一个选择。

二、逃往新垦区

农奴积攒一定数额的货币赎买自由，获得解放特许状当然是最安全可靠的摆脱农奴身份的方式。然而通过这种方式获得自由，必须得到领主的同意，而领主往往并非总是情愿放弃所有的权利，释放常常带有一些附加条件。此外，也并非所有渴望自由的农奴都能和都愿意支付给贪婪的领主不菲的释放费用。但是，所有农奴都只是其领主的农奴，在领主之外的其他任何人面前，他都是自由的。因此，逃离庄园，寻找适于生存的"乐土"，成为农奴摆脱农奴身份限制，获得解放的另一重要途径。

中世纪的英国庄园之外是否存在农奴的"乐土"呢？如果真的存在可以获得自由的土地，农奴是否敢于冒险逃跑呢？答案是肯定的。首先，按照惯例，"农奴逃亡之后，领主于四天内可以在任何地方抓捕他，而一旦四天过去了，领主只有在本庄园才有权逮捕他。所以，农奴只需离开庄园——在很多情况下只是简单地跨过一条公路或走上一英里到达某城镇，几天后便足可获得初步的保护而使领主束手无策。从此以后，领主如果想抓住逃亡的农奴，只能采取适当的法律措施，而与此同时农奴也许又无影无踪了。"[①] 其次，逃亡农奴身份的重新确认极其复杂，这为逃亡农奴获得自由身份提供了一个重要的时机。领主追捕逃亡农奴往往需要王室的协助。如上所述，根据

---

① ［英］贝内特：《英国庄园生活》，龙秀清等译，上海人民出版社 2005 年版，第 276 页。

习惯法，农奴逃离庄园四天后，领主就无权直接逮捕，除非他从王室法庭申请到特许的"追回农奴令状"（a writ de nativo habendo）。凭此令状，在农奴逃走的一年零一天内，领主可以要求郡长协助将逃亡农奴抓回。虽然领主之间的协调行动和王室的协助实际存在，但为了各自的利益，领主之间也存在大量互相倾轧的情况，在竭力阻止自己佃农流失的同时，却希望其他庄园的农奴前来投奔。为了削弱地方贵族割据势力，强化王权，王室法庭对逃亡农奴往往采取宽容甚至偏袒的态度。即使郡长将逃亡者抓回，如果逃亡者否认自己的农奴身份，郡长也不可强行扣留，而是要上诉至王室法庭或王室巡回法庭，由法庭裁决。对被捕逃亡农奴的安全保障有两个保护措施。一是"保释令状"（a writ of de homine replegiando），据此令状，无论谁扣留了逃亡的维兰，郡长都有责任将其从扣押人手中释放出来，而如果扣押人拒绝，郡长则有权将其监禁，直到他交出逃亡者。农奴在得到安全保障的情况下再出庭答辩领主对他维兰身份的指控。二是逃亡农奴获得的"待证自由令状"（the writ de libertate probanda），这种令状由王室法庭颁布，是逃亡农奴手中自我保护的又一利器。如果逃亡农奴想在法庭记录中永远将身份澄清，可以使用"待证自由令状"，而那些被领主指控为农奴的人，如果他坚信领主没有足够的证据证明他是农奴，也通常使用"待证自由令状"。通过这种令状农奴把审理拖延到下一次巡回法庭开庭，巡回法庭的判决往往就会不利于领主，因为"判决必定有利于自由"（judgment must be given in favour of liberty）是当时人们普遍的信条。此外，领主向法庭提供的逃亡者的亲属证人不能少于两人，而且必须是男性。法律同时假定目前处于定居状态的陌生人是自由人，法庭也拒绝作出任何对其不利的关于其身份不确定的解释。还有，法官也倾向于允许被告充分利用原告在辩护中存在的漏洞或技术上的错误。①

---

① ［英］贝内特：《英国庄园生活》，龙秀清等译，上海人民出版社 2005 年版，第 280—282 页。

　　由于受习惯法和王室法庭令状的双重制约，领主对逃亡农奴的追捕和制裁往往力不从心，对农奴身份的确定又极其困难。所以富裕起来的农奴更多的选择了逃亡作为摆脱农奴制束缚的手段。农奴逃亡的记录充斥在许多庄园记录中。逃亡农奴的主要去向是城市和新垦区，由于本书以自由农为研究对象，所以主要关注的是向新垦区的逃亡。

　　12、13世纪期间，英格兰出现了全境范围的垦殖运动（Assart）。生产能力的发展，农民手中剩余产品的增多，带来商品交换与消费需求的扩大，尤其是农奴解放运动的激励，刺激了希望靠自身劳动改善命运的农奴投身拓荒运动，他们纷纷加入垦荒大军，进入森林、荒原和沼泽地。那里没有人身依附的农奴制，采用自由的耕作制度，行政和司法制度常常仿效城市的模式，取得了司法和行政自治权。领主们也乐于以优越的条件招募外来劳动力，在荒地上劳作，增加一份额外的收入，以弥补不太景气的经济状况。爱德华一世时威尔士边界的一份王室布告即是证明，该布告大意为，愿意接受并经营不动产的农民，只需要向国王派驻赫福德或索尔兹伯里的官员登记，想要获得土地并和城市人一样成为自由人的，只需要到切斯特大法官及其同僚规定的在里兹兰（Rhuddlan）的具体地点提出申请，就可以接受那里的国王土地，并得到国王保护。这种布告实际上就是招募垦荒的广告，类似的新垦区自由和特权文告，在英格兰各地都曾出现，在查德（Chard）、赫尔河畔的金斯顿（Kingston-on-Hull）以及其他地区都可发现为敢于冒险者提供的机会。①

　　庄园法庭的卷宗确实充满了逃亡维兰的记录。居住在阿沃尔顿（Alwalton）的该领主的农奴乔丹·马斯特德（Jordan Mustard）因对彼得伯勒（Peterborough）修道院长的效忠在那里娶了一个妻子，并拥有了上述修道

---

　　① ［英］贝内特：《英国庄园生活》，龙秀清等译，上海人民出版社2005年版，第268页。

院长的半维格特维兰土地；沃尔特·怀斯曼（Walter Wiseman）带着自己的动产逃到了切斯特顿（Chesterton）；一个农奴未经领主的许可逃到了拉特菲尔德（Latfield）；逃离领主土地的罗伯特·史密斯被命令要在下次法庭开庭前返回，并在被处以土地损失罚款的情况下继续保留上述土地。①史料表明，大量的农奴逃离庄园，到达新垦区和新市镇，摆脱了对领主的人身依附，成为只交纳少量地租的自由农民。

第二节　富裕自由农"约曼"的兴起

以英国农民权利的发展和英国自由农发展为基础，15、16世纪英国农民的普遍富裕孕育出了一个富裕的乡村精英阶层约曼（yeoman），约曼源于乡村的自由农民，并以自由农为其主体。约曼开创的租地农场的生产方式揭开了英国向近代社会转型的序幕。

据考证，约曼一词出现在中世纪英语中最初就是作为臣侍、随从或侍从的意思，是一个表示等级身份的词汇，用来称呼以"封建、半封建性"的关系提供半军事、半私人性质的服役的人，一个提供光荣的服役而非卑贱的义务的人的意思。②此后，随着农民生产能力的提高，经济上富裕起来，他们自身权利意识的增强，带来农民阶级的整体发展，地位提高。约曼一词的含义也不断发展。对法学家而言，约曼是指土地年收入40先令以上的自由持有农。③然而，到了中世纪晚期，随着佃农个体权利的发展，农奴和

①　Edward P. Cheyney, "The Disappearance of English Serfdom", *The English Historical Review*, Vol.15, No.57.(Jan.,1900), pp.20-30.

②　Mildred Campbell, *The English Yeoman Under Elizabeth and the Early Stuarts*, New York, 1968, pp.8-11.

③　R.H.Tawney, *The Agrarian Problem in the Sixteenth Century*, p.27.

自由人之间的界线越来越模糊，15、16 世纪约曼成为一个经济标准，指乡村社会的头面人物，他们的地位介于骑士和全份地大农之间。约曼的构成也发生了显著变化，15 世纪初以自由持有农为核心，到伊丽莎白和斯图亚特王朝早期，公簿持有农和契约租地农成为约曼的另一重要来源。约曼群体逐渐演变为富裕自由农民的代名词。它涵盖了富裕自由持有农、契约租地农和富裕公簿持有农。乡绅托马斯·韦斯科特 (Thomas Westcote) 在 1630 年对德文郡约曼的论述中不止一次提道，有些约曼有属于他们自己的土地，然而其他则是公簿持有地。托马斯·盖因斯福德（Thomas Gainsford）在 1618 年描写英国社会整体状况时，明确宣称约曼是"自由持有农或是公簿持有农"。事实上，约曼不只包括自由持有农和公簿持有农。因为一些人既不是自由持有农也不是公簿持有农，他们支付固定的租金租种一个大地主的土地，也叫约曼，对领主而言他们是契约租地农。陶内甚至指出，那些坚持英格兰军事力量依靠约曼的人，几乎不能把富裕的公簿农排除在外；不仅公簿农，甚至有时维兰也被描述为约曼。[①] 韦斯科特和同时期德文郡的另一个作家崔斯特拉姆（Tristram）都认为德文郡的约曼包括常年或终生租地的契约租地农。盖因斯福德也明确回答了契约租地农是否应归入约曼行列这一问题。他说：我们习惯于提出约曼和契约农之间的差别，约曼是有地的人，或为自由持有农或为公簿持有农。但是到 1618 年，靠租种领主土地富裕起来的契约农也和上两种人一样被称为约曼。雷蒂默的父亲就是这类约曼中的一个例子，他说："我的父亲是约曼，他没有自己的土地，只有一个年租金 2 镑和 4 镑的农场……他种的地很多，养活了 6 口人。"[②]

约曼作为乡村社会富裕农民群体，其富裕历来受到学者们的关注。坎

①　R.H.Tawney,*The Agrarian Problem in the Sixteenth Century*,p.28.

②　Mildred Campbell, *The English Yeoman Under Elizabeth and the Early Stuarts* [M]，New York, 1968, pp.23-24.

贝尔认为，14 世纪末叶，农民的上层阶级出现了，富裕的自由农阶层成为其代表和中坚力量。乡村里有四五家现在已经耕种着 60 或 100 英亩耕地，饲养着几百头牲畜。[①] 到伊丽莎白时代和斯图亚特王朝早期，自由农上层更加富裕，哈利逊说，"通常他们有相当于六七年收入的储蓄"。[②] 马考莱认为，实际上英国的农奴制 14 世纪末就已经不存在了。虽然封建的招牌还在，但当时，尤其是 15 世纪，绝大多数英国农民都是自耕农了。马考莱口中的自耕农其实就是约曼，他认为，约曼是满足于自己耕种自己土地与小康生活状态的小土地所有者，但同时又说他们平均收入估计在 60—70 镑，在当时英国国民中所占的地位比他所处时代要重要得多。[③] 托马斯·威尔森在 1600 年写道，英格兰很多约曼的年收入在 300 或 500 镑以上。罗伯特·张伯伦在 1669 年说，年收入 40—50 英镑的约曼很常见，年收入 100—200 英镑的也不在少数，肯特郡的富裕约曼年收入甚至高达 1000—1500 英镑。[④] 资料表明，这些估算绝非夸大。16 世纪的一份遗嘱最能说明问题，立嘱人威廉·戈德温的遗产总值达 1050 英镑。[⑤]

　　富裕自由农约曼的兴起是以英国农民群体物质和精神力量普遍发展为基础的。富裕农民的形成和发展，前提和基础是村庄共同体普通农民的整体发展，因为只有生产力普遍提高，普通劳动者手中产生剩余产品，才会带来交换与市场的发展，形成比较成熟的市场机制，确立货币在人们日常生活中作为交换媒介的稳固地位，进而才会普遍确立货币地租。货币地租的广泛采用

---

　　① 　[英] 希尔顿、法根：《1381 年的英国人民起义》，瞿菊农译，生活·读书·新知三联书店 1956 年版，第 36 页。

　　② 　哈利逊：《英国志》，转引自施脱克马尔：《十六世纪英国简史》，上海人民出版社 1959 年版，第 5 页。

　　③ 　马考莱：《英国史》，1854 年伦敦第 10 版，第 333—334 页。转引自《马克思恩格斯选集》（第二卷），人民出版社 1972 年版，第 222—223 页。

　　④ 　Mildred Campbell,*The English Yeoman under Elizabeth and Early Stuarts*,p.217.

　　⑤ 　W.S.Holdsworth, *A History of English Law,* Boston,1922,p.314.

起到了瓦解封建人身依附关系的作用，促使封建主由控制农民的人身转变为通过货币租金控制农民的剩余劳动产品；换句话说就是，当商品经济主导地位确立后，以占有劳动者的劳动力为手段达到保障自己庄园收入目的的庄园主对农奴人身的控制就失去了意义，这样劳役地租及其他相应的封建义务就都被抛弃了。这样，中世纪农奴制就走到了尽头，富裕农民群体兴起了。在某种程度上说，没有约曼群体，就不会有英国资本主义的迅速崛起。

大多数约曼善于经营自己的土地和理财，他们抓住一切机会，扩张自己的土地，不仅蚕食小农，而且侵害庄园领地经济，佃农个体自由的发展和领主对货币需求的增长，使得领主土地向农民手中的转移成为可能。一些富裕农民就是通过购买领主土地成为约曼的，1555 年农夫里查德·弗里曼持有弗朗西斯·卡鲁爵士庄园的一块名为"威尔士"的公簿持有地，1559 年他以 10 先令的继承税和年租金 10 先令使这块地转变为自由持有地。1570 年弗里曼死去，"最近解放并获得自由"的这块地传给了他的寡妻，后来又传给他的儿子托马斯。这个托马斯尽管以前和他的父亲一样被称作农夫，但到 1599 年已经被称为约曼。那年，他以 165 英镑把这块地卖给了绅士约翰·罗。在接下来的 20 年内，"威尔士"被两次易手，先是被卖给另一个绅士，然后又卖给一个乡绅。1619 年它被以 340 英镑的价格卖给约曼约翰·赛彻（John Thecher）；1655 年赛彻的儿子又以 437 英镑 10 先令的高价将它售出。这个价格比 1555 年这个庄园 700 英亩的全部领地售价还高。1588 年苏塞克斯瓦尔德龙（Waldron）的约曼约翰·福克内（John Fawkener）以 500 英镑买下了蒙塔格（Montague）子爵安东尼·布朗的瓦尔德龙庄园。彭夏特（Penshurt）的约曼维利姆·瑞尔夫（Willim Relfe）支付 225 英镑买了约翰·阿希伯纳姆爵士（Sir John Ashburnham）的土地，第二年又用 540 英镑从他手中买了更多土地。苏塞克斯巴克斯代德（Buckstead）一个富裕约曼罗伯特·佩泰特（Robert Pettet）1610 年花1100 英镑购买一个艾塞克斯人的房产和土地。巴克斯代德另一个约曼尼

古拉斯·德朗特（Nicholas Durrant）在 1616 年花 1100 英镑买了克利斯托
夫·瓦尼特（Christopher Warneet）的土地。约曼购买的土地是保留还是
再次出售，取决于怎样能获得最大利益。苏塞克斯约曼约翰·阿克赫斯特
（John Akehurst）以 100 英镑买了罗伯特·希尼爵士 (Sir Robert Sydney) 的
土地，仅九年他就以 240 英镑卖给了另一个富裕的肯特约曼，这么短的一
段时间就有如此巨大的利益。①

　　一些富裕约曼或通过租佃或通过购买领主庄园土地，成为大土地经营
者。例如，罗伯特·菲利普是林肯郡一名约曼，他在 1583 年，预付领主
45 英镑，以每年 8 英镑 8 先令 2 便士的价格租下了威省顿（Wishington）
庄园 17 年，但仅过两年，菲利普就以 1006 英镑 10 先令一次性买下了该
庄园。② 这样大面积的土地，他们绝无可能自家耕作。在封建人身束缚
制度衰退后，雇佣劳动力市场出现，于是雇佣劳动成为他们经营土地的
主要方式。农村雇工阶层与富裕农民经济几乎同步增长。英国科茨伍德
1380—1381 年人口登记簿表明，在 80 个村庄里约 1/8 的农户有投宿工。
在较先进的东盎格鲁乡村，50% 至 70% 的男性村民是仆人或雇工。③ 依靠
雇佣劳动直接经营土地成为富裕农民经济的显著特征。④

　　经济上富裕起来的约曼群体，作为乡村社会的头面人物，其整体生活
水平有了显著提高。到伊丽莎白和斯图亚特时代，约曼住宅有了显著改
善，如果把诸如牛奶间、麦芽坊和类似的附属建筑计算在内，多数约曼的
房间在 5 到 9 间甚至更多间；如果不把这些附属建筑作为住所的一部分，
多数约曼的住宅就是 3 到 6 间房屋。很多富裕的约曼通过租佃庄园或购买

①　Mildred Campbell,*The English Yeoman under Elizabeth and Early Stuarts*,pp.75-76.

②　Mildred Campbell,*The English Yeoman under Elizabeth and Early Stuarts*,pp.80-81.

③　R.H.Hilton,*The English Peasantry in the Later Middle Ages*,p.38.

④　侯建新:《社会转型时期的西欧与中国》，高等教育出版社 2005 年版，第
116—117 页。

庄园领地而拥有伊丽莎白时代常见风格的"大宅邸"(mansion house)或"主神殿宅院"(capitol messuage)。壁炉和玻璃的使用,使约曼进入了一个无烟、明亮的时代。银器和合金器皿进入普通约曼家庭,中等或中等以上的约曼家庭的合金餐具在 40 到 50 件,贫穷的约曼家庭的合金餐具也有 6 到 12 件。床上用品也有很大改善,枕头、软垫、"枕头垫料"、毛毯和经常采用流行的花鸟图案的床单,都成为约曼的床上用品,一个家庭有 10、15 和 20 对被单并不罕见,即使最穷的约曼也经常夸耀有 6 对或 8 对被单。富裕农民的生活从住宅到餐桌都发生了明显变化。伯克郡、林肯郡和苏塞克斯郡 2172 个约曼 1556 年至 1650 年间的遗嘱和财产清册估算的数字表明约曼个人平均财产大约为 160 英镑。乡绅家中的书桌、书架、小键琴、柳条椅、缝纫座椅、装有软垫的装潢椅、"土耳其坐垫"进入了约曼家庭。[1]以农民的普遍富裕为基础的英国社会的普遍富裕使得高等教育趋向于平民化,1567—1622 年的牛津大学学生登记簿反映了这一趋势,在所有注册学员中,贵族(伯爵、领主、男爵)子弟 84 人,骑士子弟 590 人,乡绅(Esquires)子弟 902 人,绅士子弟 3615 人,平民子弟 6635 人,教士子弟 985 人,身份不确定者 758 人。[2]6635 个平民子弟中有多少约曼之子难以具体确定,但可以肯定的是约曼之子不在少数。

第三节　自由农数量的增加

乡村农奴制的最初状况在前面的篇章中已经讨论过了;在此不再进行任何重复。这里需要重点说明的是无论众多中世纪史家在中世纪农奴制的

---

[1]　Mildred Campbell,*The English Yeoman under Elizabeth and Early Stuarts*,pp.221-261.

[2]　Mildred Campbell,*The English Yeoman under Elizabeth and Early Stuarts*,p.271.

起源上分歧如何，他们都认为，在诺曼征服前夕，在后来几个世纪农奴制占支配地位的英格兰一些地区，庄园就已经普遍存在。到11世纪，英国社会就已经出现了社会等级区别，乡村社会的人口主体已经不是完全独立的人了。《末日审判书》中爱德华时期即1051—1066年，2/3的佃农被描述为维兰和维兰土地持有人即表明了这一情况。这一时期的维兰未必表示奴役或半奴役身份的农民，但当时的文献显示维兰不能再被庄园及庄园领主列为完全独立的人了，他们和自由人和索客曼已有所区别，区别就在于他们对领主的人身依附关系。

历史学家一般都认为，诺曼统治的第一个世纪是英国农奴制形成的重要时期，这一时期促进了佃农奴役和半奴役身份的发展。波斯坦指出，12世纪法律理论和实践使得维兰身份更加清楚、更加统一并更加严格。法律理论的变化大概和威廉一世、亨利一世和亨利二世统治时期的政治变化相联系，当时庄园制度本身可以说进行了比以前更加统一和严格地重新解释和组织。当时伟大的法学家格兰威尔（Glanville）和布莱克顿（Bracton）合作完成了定义工作；但是12世纪和13世纪早期谦卑的法学家和熟知法律并草拟了庄园惯例和大地产调查册的学者（clerks）也参与了这项工作。法学家规定的维兰身份和维兰义务概念一直流行到中世纪晚期，并且所有关于中世纪社会的历史记事都对其进行了渲染。从而使人们认为12世纪是维兰状况恶化时期，或者说是强化对自由的"封建"压迫的时期。①

然而这种观点没有充分联系完全真实的日常生活。当理论上维兰制变得更加严格和难以忍受时，维兰的实际地位却因该世纪中间的几十年间庄园统治的大规模放松而得到改善。我们已经看到在此期间庄园制度经历了普遍的管理松懈和不景气。我们必须记起在此期间领地的直接经营十分困难，大多数领地地产被出租，而且在一些地产上领地耕地面积缩减了。仅

---

① M. M. Postan, *The Medieval Economy and Society*, London, 1972, pp.165-167.

此一点就会减少领主对维兰劳役的要求，因此使领主更愿意折算或出售很多维兰劳役。更重要的是，即使在他们仍希望完全使用劳役的地方，领主都没有能力强化劳役。领主对他们一些地产的权力确实不能执行，以至于几乎不能阻止维兰佃农把法律掌握在他们手中，或不能阻止维兰促使领主把他们的劳役折算为地租。因此折算显著增加，从前负担完全的农奴劳役的维兰，现在仅仅负担货币地租或者负担货币地租和一些非常轻的季节性劳役。

　　因此我们能够非常肯定地得出结论，12世纪英格兰迈出了远离农奴制的一大步，取得了更大的独立和自由。这一步甚至可能比调查册和惯例书中显示的缴纳货币地租的佃农数量表明的步子还要大。如果我们从13世纪晚期的资料判断，除成功地使自己土地完全负担货币地租的人外，相当数量的维兰，可能是绝大多数维兰，成功减轻了他们的劳役。13世纪的文献表明，当时整个英格兰普遍存在一种农民土地保有制（tenure），在这种制度下，佃农可以在货币地租和劳役地租中选择一种。理论上是领主有权决定选择哪一种地租形式，但庄园账目和调查册有力地说明实际上只有货币地租被选择和执行。

　　上述在劳役地租和货币地租之间进行选择的惯例是从什么时间、怎样开始的，还有疑问。但是12世纪的货币折算可能在很大程度上促进了其扩展。当时的货币折算往往采取一种不完全的货币折算形式，而是一种部分折算，沉重的"周工"劳役负担往往被折算而仅保留了较轻的季节性劳役。这也正是12世纪庄园统治放松的产物。事实上，12世纪末英国农奴所受到的农奴制压迫实际上要比法律规定的维兰沉重的农奴负担轻得多。也就是说，当关于农奴身份和农奴义务的法律理论强化时，庄园实际情况却证明农奴的处境反而在一定程度上有所改善。[1] 到13世纪货币地租广泛推

---

　　①　M. M. Postan, *The Medieval Economy and Society*, London, 1972, pp.167-168.

行，获得自由的农奴也大量增加，一些人通过购买土地，成为殷实的约曼的前身。

　　然而，由于中世纪历史学的主题是赞美上帝和王权，历史学家很少关注自由农的发展，不过我们还是可以通过对历史文献的研究，发现自由身份的人数的增加或维兰数量的减少，从而勾画出英国自由农发展的大致轮廓。《末日审判书》记载的西敏寺修道院地产自由人和索克曼占人口总数的 3.5%，而到了 1225 年时，其自由佃户就增加到了占总人口数的 11%[1]；拉姆齐修道院地产上的自由佃户，12 世纪为 69 人，13 世纪上半期为 113 人，1279 年为 271 人；[2] 伍斯特主教地产上的自由佃户，1170 年占总数的 22%，到 1279 年则为 26%。[3] 以上是单个地产上自由人增加的例子，从整体上来看，从 11 世纪以来，英国的自由农民人数也有极大的增长。据《末日审判书》记载，11 世纪时英国农村自由农民（包括自由人和索克曼）共计 37000 人，占统计人口的 14%。到 13 世纪，亨廷顿、剑桥、贝德福德、白金汉、牛津五个郡可探知的农户总数是 9934 户，其中农奴 5814 户，占 58%，自由农民 4120 户，占 42%。[4] 希尔顿也认为在整个英国，当时自由农民占 1/2—1/3。[5] 夏内对自由农民的增加是这样描述的，"13 世纪末大多数英国人仍旧是不自由的。全国性的完整的统计数字当然不可能存在，但许多庄园的调查册记载有一份依据其自由或农奴

① B. Harvey, *Westminster Abbey and its Estate in the Middle England*, Oxford,1977,p.101,105.

② Барг，М. А.（1962），Исследования по Истории Английского Феодализма в XI-XIII вв, Москва.180. 转引自马克垚：《英国封建社会研究》，北京大学出版社 2005 年版，第 200 页。

③ C. Dyer, *Lords and Peasants in a Changing Society*, Cambridge,1980,p.101.

④ E.A. Kosminsky, *Studies in the Agrarian History of England in the Thirteenth Century*,Oxford, 1956，p.205.

⑤ R.H. Hilton, *Bondmen Made Free*,London,1980, p.61.

身份分类的农业村庄的全体佃农清单。从爱德华一世时期百户区卷宗和
1277—1312 年间的一些资料中随机选出的英格兰不同地区的 20 个这样的
庄园中，400 个佃农是自由人，700 个佃农是维兰或非自由人：如果这些
案例具有典型性的话，在 1300 年大约有 2/3 的人是农奴，1/3 是自由人。
然而，到 16 世纪中期或更早，英国大多数农业人口都是自由人。农奴降
低到极小的比例，而且农奴制存在的地区被认为是非常反常的。也就是
说，在两个半世纪内整个正统的维兰制或农奴制制度已经消失了。"[1]"在
近代经济学家看来，十三世纪的英格兰对于'农奴'和'自由人'的那条
界线显然是既狭窄又模糊不清的，这种情况也为当时的法学家所承认。"
十四和十五世纪出现了一种并不十分显著的现象，那就是一批被认为是自
由农的人口的出现，可是不论他们是在高地部族中或者在东南低地一带的
领地中，大多本是不自由的人。[2] 英国地志学者哈里森也在公元 1577 年
说过，英国没有农奴。亨利七世时，法庭曾裁定，假使一个维兰从他的
领主那里获得若干年的租佃权，这就算"获得了自由"。[3] 贝内特也认为：
"在整个英格兰，人们一直在试图挣脱将他们束缚在土地之上的种种枷锁，
尽管遗憾的是反映人们抗争的证据出奇地少而零散。甚至在 15、16 世
纪，也很难有一系列完整可靠的证据来证明我们所知的业已发生的事：就
在 1350 年，英格兰还有一半以上的人口是农奴，而到了 1600 年，整个王
国已无一个农奴。"[4] 陶内说："无论如何，到 16 世纪，至少在英格兰南部，

---

[1]　Edward P. Cheyney, "The Disappearance of English Serfdom", *The English Historical Review*, Vol.15, No. 57. (Jan.,1900), p.20.

[2]　[英] 约翰·克拉潘：《简明不列颠经济史》，范定久、王祖廉译，上海译文出版社 1980 版，第 140、146 页。

[3]　同上书，第 280 页。

[4]　[英] 贝内特：《英国庄园生活》，龙秀清等译，上海人民出版社 2005 版，第 243 页。

自由农与庄园的联系在形式上和感情上的成分大于实质。事实上，自由农几乎具备了现代的风貌。"[1]波斯坦也指出："总的来说，乡村的农奴制已经从土地上消失，到伊丽莎白女王登上王座时几乎被完全遗忘了。"[2]以上学者的论述中，没有见14、15世纪自由持有农增长的统计资料，然而他们却一致认定了农奴的消失。

为什么会出现如此重大的变化呢？在14世纪以后罕见自由持有农的数量如前几个世纪一样大幅提高的史料，而西方学者却为什么认为农奴在英国已经基本消失了呢？原因在于随着农业市场机制和农民个体财产权利的发展，原来那种自由土地和维兰土地的简单划分已不再适用，出现了两个值得重视的变化。一是土地出租，即有期限的土地占有因为具有较强的反映市场价格变化的弹性，成为发展趋势，一部分农民从传统的体现农奴制根基的维兰土地占有形式中退出，转变为契约租地农 (leaseholder)。[3]中世纪晚期契约租地以长期租佃为主，租佃农只要交纳租金后，领主就不进行干涉，其土地可以转租、继承等，契约租地农事实上成为和领主仅有货币和契约关系的自由农民。[4] 二是维兰和维兰土地逐渐失去其农奴制下的本意，开始为公簿持有农（copyholder）和公簿持有地（copyhold）所代替。[5]13世纪的英国，拥有一张与领主的契约（公簿），就被一些不自由农视为获得了自由，虽然这时普通法还不保护维兰的公簿持有地，但到了15世纪中叶，英国普通法就开始保护公簿持有者的土地了。[6] 在普通

---

① R.H. Tawney, *The Agrarian Problem in the Sixteenth Century*, Harper Torchbooks, 1967, p.30

② M. M. Postan, *The Medieval Economy and Society*, London, 1972, p.173.

③ 孙立田：《中世纪英国维兰土地权利考察》，《世界历史》2006年第5期。

④ 同上。

⑤ A.W.B.Simpson, *A History of the Land Law*,Oxford University Press,1986, p.161.

⑥ R.H.Hilton,*The Decline of Serfdom in Medieval England*,pp.47-48.

法没有保护公簿持有地权利之前，依据普通法，公簿持有地转让是通过土地持有人把土地交还给领主，然后再通过领主授予新的佃农而实现的，所以，理论上领主能够阻止公簿田的出售。但在普通法开始保护公簿持有农的土地权利后，公簿农的权利和社会地位逐渐提高，到 1600 年，持有公簿田的维兰就已经变成了自耕农（peasant propietor）。[1] 中世纪晚期大量维兰正是因为变成了公簿农和契约租地农，才成为事实上的自由农民的，这也正是国内外学者们认为农奴在英国基本消失的原因所在。

关于近代早期英格兰自由农的界定问题西方学界曾产生过争论，争论的焦点是"自由持有农"。D.M. 赫斯特指出，17 世纪很多人在这个问题上混淆了概念，中世纪结束以来，严格来说，它指一种正式的土地所有制；但到 17 世纪它获得了社会身份的强烈的内涵，除非这种模糊在脑中生根，否则就会产生混乱。[2] 例如，亚当·马丁代尔（Adam Martindale）坚持把"自由持有农"作为一种身份指示来使用：追忆大概在 1660 年代他的妹妹对命运不满，他评论道，当时"自由持有农的女儿使用的毛毯、衬裙、背心被限定……他们最引以为傲的是有却不敢穿戴围巾，或头巾……（属于绅士服饰，自由农地位在绅士之下）"；后来他多次对他的小学生"大量自由持有农和相当多的约曼邻居"的儿子强调这一点。类似的情况有，巴克斯特（Baxter）在同一时期公开宣称他的"父亲只有完全自由持有农的地产"。[3]

概念的混淆大概是由于自由持有地让渡中涉及的政治权利让渡（尽管如平等派的所说有些怪异）造成的，主要是自由持有地郡特许状规定的年

---

①　Robert C. Allen, *Enclosure and the Yeoman*, Oxford, 1992, pp.68-70.

②　D. M. Hirst, "The Seventeenth-Century Freeholder and the Statistician: A Case of Terminological Confusion", *The Economic History Review*, New Series, Vol. 29, No.2 (May,1976)，pp.306-310.

③　R. Parkinson, ed. *The Life of Adam Martindale* (Chetham Soc. 1845), pp. 6-7; M. Sylvester, ed. *Reliquiae Baxterianae* (1696), p.1.

土地收入 40 先令以上的自由农才享有选举权，以及对自由持有农的军事
义务的强调。拥有政治权利的人当然可能被认为比没有政治权利的人更有
价值。但是当 1639 年 12 月金斯顿伯爵讨论他两个儿子的选举目标时，说
到一个儿子"我相信他不会是一个很好的自由持有农"，至于另一个，他
说，显然从政治和身份地位意义上来说是完全意义上的自由持有农。①

　　但是这种混乱不只是都铎王朝早期对选举和军事考量日益增加的结果，
尽管这些考量确实增加了。近代对持有地的研究大多建立在托马斯·威尔
逊 17 世纪末的统计估算以及乔治·金的计算基础上。但是威尔逊工作的可
靠性被这种概念的混淆大大减弱了。威尔逊写道，"有约曼财富能力的人被
称为自由持有农，因为他们不以服役为持有条件……比如……被认为他们
每一个人的全部物质和牲畜价值在 300 到 500 镑之间"。正如库珀（Cooper）
先生所说，"威尔逊清楚地设想自由持有农就是富裕约曼"，但是这正是问
题所在。威尔逊明确表述的自由持有农是约曼，他暗示约曼定义隐含了推
论。他继续说道，"其余部分是公簿持有农和茅舍农……他们持有一些土地
以及其他领主领地上的一些土地……或者以领主意志的方式持有，这些人
中的一些人拥有和其余人一样强大的能力；而一些人却很贫穷"。在威尔逊看
来，自由持有农就是约曼，反之亦然。相反，他没有真正尝试分析约曼之下
的人的特征：公簿持有农和茅舍农等"在领主意志下"持有土地的人。这没
有考虑到租佃基础的多样性，并且完全没有提供对茅舍农持有地的描述。②

　　利用托马斯·威尔逊的论述作为资料进行分析的情况不在少数，并为
同样的问题所困扰。汤普森（Thompson）教授似乎特别指出"自由持有农"
和"约曼"是可以互换的：他明确指出前者不是完全经济意义上的，而是

---

①　Nottingham University Library, Clifton Mss, C1.C.294.

②　F. J. Fisher, ed."The State of England(1600). By Sir Thomas Wilson"，*Camden Miscellany*, xvi (Camden Soc. LII,1936), 19-20; Cooper, loc. cit. 426.

与法律地位相关的，但在别处他又像威尔逊一样随意说道农民阶层等同于
约曼阶层。当只是讨论与他的工作相关的部分时库珀先生使用了威尔逊和
金对自由持有农的定义，在这个政策事实上仍然存在的情况下，他只是视
约曼为一个层次——农民共同体当中最富裕的一个阶层。这一点被他所采
用的检验证据所强调，这些证据来源于遗嘱资料，在此他明确了只考虑约
曼，明显效仿了威尔逊从土地跳到身份的做法。库珀先生在讨论自由持有
农时采用的资料甚至有更多的疑问，因为他把自由持有登记册和议会选举
评估资料组合起来作为资料运用。通过对伊丽莎白和斯图亚特王朝早期自
由持有农清单与斯图亚特王朝晚期选举档案数据进行对比，库珀先生认为
在此期间自由持有农数量增加了。但是这一点是有异议的。首先，二者不
存在可比性；其次，它又一次只考虑到了自由持有农人口中的一部分。自
由持有农登记册极有可能是为有义务参加陪审团的人编制的，这里有各种
各样的要求，不仅取决于地区而且取决于陪审团的类型。其中有很多，特
别是大陪审团几乎可以确定瞄准的不是选举法律规定的年土地收入 40 先
令以上的自由持有农。自由持有农在郡长的登记册上注册，而在陪审团服
务清单中出现的威胁选举结果的自由农，往往是不受欢迎的且不具挑战性
的选举人。在 17 世纪早期没有选举案卷，甚至在形势更加微妙复杂的 17
世纪末也没有，如果我们利用档案来确定可能的选举人，我们需要能够确
定我们能否确定持有自由持有地的人口。通过一场活动、参与陪审团和投
票选举来讨论自由持有农问题，只会造成更大的困惑。

　　17 世纪的英国显然存在很多土地持有者手中有极小地块的自由持地：例
如，奥温斯（Orwins）对诺丁汉郡（Notts）拉克斯顿（Laxton）的土地调查
研究表明 1635 年该地区有 6 块 5 英亩之下的自由持有地。① 由于对英格兰大
面积地块所有权的关心，研究者可能有意忽视了数量很大的小块土地持有者

---

①　C. S. and C. S, Orwin, *The Open Fields*, Oxford, 1987, p.106.

群体。考虑到那些男人是典型的小土地持有者，这种忽略就土地而言可能不是非常重要的。但是忽视他们会歪曲土地持有状况，从而会沿着威尔逊和金的思路很容易犯与汤姆森教授一样的错误，把约曼和农民划等号。

对自由持有农选举人的考虑矫正了威尔逊的观点，也导致与乔治·金的数字相矛盾的结果。1430 年的监管法案要求选举人需要有"年收入至少在 40 先令的自由土地，指土地上的全部费用"，这大概意味着每年的土地收入必须"获利"40 先令，租金必然确定是费用之一。有一个关于 1553 年斯塔福德郡选举的诉讼案例，一个候选人抗议他的竞争对手"开始检验他的自由土地上的每一位持有者……在和那些他了解花费在 41 先令并长期在陪审团的人长期争论后，他要求他们宣誓自己可以花费 41 先令的自由持有地收入"。18 世纪晚期或 19 世纪租金或课税的价值可能是出于便利而非出于法律目的用于选举，因为产量难以确定，并且明显年年都有变化。在近代早期估值产量是可能的：查理一世统治时期温莎森林（Windsor Forset）的一部分侵占调查把它作为一个登记标准，"威廉·米尔顿（William Milton），一个地位较低的人，在温德尔舍姆（Windlesham）拥有一间茅舍和 1 路德土地，每年交给查尔斯·霍华德（Charles Howard）爵士 6 先令和 2 只小母鸡；价值为每年 5 先令"；兰开夏郡班克斯（Bankes）家族的档案记载提供了丰富的独立租金估算的事例，有一个案例对选举特别有意义，提到"一块大约 4 英亩的完整租地租金价值一年 40 先令"。

鲍登（Bowden）博士估算 17 世纪早期每个小农在缴纳完所有费用后每英亩土地的平均回报是 9.64 先令。这可能意味着为了满足 40 先令的要求，想要成为选举人的自由持有农需要大约 4 英亩土地——这是 1589 年建立茅舍的法定最低标准。如果我们接受斯帕福德（Spufford）博士对科斯敏斯基观点的重申，少于半雅德土地（yardland）就能够维持一个家庭，那么很多自由持有农选举人必然也是茅舍农和雇佣工人（这很可能是事实，选举要求的 40 先令要低于正常工资水平下雇佣工人的收入）。从 17

世纪早期人们抱怨选举声名狼藉的行为可以断定这些人在投票，并且其他地方也可以发现类似情况。再者，1621 年一份规范选举的法案不许茅舍农在郡里投票：已有法律禁止非自由持有农投票，所以人们必定瞄准了那些碰巧也是茅舍农的自由持有农的投票权。无论从土地制度还是从选举意义上说，这些人都是自由持有农，尽管他们既不是托马斯·威尔逊、汤普森教授、库珀先生谈到的人，也不是乔治·金在出版物中提及的人，但是他显然注意到了他们的存在，因为他在一份手稿中写道，他发现了一个独特的纳税种类的自由持有农，他们每年的收入不足 40 先令并且动产价值少于 5 英镑。

自由持有农概念的模糊不清表明了金的一些数字有重大局限。他的研究出现了一些错误，在他 1697 年混杂的笔记中农场主被认为比自由持有农要富裕得多，这颠覆了他全部的剩余统计表格——这不像是有意假设的一个不朽错误（库珀先生指出的），来解释他自相矛盾的自由持有农的总数（在 174000 人到 440000 人的范围内）。正如库珀先生写道的，金非常不确定贫民、茅舍农、雇佣工人、农场主的数量，与他不能确定自由持有农的数量一样。但有意义的是贫民、茅舍农等并没有严重影响自由持有农总数所占比例，表明趋势是正确的。因此，在他的家庭职业阶层清单中，他试图把初稿中的 200 万贫民和日佣工人修改为 300 万贫民和日佣工人，把 200 万农场主和自由持有农修改为 100 万农场主和自由持有农。金显然认为大量的小农场主和自由持有农可以被轻易列入茅舍农和雇佣工人中——因为应纳税财物在 40 先令之下，之前列举的动产少于 5 英镑的自由持有农必然因此沦为穷人。在他的出版物《发现》中，他认为有 140000 小自由持有农平均家庭年收入在 50 英镑（换句话说，他们中很多家庭是非常殷实的），在初稿中他曾一度认为有 400000 自由持有农土地收入在 5 英镑到 50 英镑的范围内。这个群体的平均持有地大约为半雅德土地（在殷实标准的边缘），那些在这个尺度底部的人就是茅舍农和雇佣工人。金关于自由持有农和茅舍农问题的长期不确定性，一定与"自由持有农"术语固有的困惑有关。在他的已出版著作中，金和托马斯·威尔逊一样清楚地设定自由持有农和约曼一样。在他的已一些未出版的作品中，他对是否严格区分土地制度和是否包括有投票权的自由持有农，却不再优柔寡断。

自由持有农概念的模糊不清造成了一些17世纪的研究者和近代学者对当时农业和社会结构的过度简单化处理。过度简单化或许在土地问题上没有造成太严重的影响，但在土地所有者问题上的影响是显见的。这种影响有赖于政治经济学家带有偏见的社会分类方法，这从汤普森教授的观点中可以看出。再比如约瑟夫·梅西（Joseph Massie）对1759年到1760年自由持有农数量进行估算，他认为英国的农民阶层大致从复辟时期到梅西时代是相当稳定的。他发现这个估算与幸存下来的19世纪欧洲其他国家的农民的经历相一致，并且只承认"农民相对地位或许偶尔有下降，而且是由人口危机和高死亡率造成的结果，比如1665年或1709年至1710年"。但详细的地域性研究，诸如霍斯金斯（Hoskins Wigston Magna）教授、斯帕福德博士以及瑟斯克博士提到的学者们进行的研究，表明小农阶层面对经济危机和经济变化是脆弱的。如果接受"自由持有农"的模糊概念，就会发现一条解决困难的道路，这个困难就是把哈巴谷（Habakkuk）先生关于英国农民消失的理论与汤普森教授毋庸置疑的很多小土地所有者在18、19世纪幸存下来的结论统一起来。"小"是相对的：霍斯金斯教授的自由持有农约曼或许在17世纪晚期的经济逆境中幸免于难，他的小农邻居，传统的半雅德土地类型的自由持有农，显然没有幸免于难，正如他的众多的同等地位的同伴在斯帕福德博士社区早期的小危机中没能幸免一样。①

通过以上分析不难看出，自11世纪以来，随着农民个体经济力量的壮

---

① D. M. Hirst，"The Seventeenth-Century Freeholder and the Statistician: A Case of Terminological Confusion"，*The Economic History Review*, New Series, Vol. 29, No.2 (May, 1976), pp.306-310.

大和个体权利的发展，他们逐渐挣脱了农奴制的束缚，一些人成为自由持有农和契约租佃农，更多的则成为了公簿农，但无论其土地类型如何，他们事实上都成为了地位受到极大改善的自由农民。最保守的观点也认为，15世纪中叶英国农奴制已不复存在，乡村人口的绝大多数都是自由人了，而且农奴向自由农的转变是不可逆的。16世纪以后，自由持有、契约租佃、公簿持有只是土地持有制度的不同类型，而与土地持有人的身份无关。

第四节　16—19世纪自由小农阶层的衰落

15世纪英国农民已普遍获得自由并且其自由地位是不可逆转的，之后的几个世纪，英国经历了圈地运动、农业革命和工业革命等生产领域的大变革，这些对自由小农的命运影响深刻，并最终导致了16—19世纪英国自由农阶层的衰落。这一过程，本质上是英国从传统社会向近代资本主义社会的深刻变革，其在农业领域的变革是英国的土地制度发生了深刻而重大的变革，而自由小农阶层的衰落，则是由此引起的英国社会结构变革的具体表现之一。

一、16—19世纪自由小农数量的减少

根据H. G. 亨特的观点，贵族、大地主、乡绅、大约曼和小约曼属于大土地所有者，他们拥有土地的平均数量在170英亩以上。100英亩以下的土地所有者为农民。[①] 笔者认为亨特的观点是可取的，因为经营者的

---

　　① 　H.G. Hunt,"Landownership and Enclosure, 1750-1830", *Economic History Review*, vol. 11, no. 3 (April 1959), pp. 497-505.

土地面积超过 100 英亩，耕种者躬耕垄亩就不大可能。因此本文采用其观点，以 100 英亩土地作为 16 世纪以来英国自由小农阶层的土地财产标准。[①]

关于自由小农数量变化的直接史料并不多见，但是，我们还是可以从学者的相关记述中窥见一斑。

首先，从城乡人口变化可以窥见自由小农阶层的衰落。在自由农发展的过程中，大量自由小农在市场竞争中落败，成为乡村剩余劳动力，被迫向城市转移。贵族、乡绅 18、19 世纪圈占耕地、荒地和公地，造成很多自耕农和茅舍农贫困。议会圈地法案消灭敞田，使小农境地更加不利。威尔逊描写到："自由持有农很可能只会得到重新分配的小块贫瘠土地，还缺少必要的改良土壤的资金。他们可能不得不卖掉自己的小块土地，从大地主手中租种土地，但这时他已变为没有土地的劳动力。茅舍农则更惨，他们丧失了使用公地和荒地的权利，这些权利是如此渺小，以至于不能为他们带来一块土地，只能得到一小笔费用，而且不久就花掉了。更为严重的是，他们从此丧失了改善自己社会地位的机会……"[②] 这些人境况较差，其中有很多随时可能有破产的危险，他们只能到城市或其他地区谋生。威尔逊在自由持有农的概念问题上模糊不清，但他对小农衰落的论述还是可取的。

历史研究表明，这一时期英国大量乡村人口流入城市。在 17 世纪至 18 世纪的二百年间农业人口占英格兰总人口的比例降低了近一半，从 70% 减少到 36.52%。[③]"1751—1780 年，离开土地的农民每 10 年为 25,000 人；

---

① 关于小农的标准学界观点不一，有人认为 50 英亩之下为小农，也有认为 10 英亩以下，甚至有人认为 5 英亩之下为小农的。

② Willson, D. H., *A History of England*, Hinsdale, 1972, p.544. 转引自赵煦：《伦敦城市人口变化及其经济社会影响初探》，硕士学位论文，华东师范大学，2005 年。

③ 卢彦名：《试论近代早期英国农业人口增长模式的转变》，《理论界》2008 年第 8 期。

1781—1790 年，上升到每 10 年 78,000 人；而到了 1811—1820 年间，又上升到每 10 年 214,000 人；在 1821—1830 年，更达到每 10 年 2,670,000 人。"① 大量移民进入城市，据罗顿估计，1780—1830 年 50 年间，伦敦周围诸郡人口增加 136 万人，其中的四分之三前往伦敦。杰弗里·威廉森统计，"1786—1881 年间，国内迁移占英格兰城市人口增长的 59.7%。苏格兰的比例更高，1801—1851 年间，国内迁移人口占其城市人口增长的 60.8%。"②"1861 年时，英国的城市人口和乡村人口分别约为 12,696,520 和 7,369,704，至 1871 年时分别上升为 14,929,283 和 7,782,983，显然，英国的城市人口增长速度要比乡村人口快的多，且已经远远超过乡村人口的比重。"③"该时期一份关于英国农业人口锐减的调查报告显示，在 1881 年时英国农业工人的数量约为 983,919，至 1891 年时下降为 866,543，而 1901 年时更是跌至 689,292，在 1881 ～ 1891 年和 1891 ～ 1901 年分别减少了 11,376 和 177,251 个人。"④ 大规模增加的城市人口，无疑来自乡村，其中必定包括大量失去土地的自由小农。

其次，从乡村社会的土地和人口变化窥视自由小农阶层的衰落。霍尔德尼斯（B. A. Holderness）认为，到 1600 年，英格兰有三分之二的土地

---

① 赵煦：《英国城市化的基本前提——农业发展与农村劳动力转移》，《兰州学刊》2007 年第 9 期；原始资料：Svaille, J., *Rural Depopulation in England and Wales 1851-1951*, London, 1957, p.13

② 赵煦：《英国城市化的基本前提——农业发展与农村劳动力转移》，《兰州学刊》2007 年第 9 期；赵煦：《英国早期城市化研究》，博士学位论文，华东师范大学，2008 年，第 32 页。

③ 孙学美：《浅析 19 世纪末英国农业大萧条爆发的原因》，《人民论坛》2015 年第 17 期。

④ 孙学美：《浅析 19 世纪末英国农业大萧条爆发的原因》，《人民论坛》2015 年第 17 期。*Report on the Decline in the Agricultural Population of Great Britain*, London: Darling & Son, Ltd, 1906, p.115, p.10.

已属于自由持有地。这些自由持有地的主人大部分把土地租给别人，以收取货币地租维生。也就是说，1600年英国的公簿持有地仅占全部土地的三分之一。公簿持有农的数量不可能是农民中的多数，其中耕种100英亩以下公簿田的农民数量会更少。到18世纪中期，英格兰的土地绝大部分由没有固定的财产收入的人租种。[①]"莫尔顿指出，近代圈地运动使100英亩以下的农场有显著的减少，而300英亩以上的农场则有显著的增加，并且计算在1740年到1788年之间，农场的数目减少了4万以上。据著名英国土地史专家明格统计，到1790年时，400家大土地所有者拥有的耕地占英格兰和威尔士耕地的20%—25%，乡绅的占50%—60%，自由持有农的只占15%—20%。1851年，占地300英亩以上的大农场主16671个，占有耕地1/3以上，而占地100英亩以下的小农场主多达134000个以上，但占有耕地不到22%，其余为占地100—299英亩的中等农场(16671个)。由此可见，资本主义大农业在英国已占主导地位。"[②]到工业化晚期，英国的绝大部分土地集中在少数大土地所有者手中。据《新末日审判书》的统计，到1872—1873年，联合王国4/5的土地集中在不到7000位资产者的手中。[③]同时，根据约翰·贝特曼的数据，1873年，300英亩以上土地所有者和公共团体拥有地产占英格兰和威尔士地产总面积的75%，300英亩以下土地所有者拥有地产面积的比重为25%。[④]需要注意的是，工业化

①　B. A. Holderness, *Pre-industrial England Economy and Society, 1550-1700,* London, 1976, pp.76-77.

②　王章辉:《英国农业革命初探》,《世界历史》1990年第1期。赵文洪:《私人财产权利体系的发展:西方市场经济和资本主义的起源问题研究》,中国社会科学出版社1998年版，第264—265页。

③　J.V. Beckett,"The Pattern of Landownership in England and Wales, 1660-1880", *Economic History Review*, vol. 37, no. 1(February 1984), pp. 1-22.

④　John Bateman, *The Landowners of Great Britain and Ireland: A List of All Owners of Three Thousand Acres and Upwards*, Kessinger Pub Co,2009, pp. 501-515.

时期，英国大土地所有者拥有土地占全部土地的比重呈现出动态的变化趋势。在英格兰和威尔士，1690 年，乡绅及其以上的大土地所有者拥有土地的比重为 60—70%；1790 年，这一比重上升到 70—75%；1873 年，又上升到 79%。[①] 另"据统计，在 18 世纪中期时，英国约有 60% 或 70% 的人口是直接或间接与土地有关的。"[②]"1770 年，英国农业人口占总人口的比例大约降到了 42%，1801 年是 35.9%，1851 年进一步下降到 21.7%。"[③]"至 1871 年时进一步下降至 15% 和 14%，至 1937 年时其比重更是下降至 5.3% 和 5.7%。"[④] 由此可见工业革命对英国自由小农阶层的影响。以 1871 年的 15% 和 14% 来说，这其中应该包括大量的靠工资生活的农业雇佣工人。正如阿什利在《英国经济组织》一书中说明大农场与资本主义农业的关系时指出的，"20、30、40、50、60 英亩的农场合并为 150—200 英亩的大农场；在今天的诸多大农场上，仍旧矗立着早期的小农舍，现已分割开来作为雇工的宿舍使用；源于领主自领地上的资本主义大农场制度最终延伸到习惯佃农曾经持有的土地

① J.V. Beckett,"The Pattern of Landownership in England and Wales, 1660-1880", *Economic History Review*, vol. 37, no. 1(February 1984), pp. 1-22. 转引自郭爱民：《工业化时期英国地主与租地农场主的博弈》，《中国农史》2015 年第 6 期。

② 孙学美：《浅析 19 世纪末英国农业大萧条爆发的原因》，《人民论坛》2015 年第 17 期。G. E . Mingay , *Land and Society in England 1750-1980*, London and New York: Longman Group Limited, 1994, p.1.

③ 赵煦：《英国城市化的基本前提——农业发展与农村劳动力转移》，《兰州学刊》2007 年第 9 期；赵煦：《英国早期城市化研究》，博士学位论文，华东师范大学，2008 年，第 30 页。

④ 孙学美：《浅析 19 世纪末英国农业大萧条爆发的原因》，《人民论坛》，2015 年第 17 期。原载 R. C. O. Mathews, C. H. Feinstein, J. C. Oldling-Smee, *British Economic Growth 1856-1973*, Stanford: Stanford University Press, 1982, p.222; G. E. Mingay, *The Transformation of Britain 1830-1939*, p.46; M. E. Turner, J. V. Beckett, B. Afton, *Agriculture Rent in England 1690-1914*, p.250.

上。"[1] 由此可见，自由小农中的惯例佃农也已消亡殆尽。19 世纪 60 年代开始，英国农业生产第一线的劳动主力是农业雇佣工人，他们和农场主的关系变为纯粹的"金钱关系"。原来中世纪之初即已存在的自由小农作为一个阶层已难觅其踪迹了。

二、最后的自由小农群体——公簿农阶层的消失

15 世纪以后公簿农是英国自由小农的重要部分，公簿农的土地被称为公簿持有土地，公簿持有农和公簿持有地起源于维兰和维兰耕种的惯例土地。由于 13 世纪以来货币地租的流行，14 世纪黑死病造成的劳动力短缺，以及由此造成大量的维兰土地无人耕种，领主不得不改变剥削方式。于是维兰就转变成为公簿农，维兰土地转变为了公簿持有地。关于公簿农出现的记录最早可以追溯到 13 世纪，当时，拥有一张与领主的契约（公簿），就被一些不自由农视为获得了自由，虽然这时普通法还不保护维兰的公簿持有地。在 14 世纪从伯克郡南莫尔顿庄园，农奴土地性质转变非常明显，4 名佃户在 1361 年的庄园法庭，用最高 1 英镑的价格，使土地获得自由。在庄园法庭取得文书记录副本（copy），以此作为土地持有的凭证，这样的土地被称为公簿持有田，公簿持有田的持有人被称为公簿持有农，公簿持有农的全称是"在法庭备案的佃农"（tenant by court roll）[2]，其主体是维兰。法庭确切记载公簿持有凭证的最早时间是 1412 年，地点是伍斯特郡的沃里克伯爵的埃姆利·卡叟庄园，公簿持有权从此开始流行。

---

① William Ashley, *The Economic Organization of England*, London: Longmans, Green and Co. Ltd., 1928, p.139. 转引自郭爱民：《19 世纪晚期以来西方学者关于工业化时期英国土地经营研究的综述》，《贵州社会科学》2017 年第 8 期。

② R. H. Hilton, *The Decline of Serfdom in Medieval England*, 1973, p.44.

到了 15 世纪中叶，英国普通法就开始保护公簿持有者的土地了。[①]
例如，"亨利七世时，法庭曾经裁定，假使一个维兰从他的领主那里获得
若干年的租佃权，就算获得了自由。这项裁定把获得租佃权的维兰都宣布
为自由农民。农奴的财产得到了承认和保护，农奴可以将自己的动产和不
动产留给自己的儿孙，人头税被取消了，其他各种封建义务有的被赎买
了，有的则折算成固定货币地租，任意的劳役也被取消了。"[②]事实上，英
国的农奴制解体了，一种新型的土地制度——公簿持有制诞生了，随之也
就出现了一个新兴的农民阶层公簿持有农。每个公簿持有农最初从法庭领
取的土地量大约相当于 13 世纪每个维兰土地持有量，即约为 0.5—1 维格
特。公簿持有农的土地权利通过庄园法庭确认，并用文书记录在正副两本
公簿上，正本留在庄园法庭备案，副本则交给租佃者本人保存。利特尔顿
爵士对公簿持有农作了一个简单的界定："公簿持有农可以定义为在庄园
领主控制下，根据庄园法庭案卷规定的庄园习惯，并按照庄园领主意志实
行的一种基本的土地保有权。公簿持有保有权与自由持有保有权的主要区
别在于，公簿持有保有权的转让必须在领主的习惯法庭上进行，因此，这
些地产的特别权利的证据，记录在庄园法庭的簿册上。每块公簿持有地都
必须是属于古代庄园的土地，并根据有记忆得来的习惯法转让。领主可以
在任何时候把他掌握的土地作为公簿持有地授予佃户。"[③]虽然如此，但事
实上公簿持有农的土地权利受到庄园法庭和王室法庭的保护，公簿副本明

---

①　R.H.Hilton,*The Decline of Serfdom in Medieval England*,1973，pp.47-48.

②　高德步:《英国的工业革命与工业化：制度变迁与劳动力转移》，中国人民大
学出版社 2006 年版。

③　E. B. Fryde, *Peasants and Landlords in Later Medieval England,1380-1525*,
Stroud: Alan Sutton, 1996, pp.117-118. 转引自沈汉:《英格兰中世纪的土地保有权和各种
身份的土地持有者》,《贵州社会科学》2010 年第 10 期。王田田:《英国圈地运动中的
法律规则》,《求是学刊》2009 年第 1 期。

确了公簿农对所租土地拥有的使用权和收益权。公簿持有地有三类：一类是可以继承的公簿持有地；第二类是终身公簿持有地；第三类是期限为数年的公簿持有地。[1]

15—16 世纪，公簿持有农在惯例的保护下，快速发展。公簿持有地有许多租期长，有的终身持有，有的甚至还可以继承，同时庄园法庭对公簿持有农进行有效保护，使得长租期、低地租得以安全而有效的维持，保障了公簿持有农的土地占有权和收益权能够保持长期稳定，这就为公簿持有农自身的发展提供了契机。[2] 一些庄园记录反映了公簿农的地租状况。"1508—1578 年，威瑟西庄园公簿农每英亩土地的地租一直是 4 便士。到1682 年，500 英亩的公簿持有地的年租金仅为 8 英镑 10 先令。"[3]1357 年奇翰普顿庄园总地租收入为 41 英镑 14 先令 4 便士。近 150 年后的 1501 年，该庄园的土地总租金为 41 英镑 19 先令 9 便士……[4] 这样的例子比比皆是。公簿农卑贱的农奴身份不复存在，他们生产热情高涨。富裕公簿农不断扩大耕地面积，改进农业技术，不断增收，甚至有的公簿农还将土地再行出租，以获取更高的收益。相对于领主而言，土地价格的不断上涨，并未能给其带来更高的收入，反而使其蒙受损失，因为公簿农持有土地上的固

---

① 沈汉《英格兰中世纪的土地保有权和各种身份的土地持有者》，《贵州社会科学》2010 年第 10 期。付夏捷：《论英国土地法律制度变迁与经济转型》，博士学位论文，中共中央党校，2011 年；候宁：《英国公簿持有农初探》，硕士学位论文，华东政法大学，2014 年。

② 邱谊萌：《16—19 世纪英国土地制度变迁研究》，博士学位论文，辽宁大学，2008 年；玉琼：《19 世纪英国小农变化初探》，硕士学位论文，南京大学，2015 年。

③ E. Barbar, *The Great Landowners of East Yorkshire 1530-1910*, New York: Harvester Whearsheaf, 1990, p.37. 付夏捷：《论英国土地法律制度变迁与经济转型》，博士学位论文，中共中央党校，2011 年。

④ See R. H. Tawney, *The Agrarian Problem in the Sixteenth Century*, London: Longman,1912, p.116.

定的低地租受到庄园惯例的保护。资料表明，在 13 世纪前后，地租在全英农民平均收入中约占 1/3，17 世纪初，下降到 16.50%，总计下降一半，公簿持有农的地租甚至比之前的维兰地租以年均 0.16% 的速度下降。[①] 在这样的背景下，土地主人为了增加土地收入，一定迫切要求废除公簿持有制，以缩短土地的租期，提高土地地租收入。

"黄金时期"过后，16、17 世纪以来英国乡村出现了公簿持有农减少的趋势，越来越多的公簿持有农转变为租地持有农。据陶内统计，在英国 118 个庄园中，亨利八世在位时（16 世纪初），公簿持有农约占全体农民的 2/3，自由持有农约占 1/5，租地持有农约占 1/9—1/8。到了 1588 年，萨默塞特郡的 4 个庄园和德文郡的 1 个庄园中，租地持有农的数量上升到 1/5。北安普顿郡 4 个村庄的租地农比例几乎达到 2/3。到 1626 年，罗奇代尔大庄园租地持有农为 315 户，自由持有农为 64 户，公簿持有农为 233 户。[②] 再比如，1705 年牛津郡的斯佩尔斯伯里庄园有 41 户公簿持有农，到了 1823 年，其中 3 户成为租地农场主，28 户沦落为茅舍农，只剩下 10 户公簿持有农。[③] 为了保护土地所有者的收益，1620 年 7 月 28 日，詹姆士一世发表了《王室宣言》，提出了废除公簿持有土地制度的政策，要求公簿持有农通过缴纳公簿田赎金——土地转让费——变为自由持有农，或者通过改进地租的方式转变为租佃持有农。这一法令宣告了公簿持有制终将走向灭亡的命运。1841 年到 19 世纪后期英国政府又陆续颁布了多个有

---

① 侯建新：《现代化第一基石：农民个人力量和中世纪晚期社会变迁》，天津社会科学院出版社 1991 年版，第 87 页。

② R. H. Tawney, *The Agrarian Problem in the Sixteenth Century*, London: Longman, 1912, p.284.

③ R. C. Allen, *Enclosure and the Yeoman: The Agricultural Development of the South Midland, 140-1850*, Oxford: Clarendon Press, 1992, pp.98-99. 候宁：《英国公簿持有农初探》，硕士学位论文，华东政法大学，2014 年。

关废除公簿持有制的法令，其中最著名的是 1841 年颁布的《公簿持有权法》和 1894 年颁布的《公簿持有权法》。1841 年颁布的《公簿持有权法》加快了公簿持有制改变的实质性进展，导致公簿农大量减少；1894 年颁布的《公簿持有权法》更是否定了 1841 年法案中的自愿原则，明确规定了废除公簿持有权可以通过强制和自愿两种方式进行，给予公簿持有农以致命的一击。在英国政府按照地主意愿实施的废除公簿持有制的过程中，广大公簿农付出了沉重的代价。据统计，从 1841 年到 1914 年，公簿农为获取土地私有产权和公民权付出了约 276 万英镑的现金，同时还补偿给领主 1388 英亩土地。[①] 在公簿持有土地制度变革的过程中，广大公簿持有农主要的归宿有三条：富裕的公簿持有农通过交纳数额可观的货币转变为有公民权的自由持有农；另有一部分公簿农通过交纳一笔费用改变租地方式，成为了租佃持有农；贫穷的公簿持有农则被迫离开长期耕种的土地，放弃土地的租佃权，沦为靠出卖劳动力为生的雇工。1922 年英国议会通过了《财产法》，规定所有公簿农都被授予公民权。公簿持有农这一称号也就不复存在了。

小 结

在中世纪接近尾声的几个世纪中，英国自由农民逐步取代了农奴成为农民主体。农奴获得自由的主要途径是逃亡和赎买自由，而最终促使农奴身份消亡的是作为农奴身份主要标志的劳役地租为货币地租所取代。[②] 中世纪晚期和近代早期英国自由农的发展壮大主要表现在两个方面。其

---

① B. W. Adkin, *Copyhold and Other Land Tenures of England*, London: The Estate Gazette,1919, p.120. 候宁：《英国公簿持有制初探》，硕士学位论文，华东政法大学，2014 年。

② 经济—社会史评论—学位论丛（网址 http://www.eshistory）。

一，以自由农的普遍发展为基础，在英国出现了一个富裕的农民——约曼——阶层；其二，自由农民的数量不断增加，[①] 表现为自由持有农数量显著增长，同时公簿持有农和契约租地农不再具备维兰身份的标志，也成为自由农民。农奴和自由农之间的界限逐渐趋于模糊，保守估计至少在 15 世纪中叶英国的农奴制已经不存在了，英国农村中的绝大多数人都已经是自由人了，自由小农替代了维兰成为英国主要的农村人口。16 世纪以后，自由持有、契约租佃、公簿持有只是土地持有制度的不同类型，而与土地持有人的身份无关。之后的几个世纪，英国经历了圈地运动、农业革命和工业革命等生产领域的大变革，对自由小农的命运影响深刻，最终导致了 16—19 世纪英国自由农阶层的衰落。这一过程，本质上是英国从传统社会向近代资本主义社会的深刻变革，其在农业领域的变革是英国的土地制度发生了深刻而重大的变革，而自由小农阶层的衰落，则是由此引起的英国社会结构变革的具体表现之一。

---

① 经济—社会史评论—学位论丛（网址 http://www.eshistory）。

第三章
11—19 世纪自由农阶层发展演变的原因剖析

　　英国中古社会晚期能够孕育出一个富裕的自由小农阶层是多种社会因素相互作用的结果。自由农产生的社会土壤是英国多元的政治体系和法律体系，教权、王权、领主权以及教会法律、王室法律、庄园法律的并存导致的分散的政治和法律体系，尤其是习惯法的特殊的优势地位和庄园义务的趋于稳定和逐渐减轻，保障了中古英国农民个体经济力量的壮大，并最终促使劳动者摆脱超经济强制，朝着自由劳动的方向发展。价格革命、黑死病之后的劳动力缺乏以及货币地租取代劳役地租等因素起到了催化剂的作用，加速了农奴制解体的过程。农奴和自由农之间的界限逐渐趋于模糊，到 15 世纪英国农村社会结构发生了重大变化，自由小农替代了维兰成为英国主要的农村人口。

第一节　庄园制度下自由农阶层发展壮大的社会条件

　　探讨和分析庄园制度下英国自由农阶层为什么能够不断地发展壮大，直至消灭了农奴制度，使自由农阶层成为英国乡村社会农民的主体，必须从英国中世纪政治、法律状况以及庄园内农民的实际生存状态入手，进行深入的分析。

一、多元政治体系与法律体系

中世纪的英国的统一是文化宗教的统一，政治上的分裂导致多元的政治秩序。政治力量的多元性具体表现为教俗权力的分化与世俗权力的分化。

这种多元的政治体系在世俗社会造成了影响农民生活的极其复杂的社会局面。英国农民的土地主要来自教会主教领地和修道院、王室领地和伯爵领地的庄园等。在名义上，这些实体是属于不同层面的，王室和教会属于最高层面，其次是教俗贵族的领地等。"在近代国家形成之前，英国没有统一的权力中心，也没有统一的政治秩序。在各级封建权力之间，没有严格的固定关系，也没有自上而下的绝对统治。每一种权力都受到来自同等或下层权力的制约，每一种权力都受到限制、阻碍和分散。各级权力之间有一定的张力，但不会完全断裂。整体保持一定的凝聚力，但不排除多样性和个体独立性。直到中世纪末期，这种不稳定的平衡才开始发生倾斜。"①中世纪这样一种不稳定的平衡客观上对压制弱势力量发展的强势力量形成了一种制约，有利于处于被统治地位的农民群体的发展。

这种多元性带给西欧和英国的实际上往往不一定是你死我活的争斗。例如，教皇与皇帝或国王之间的主教授职权之争，在英国和诺曼底最终按照1107年在贝奇达成的协议处理，在德国以1122年《沃尔姆斯协议》的互相妥协而告终。同样，在国王和贵族之间也是如此。例如，1215年的"自由大宪章"即是英格兰贵族为了维护自身的传统权利和自由，反对国王约翰随意征税而采取的联合行动。1258年夏，英王亨利三世在牛津召集大会议开征新税，恼怒的贵族同样兵戎相见，逼迫亨利接受了限制王权的《牛津条例》。其他阶层和后人也可以根据自身的利益和具体情势的需

① 丛日云：《西方政治文化传统》，黑龙江人民出版社2002年版，第520—522页。

要，采取灵活方便的策略。例如，16 世纪王室土地调查员曾反对"仅在国王之下"的自由持有农"可能被说成领主的"自由持有农。①

　　与中世纪英国多元的政治体系相对应的是英国多元的法律体系。这种多元的法律体系最突出的特征，是英国社会各种法律体系与司法管辖权的共存与制衡。"多元的法律体系，在政治和经济方面反映了多元的社会力量：教会与王权相对，王权与城市相对，城市与领主相对，领主与商人相对，等等。正是这种社会力量的多元性及其在此基础上形成的法律体系及司法管辖权的多元性，使得法律的最高权威性成为必要和变得可能。因此，西欧中世纪时就有尊重法律、一切须经过法庭以及除法庭干涉以外不受任何干涉的司法独立的传统。多元的法律体系包括教会法、封建法、商法、城市法、普通法和庄园法等，这些法律体系各有其不同的内容和不同的管辖范围，不过在法制的基本原则方面也有同一性，如法律关系中的互惠性和契约性，同级裁判制在内的审判程序等方面。"② 在基层社会，王权、教权和领主权交叉汇集在一起，村镇、庄园和教区三位一体。在这样的基层社会，教区教化众生，村镇维护安全，庄园法庭执掌讼案，三者相互独立各司其职。同样，乡村共同体内的居民既是教区的教民，也是王室臣民，同时还是领主的庄民。每个人都必须服从和忠诚于这三种权力中心，同时也意味着每个人都会不同程度地受到其所服从和效忠的权力中心的某种保障，因为农民和领主之间的法律关系也发展成一定程度的互惠成分，但是，这种成分因农民与领主之间缺少终身缔约的概念而不像在封建法中那样明显；不过，农民为了获得更有利的劳动条件向领主施加集团压力，在效果上类似于以忠诚为条件做出的

---

　　①　R. H. Tawney, *The Agrarian Problem in the Sixteenth Century*, Harper Torchbooks, 1967, p.30.

　　②　侯建新：《社会转型时期的西欧与中国》，高等教育出版社 2005 年版，第 51—52 页。

互惠让步。

中世纪英国社会是一个等级社会，国王之下是贵族，包括公爵、伯爵、子爵、侯爵和男爵五个等级，贵族之下是士绅，包括骑士、乡绅和绅士，在贵族和士绅之下的人口是农民，农民又分为自由农和维兰。贵族、士绅和自由农是生而自由的人，维兰是农奴，处在社会的底层。然而，由于英国多元的法律体系和司法管辖权，英国各个等级的人们都受到法庭不同程度的保护。即使在法理上土地和人身属于领主的维兰，其法律规定的基本权益也受到庄园法庭的保护。而自由农不仅受到庄园习惯法的保护，而且在其权利受到侵害时，还可以向王室法庭申诉。最初，许多庄园的惯例关于领主是否可以增加其佃农的劳动义务是模糊的。农民在王室法庭反抗增加剥削，他们宣称自己是自由的，因此承担固定的征税。王室法庭为了加强王室利益，常常介入庄园事务。王室法庭干涉庄园事务提升了自由佃农对他们领主的地位。

多元的法律体系的存在，使得中世纪的主要劳动者农民能够在各种法律和司法体系的相互制约和平衡中获得不同程度的法律保护，从而不断改善和提高自身状况，并最终冲破中世纪牢笼，彻底摆脱庄园制度下对领主的人身和经济依附关系，发展成为一支与中世纪时完全不同的力量。庄园是英国中古农民生活的所在，农民是其中生活的主要人员，与庄园法和庄园法庭的关系最为密切。因此，研究自由农的发展必须深入中世纪庄园，了解庄园习惯法和庄园法庭。

二、庄园习惯法与剥削量的限定

熟悉英国法律体系的人都知道英国法律体系不同于大陆法体系，是在习惯法的基础上发展起来的。英国法中的许多制定法实质上都是对以前普通法规则的总结和整理，而普通法本身就是习惯法，是王室法庭的习惯。① 事实上，王室法庭的习惯也是建立在村庄或庄园的习惯法的基础上的，法律不是由立法者创设的。中世纪英国的庄园法更是如此，它只不过是日耳曼传统和习惯在庄园生活中的崇高地位在法律上的体现。因此要澄清英国之所以能够产生强大的自由农阶层，必须了解英国庄园习惯法和庄园法庭的特点。

首先，庄园法的形成有其独特的方式。习惯法缘于日耳曼传统和习惯，其历史漫长，因口口相传，源头无从考证。但诺曼征服以后的庄园法大约形成于 11、12 世纪。② 立法机构是由全体维兰出席的庄园法庭。在庄园法庭上，法庭以领主名义召开，领主和庄园总管负责主持法庭，他们在审判中的作用不可忽视，但法庭任何案件都需要全体出席人集体表决共同裁决。裁决结果登记在案，就成为今后裁决的依据，这是由庄园习惯法决定的。依据习惯法"以往的判决是法庭现在的断案基础，而现在的判例又成为今后断案的依据的补充，习惯法就是这样在由全体维兰佃户出席法庭的一次又一次的'裁决'（dooms）中形成的"③。布拉克顿一语道破了英国习惯法产生的形式，他说英国习惯法"已经在咨询和征得重要人物同意，并在共同体普遍支持的情形下，经由国王和领主的无上权威予以确立和批准"。④

其次，习惯法在英格兰具有高于一切的地位。习惯一旦被确立为法

---

① J. H. Baker, *An Introduction to English Legal History*,Time of Edword London:Butterworths, 1990, p.16; also see Pollock F, Maitland F. W. *The History of English Law before the Edward* I, Cambrige University Press,1968, I:p.184. 转引自李红海：《普通法的历史解读》，清华大学出版社 2003 年版，第 228—229 页。

② ［美］哈罗德·J. 伯尔曼：《法律与革命》，贺卫方、高鸿钧、张志铭、夏勇译，中国大百科全书出版社 1993 年版，第 388 页。

③ 同上，第 92 页。

④ ［爱尔兰］凯利：《西方法律思想史》，王笑红译，法律出版社 2002 年版，第 132 页。

律，即具有了至高无上的地位。因为法律至上，王权和领主权有限就应属于题中应有之义。所有人都必须遵守神圣的法律，君主和领主自然也不例外。"王在法下"是大家坚守不渝的信条。国王可以合法享受在尘世的至尊地位和种种特权，但在此之外则不应随意多取。因为国王可以高于任何人，但却不能超过众人之和，即民众整体。同样道理，领主在自己的领地内享有尊贵的地位和凌驾于任何人之上的特权，但却必须接受法律的约束，在享受自己等级特权的同时，不能损害较低等级的等级权利。这是整个中世纪的特征所在。这一特征决定了作为统治者的国王与领主在法律制定方面享有独特地位，法律由他们签发，但在法律制定过程中他们必须根据习惯法征集贤哲意见，才能使其行为合法化；人民或整个共同体有其自己的地位，因为他们是接受和遵守法律的主体。①

再者，庄园习惯法保障的是领主权利和农民权利的互惠性，而不仅是保障领主单方面的权利。到 12 世纪，西方基督教世界包括农奴在内的全部农民都享有受到一定法律保护的权利。其中包括农奴依据一定惯例要求领有和耕种领主土地的权利，受领主庇护的权利。按照惯例，乡村全体村民享有使用村社公共土地权利。另外，在欧洲的大部分地区，农民对于自主地（alod 或 alodium）继续享有从早先就存在的事实上的所有权。甚至农奴持有领主土地的权利也具有重要意义。除土地占有与使用权外，农民对应该对领主承担的各种农奴义务也享有权利。依据古代惯例，领主不能随意增加农奴负担。如果领主与农奴之间对义务发生争执，可以通过法庭解决。这和领主与封臣的关系不同，领主与农民（包括农奴）相互的权利和义务关系不是通过个人的信仰誓言或其他形式的契约性安排形成的。对于领主农民权利，自由农民可越级申诉，最高可到王室法庭。有这样一

---

① ［爱尔兰］凯利：《西方法律思想史》，王笑红译，法律出版社 2002 年版，第133 页。

个案例，1272 年英格兰有三个佃农起诉他们的领主，官司一直持续了 35 年，直到 1307 年才结束。三个佃农的土地曾经属于王室，因此他们依据一百年前的惯例把领主告到了王室法庭。在王室法庭他们宣称，他们对领主的义务主要是每年 5 先令的货币地租以及一些必需的捐税，领主主张他们需要负担劳役，缴纳实物税，遗产税（heriot），女儿结婚时承担婚姻捐（merchet）、被发现不贞时还要支付"失贞费"(leywrite)，以及承担其他义务。① 该案件的判决结果虽然不明，但却表明了中古农民可以通过一定的法律途径维护自身的权利。

最后，法庭及其诉讼程序中的参与裁判制使农民权利的维护成为可能。庄园法庭在庄园内享有广泛的立法、行政和司法权力。庄园的司法是庄园领主的特权。大多数庄园领主只具有"低级"司法权，但庄园领主根据他的司法权对实际上构成庄园的官员和构成庄园基本人口的农民行使各种各样的权力。同时。庄园领主的司法权对领主权力的专断施加了一种实质性的限制，它也是维持领主与农民相互权利关系的一种重要机制。因此庄园法庭的诉讼程序和司法运作就显得极其重要。法庭的诉讼程序和司法运作是这样的：领主通常不亲自出席法庭，而是委派自己的管家以代理人身份主持法庭，各级庄官依据职责分工作为相应案件的起诉人，代表领主起诉侵犯领主权益的人，庄园法庭构成包括从农奴到领主的全体庄园成员，庄园每个成员都必须参加审判与判决过程，这是他们必须履行的一项义务。裁决结果由法庭全体成员作出。在这方面的权利与义务上，农奴和自由人没有区别，当他们作为诉讼当事人时，诉讼程序也是一样的。所有有争议的事务都要通过庄园法庭裁决，包括诉讼、庄园生产规则等诸多事物。庄园法庭通过全体诉讼参加人的共同表

---

① R.H.Hilton, *Bond Men Made Free:Medieval Peasant Movements and the English Rising of 1381*, London, 1973,pp.69-70.

决作出裁决。^① 这使得佃农的权利能够在法庭得到一定程度的保护，防止他人的无理干预或过度侵害。

以上我们分析了庄园习惯法的特殊地位与基本特征以及庄园法庭的运作机制，庄园习惯法和庄园法庭的这些特征的存在，为农民甚至负有徭役义务的农民——农奴竟能有财产和——相对地说——财富的独立发展创造了条件。虽然惯例的法律化符合统治阶级的根本需要，并不为统治阶级所反对，但另一方面也限制了对农民剥削的"随意性"和"偶然性"。英国庄园法庭大约出现于12世纪。^② 也正是在12世纪以后英国社会发生了深刻的变化，社会生活的变化促进了各种义务的稳定和逐渐减轻。^③ 于是农民承受的剥削量成为习惯法或成文法规定下来的一个"不变量"。例如，13世纪有的庄园周工只需要一个人一天的工作量就能满足领主的劳役要求。常见的一天的工作量为：一天的打谷量是小麦为2蒲式尔，如果是燕麦则为1夸脱；一天割草量是1英亩左右；谷物收割量为半英亩，或者是其他一些活计，但不管干什么工作，他们每天实际工作量只有半天，这是固定的。只有在收获等特殊时节，才会格外明确规定让农民干一整天。沃里克郡斯坦利（Stoneley）的人们在收获季节在田间的劳动时间是从日出到日落。又如，封塞特（Forncett）庄园在一年的大部分时间里，领主强制要求的体力劳动都仅是半天，只有秋天才是一整天。甚至在收获季节，一天的工作量也往往是指干到中午为止：如果去了两个人，干到中午便可收工；如果只去了一个人，很可能延至晚上；如果中午就把活儿干完了，领主还想让农民继续干到晚上，他必须为农民提供丰盛的午餐。惯例具有

① ［美］哈罗德·J. 伯尔曼：《法律与革命》，贺卫方、高鸿钧、张志铭、夏勇译，中国大百科全书出版社1993年版，第396—399页。

② 侯建新：《现代化第一基石》，天津社会科学院出版社1991年版，第93页。

③ ［美］哈罗德·J. 伯尔曼：《法律与革命》，贺卫方、高鸿钧、张志铭、夏勇译，中国大百科全书出版社1993年版，第432—433页。

的很强的约束力，制约着庄园主对农奴的随意剥削，如果他们试图这么做，必会遭到激烈反对。不错，佃户们并非总能成功地顶住来自上面的压力，事实上，一些庄园的劳役量在 13 世纪还有了一定的增加，但概而言之，随着农民用货币赎买这种义务而获得自由，他们的劳役总量在逐渐减少。[①] 陶内也指出，一个佃农的地租往往长达 200 年或者 250 年保持不变，并非罕见。[②] 相对于承受的剥削量，农民的生产效率和产量却是随着农民的生产经验、技术、经济的积累而不断增长的可变量，也就是说农民个体力量是一个不断发展的可变量。

伴随着庄园义务的稳定，农民个体经济力量必然得以发展壮大，农民个体力量的壮大势必会改变庄园内部组织结构，庄园内部人与人之间的从属关系得以最完全表现的依附形式势必会发生改变或者完全消失。接下来，我们就分析一下农民个体力量的发展壮大。

第二节　庄园制度下自由农阶层发展壮大的经济原因

一、前原始积累

英国农民之所以能够逐渐摆脱中世纪庄园义务，脱离对领主的依附关系，并且发展成为一个强大富裕的自由农阶层，是以"前原始积累"为基础的农民个体经济力量的壮大为前提的。"前原始积累"是侯建新教授在对中古英国农业劳动生产率考察的基础上提出的一个概念，它是

---

①　[英] 贝内特：《英国庄园生活》，龙秀清等译，上海人民出版社 2005 年版，第 82—83 页。

②　R.H. Tawney, *The Agrarian Problem in the Sixteenth Century*, Harper Torchbooks,1967,p.120.

相对于资本主义的原始积累而言的，是指在原始积累之前西欧已经经历的长期的、静悄悄的、普遍的积累过程。[①] 英国广大农民正是通过自己"静悄悄的劳动"提升了自身的经济力量和精神力量，他们在逐渐解放了自己本身的同时也瓦解了中世纪的社会结构和阶级结构。因为，社会发展和进步的基础是社会财富的增加，在前工业化时代则表现为农业生产和家庭手工业生产的增加和剩余。而最关键的问题是这些剩余是否保留在农民手中。对此，中外史学家进行了大量研究，为我们提供了启发和借鉴。

一些西方史学家对中世纪的亩产量进行了估算。亨莱的沃尔特（Walter of Henley）提出的理论认为：如果粮食产量超不过播种量的 3 倍，除非谷价高，否则，耕种者就不会有任何收益。同时，人们一般认为中世纪 1 英亩土地通常需要 22/5 蒲式耳小麦种子。H.S. 贝内特据此推算出，理论上每英亩土地收获 8 蒲式耳小麦才能确保没有损失。索罗德·罗杰斯（Thorold Rogers）对数千本庄园账簿进行研究后发现，"增长率不超过 4 倍"，即产量为 4 × 22/5 蒲式耳，也就是说在 9—10 蒲式耳之间。[②] 奇波拉对欧洲整体农业生产水平也作出了极其相似的估算，他在其《欧洲经济史》中指出，大部分欧洲农民的小麦收成可以达到播种种子的 3 倍与 4 倍 。[③] 贝弗里奇爵士（Sir W. Beveridge）研究了分属六个不同郡的温彻斯特主教的八个庄园的账簿，经过认真估算，他认为：在 1200—1250 年间，英格兰每英亩土地的小麦均产量约为 9.44 蒲式耳。贝内特先生对贝弗里奇的估算结果进行了检验，他认为，以温彻斯特主教地产产量作为整个英格兰的平均数字显然是太低了，"也许 10 蒲式耳都不会太高；但保守的估

---

①　侯建新：《社会转型时期的西欧与中国》，高等教育出版社2005年版，第33页。

②　[英]贝内特：《英国庄园生活》，龙秀清等译，上海人民出版社2005年版，第66页。

③　[意]卡洛·M.奇波拉主编：《欧洲经济史》第一卷，徐璇译，商务印书馆1988年版，第154页。

计是 8—9 蒲式耳".[①] 美国历史学家格拉斯（N.S.Gras）根据英格兰汉普郡一个庄园的记录，计算出一个中等农户在 1257 年的小麦平均产量也是 8 蒲式耳。[②] 贝内特在前人研究成果的基础上，首次计算了混合作物的平均亩产量。他计算出小麦、大麦和燕麦三种作物的每英亩混合产量为 11.4 蒲式耳，相当于现在的 9.12 蒲式耳（中世纪蒲式耳比现代蒲式耳少 20%）。[③]

　　侯建新教授在科斯敏斯基、波斯坦、希尔顿和利普森（E. Lipson）等著名史家研究的基础上，确定了 13—14 世纪英国中等农户的土地面积是 15 英亩，实际耕种面积是 10 英亩（三圃制），并进一步估算出了这个时期英国中等农户的劳动生产率是：每英亩产量为 10.32 蒲式耳或 237 公斤，折合成中国市制，相当于 1 市亩产 38 公斤；每个农户的劳动生产率是 10.3 蒲式耳 × 10 英亩 = 103 蒲式耳（或 2,369 公斤）。[④]这个结果与博尔顿宏观估算的结论非常接近，博尔顿在《中世纪英国经济 1150—1500 年》中指出，"估计一个 3000 居民的城镇每年至少要消耗 1000 吨粮食，相当于 4500 英亩土地的产量，或者是二圃制下 9000英亩的土地，或三圃制下 7500 英亩的土地的产量。"[⑤]博尔顿所说的产量显然是指一般产量，一英亩产 222 公斤，相当于 1 市亩亩产 37 公斤。

---

　　①　[英] 贝内特:《英国庄园生活》，龙秀清等译，上海人民出版社 2005 年版，第 67 页。

　　②　N.S.Gras, *The Economic and Social History of an English Village*, Harvard, 1930,p.69.

　　③　[英] 贝内特:《英国庄园生活》，龙秀清等译，上海人民出版社 2005 年版，第 67 页。

　　④　侯建新:《现代化第一基石》，天津社会科学院出版社 1991 年版，第 46—53页；其产量加入了什一税。

　　⑤　J.L. Bolton, *The Medieval England Economy 1150-1500*,JMDent & Sons Ltd London;Rowman & Littlefiels Totowa, NJ, 1980, p.123.

到 15、16 世纪，英国农业劳动生产率得到了进一步提高。农民对土地的占有不论从数量上还是占有程度上，都更加有利于耕作者，产量也进一步提高。首先，一个标准农业劳动力的持有地增加了。戴尔在其《社会变迁中的领主和农民》一书中指出，在农民中占有明显优势的不再是半维格特及其以上的持有者，而是一维格特及其以上的持有者。[①] 陶内的统计也表明，这个时期占有一维格特及其以上的大农增多，接近40%。[②] 就连最典型的农业萧条论代表波斯坦也不得不承认，总的来说，15 世纪农民占有土地的平均数量较13世纪时有所增加。[③] 其次，农作物产量显著增加。许多史学家对此进行了研究，法默估算了温彻斯特主教辖区1209—1453年的土地平均产出率，其结论中除燕麦种子产出率从 2.6 增加到 3.03 外，小麦和大麦呈现的是一种波动状态。[④] 巴斯和蒂托都估算了 1200—1349年的英格兰小麦每粒种子的产出比。巴斯的结论为：1200—1249 年为 1：2.9；1250—1299 年为 1：4.2；1300—1349 年为 1：3.9。蒂托的结论为1200—1249 年为 1：3.8；1250—1299 年为 1：3.8；1300—1349 年为 1：3.9。巴斯进一步估算出了 1200—1699 年英格兰小麦、黑麦、大麦和燕麦四种混合作物的平均毛产量：1200—1249 年为 1：3.7；1250—1499 年为 1：4.7；1500—1699 年为 1：7.0。[⑤] 克里德特对英格兰 1500—1599

---

① C. Dyer, *Lords and Peasants in a Changing Society*, Cambridge,1980, p.352.

② R.H. Tawney, *The Agrarian Problem in the Sixteenth Century*, Harper Torchbooks, 1967, pp.64-65.

③ M. M. Postan ：*The Cambridge Economic History of Europe*, Cambridge,Vol, 1.,1966, p.632.

④ D.L. Farmer, *Grain Yields on the Winchester Manors in the Later Middle Ages*, Ec.h. R., 2nd ser., 30 (1977), p. 560. 转引自：Carlo M. Cipolla, *Before the Industrial Revolution European Society and Economy, 1000-1700*, London, 1993, p.101.

⑤ Carlo M. Cipolla, *Before the Industrial Revolution European Society and Economy,1000-1700*, London,1993, p.101.

年的收获比的估算略高于巴斯，1500—1549 年为 7.4 ；1550—1599 年为
7.3。[①] 德马达莱娜根据巴斯的研究，估算 16 世纪前半叶英国和荷兰的小
麦平均产出比是 1 ： 8.7。[②] 伦纳德也以英格兰不同地区的证据证明了 15
世纪英国农业产量的增加。坎特伯雷大教堂的记载表明肯特郡艾迪沙姆
（Adisham）每英亩产量如下：小麦，12 蒲式耳；大麦，16 蒲式耳；燕麦，
20 蒲式耳。赫特福德郡安斯蒂（Ansty）案卷记载当地每英亩产量为：小
麦，8.25—8.5 蒲式耳；大麦，26.5—26.7 蒲式耳；燕麦，9.25—9.5 蒲式耳。
威斯托（Wistowe）案卷记载：大麦，23 蒲式耳以上。伦纳德说，以上数
据大部分均高于他本人掌握的 13、14 世纪英国亩产量的数据。[③] 艾伦以
牛津郡的遗产清册为依据，估算了该郡的每英亩作物产量：1550 年，小麦
9.0 蒲式耳，大麦 12.2 蒲式耳；1600 年，小麦 12.7 蒲式耳，大麦 14.9 蒲
式耳；1650 年，小麦 16.5 蒲式耳，大麦 17.7 蒲式耳；1700 年，小麦 20.6
蒲式耳，大麦 20.7 蒲式耳。[④] 贝内特也对英国小麦亩产量进行了研究，结
果发现从 1200 年至 1600 年有显著增长。1200 年为 8 蒲式耳；1450 年为 8.5
蒲式耳；1500 年为 9 蒲式耳；1550 年为 10 蒲式耳；1600 年为 11 蒲式耳。[⑤]
柯尔曼通过计算得出结论，单单 1450—1650 年两百年的时间内英国小麦
平均亩产就增加了 30%。[⑥] 波梁斯基指出当时最高亩产可达 35.4 蒲式耳，

①　P. Kriedte, *Peasants, Landlords and Merchant Capitalists:Europe and the World Economy, 1500-1800*, Cambridge,1983, p.22.

②　［意］奇波拉：《欧洲经济史》第二卷，贝昱、张菁译，商务印书馆 1988 年版，第 297 页。

③　Reginald Lennard, "The Alleged Exhaustion of the Soil in Medieval England", T*he Economic Journal*, Vol.32, No.125 (Mar.,1922), 24-25.

④　Robert C. Allen, *Enclosure and the Yeoman*, Oxford,1992, p.208.

⑤　M. K. Bennett, "British Wheat Yield Per Acre for Seven Centuries", *Economic History*, Vol.3,No.10 (Feb, 1935),pp.12-29.

⑥　D. C. Coleman, *Economy in England 1450-1750*, Oxford, 1982, p.41.

但他认为每英亩 16 蒲式耳是比较常见的。[1] 福塞尔也认为，英格兰小麦平均亩产大概可达 16 蒲式耳。[2] 尽管各家的估算或高或低，但 15、16 世纪农民收入的增加无疑是肯定的。因为，即使按对 16 世纪农业亩产量估计较低的艾伦的数据计算，中等农户的收入也有大幅度提高，艾伦估计的产量虽偏低，但她认为在 18 世纪敞田村庄转变为资本主义农场之前一般农场的面积是 65 英亩。[3] 侯建新教授在深入研究国外学者研究成果的基础上，以 20 英亩作为一般农户的土地数量，估算出三圃制下，16 世纪英国一个一般农户的劳动生产率大约为 240 蒲式耳合 5，007 公斤。[4]

虽然实际情况极其复杂，各家估算也不尽相同，但是中世纪英国农民已经有了普遍的积累，实现了现代意义上的经济增长，确实已为众多史家所接受。奈捷尔·苏奥（Nigel Sual）认为，在 13 世纪末期，英国半数左右的农户拥有 15—30 英亩土地，其生产的可供市场出售的谷物和牲畜产品的价值约在 10 先令至 2 英镑之间。[5] 戴尔认为，同时期的克立武庄园上，一个标准农户一年中可以拿出 1 英镑货币用于修葺房屋、制作衣物和购买其他家用。[6] 马斯切尔认为，由于农户出现了大量剩余农产品，14 世纪前半期，萨福克郡农民所生产农产品的 2/3 进入了市场。[7] 美国学者格

---

[1]　[苏] 波梁斯基：《外国经济史（资本主义部分）》，郭吴新等译，生活·读书·新知三联书店 1963 年版，第 46 页。

[2]　G. E. Fussell, *Farming Technique from Prehistoric to Modern Times*, London, 1966, p.94.

[3]　Robert C. Allen, *Enclosure and the Yeoman*, Oxford, 1992, pp.207-208.

[4]　侯建新：《工业革命前英国农业生产与消费再评析》，《世界历史》2006 年第 4 期。

[5]　Nigel Sual, *The Oxford Illustrated History of Medieval England*, Oxford University Press, 1997, p.151.

[6]　C.Dyer, *Standards of Living in the Later Middle Ages: Social Change in England c.1200-1520*, pp.110-114.

[7]　Phkllipp R Schofield, *Peasant and Community in Medieval England 1200-1500*, New York: Palgrave Macmillan, 2003, p.142.

拉斯根据汉普郡温彻斯特主教辖区的克劳利庄园的档案材料，对一个持有
16 英亩土地的中等农户的经济状况作了考察，得出结论：丰年（1257—
1258）的经济状况为：收入 61 先令 4 便士，支出 5 先令 9 便士，结余 55
先令 7 便士；凶年（1306—1307）：收入 42 先令 5 便士，支出 5 先令 9 便士，
结余 36 先令 8 便士。[①] 无论年景好坏，克劳利的农户都有很高的储蓄率。
侯建新保守估算了 13—14 世纪英国中等农户平均每年积累可达 14.8 先
令，储蓄率为 15%。[②] 一些富裕农民的积累更高，戴尔指出，克立武庄园
佃农罗伯特，刨除地租和什一税等税费负担以及家庭开销所需外的纯储蓄
量，在 1299 年为 1 英镑 18 先令（二圃制下）和 2 英镑 11 先令（三圃制
下）。[③] 康沃尔郡赫尔斯顿农民马秀的财产 1351 年共计 3 镑 6 先令零 8 便
士。据财政署统计，1327 年白金汉郡丁顿村十六户农户中，五户财产在 3
镑以上，这五户中有两户在 5 镑以上，有九户财产在 1—3 英镑；有两户
在 1 英镑以下的，一户 16 先令 8 便士，另一户 12 先令 6 便士。尼古拉
斯·布兰特的财产最多，总价值高达 5 英镑 15 先令 10 便士，分别是 2 匹
马价值 10 先令，4 头公牛价值 26 先令 8 便士，2 头小母牛价值 10 先令，
2 头猪价值 4 先令，12 只母羊价值 18 先令，10 只小母羊价值 10 先令，5
夸脱小麦价值 15 先令，6 夸脱的糖类作物价值 14 先令，2 夸脱豆类作物
价值 5 先令 4 便士，还有价值 2 先令 6 便士的草料。[④] 随着生产能力的发
展，15、16 世纪的农产品储蓄率进一步提高。1498 年，伍斯特郡坎普西

---

① 　N.S.Gras, *The Economic and Social History of an English Village*, Harvard, 1930,
pp.70-71.

② 　侯建新：《现代化第一基石》，天津社会科学院出版社 1991 年版，第 69、
73 页。

③ 　C.Dyer, *Standards of Living in the Later Middle Ages: Social Change in England
c.1200-1520*, p.115.

④ 　Clapp B W, Fisher H E S, Jurica A R J, *Documents in English Economic History:
England from 1000 to 1760*, London: G. Bell ＆ Sons Led, 1977, pp.106-108.

的一个农户家中被盗走了 3 英镑现金。[1]汉普敦郡一份遗嘱表明，该佃农拥有 1 雅德土地，遗产共计 13 镑 6 先令零 2 便士。另外还有一个佃农有半雅德土地，财产共计 9 英镑 2 先令。陶内估计，农民每交给领主一个便士，就往自己口袋里放进 6 个便士。[2]侯建新认为，16 世纪一个中等农户扣除各种消费和再生产的投入外，还有将近 1/3 余粮可以出售。[3]《泰晤士世界历史地图集》的编者认为，1500 年以后西欧绝大多数农民每年大约有 20% 的剩余产品。[4]经济力量壮大的农民必然要求获得更大的自由，要求挣脱中世纪义务的束缚。

二、经济领域的重大变化

中世纪经济领域的两个变化造成了农奴制赖以存在的经济基础——满足领主自营地的劳动力供应——发生了动摇，这两个变化是指货币地租取代劳役地租和领主自营地的出租。中世纪英国每个村庄一般都有一块数百英亩的领主自营地，其土地大部分分散在村庄敞田中，与维兰和自由佃农的土地混合在一起。这块领主自营地所需的劳动力从何而来呢？中世纪的领主自营地比现代农场需要更多的劳动力。犁地、耙地、种植、耕种、收割、运输、打谷——所有都用最原始的工具，而且主要在分割的小块土地上，需要大量的劳动力和一定的劳动力储备。与这种状况相应的要求就是要把村庄的居民限制在当地，并且要求他们服强制劳

---

① C.Dyer, "Peasants and Coins: the Uses of Money in the Middle Ages", *British Numismatic Journal*, 1997(67): 42.

② R.H. Tawney, *The Agrarian Problem in the Sixteenth Century*, Harper Torchbooks,1967,p.120.

③ 侯建新：《社会转型时期的西欧和中国》，高等教育出版社2005年版，第45页。

④ 《泰晤士世界历史地图集》，生活·读书·新知三联书店1985年版，第178页。

役。换句话说，农奴制的存在是因为领主自营地的存在。14 世纪的案卷表明，一个 600 英亩的农场长期雇佣的劳动力是 2—3 人，偶尔还会额外雇佣极少数人。12 或 20 个维兰佃农每周在领地上劳动三天，除了负责大部分的运输、堆垛和脱粒工作之外，还要进行以下劳动，秋季为越冬作物犁地，春季为春作物犁地，大部分的割干草和割谷物工作。这使得大型领地农场在只有少量额外雇佣劳动的情况下很容易经营。祖祖辈辈都是这么做的。因此，只要中世纪的耕作制度保持完整，农奴制就会继续存在，因为有产者阶层需要农奴——也就是被束缚在他们庄园上的人——劳动。[①]

　　然而，两个方面的重要变化，使中世纪英国的农耕制度发生了根本变化，动摇了农奴制的经济基础。首要变化是货币地租取代劳役地租。大总管（Stewards）允许维兰佃农"购买他们的劳动"，也就是支付与一天劳动等价的货币来代替实际的个人劳动。库克萨姆（Cuxham）的管家（bailiff）1316 年在他的账目中记到："理查德冬季的劳动出售了 2 先令 6 便士；亚当·布雷（Adam Brain）冬季的劳动售价 2 先令 6 便士；乔安娜·布恩切奇（Joanna Bonecherche）冬季的劳动卖了 15 便士。"[②]1304 年在威尔伯顿（Wilburton）"260 项冬季劳动被以每项劳动半便士价格售出"[③]。达累姆1358 年一项记录记载："在米迦勒节艾伦的儿子托马斯以 4 先令 3 便士买下了他的秋季劳动。"1279 年牛津郡的瓦特灵顿（Watlington），"休·卡特（Hugh Carter）将要每年为自己的劳动支付 8 先令，这些先令可以在领

---

　　①　Edward P. Cheyney, "The Disappearance of English Serfdom", *The English Historical Review*, Vol. 15, No. 57. (Jan., 1900),pp.20-37.

　　②　J.E.T.Rogers,*A History of Agriculture and Prices in England*,Vol. ii,Oxford,1866,p.618.

　　③　Maitland, "History of a Cambridgeshire Manor", *English Historical Review*, ix. 419, July 1894.

主的意志下折算为等价的其他劳役"①。中世纪英国类似以上事例的折算记录很多，在从劳役向货币的折算中，领主对固定的"周工"的折算似乎大多欣然接受，但却不太情愿放弃"布恩工"（boon works）或一年中最忙时期的特殊劳役的具体形式。克拉潘对"周工"的折算意义给予了很高的评价，他说："'周工'制度曾被认为是检验维兰身份的一种正规方法。当周工制度一度成为一种正规的制度而又衰落下去时，整个法律和经济体系（周工制度是其一部分）便被削弱了。"②学者们一般都认为13世纪是劳役地租折算为货币地租的关键时期。米勒和哈奇尔认为，在英国，货币地租取代劳役地租于13世纪末叶逐渐流行起来。③科斯敏斯基认为，到13世纪货币地租已经在英格兰占主导地位。④黑死病后，由于人口锐减，劳动力缺乏，雇工工资一再上涨，货币地租的推行曾出现了反复。然而，货币地租的推行是英国一系列日臻成熟的社会条件的产物，其对劳役地租的取代是不可逆转的。只要折算在发展，必定对农奴制造成相当程度的颠覆，维兰佃农的地位必定因此提高。只要佃农对领主的劳役完全转变为货币支付，他们的地位就容易变成为货币地租佃农，因此几乎和自由持有农没有区别。马克思指出，"在英国，农奴制实际上在十四世纪末期已经不存在了。当时，尤其是十五世纪，绝大多数人口是自由的自耕农，尽管他们的所有权还隐藏在封建的招牌后面。"⑤

---

①　Edward P. Cheyney, "The Disappearance of English Serfdom", *The English Historical Review*, Vol. 15, No. 57. (Jan., 1900),p.33.

②　［英］约翰·克拉潘：《简明不列颠经济史》，范定久、王祖廉译，上海译文出版社1980年版，第158页。

③　E.Miller and J.Hatcher,*Medieval England—Rural Society and Economic Change 1086-1348*, Longman London and New York, 1978, p.124.

④　E.A.Kosminsky,*Studies in the Agrarian History of England in the Thirteenth Century*, Oxford, 1956, p.196.

⑤　《马克思恩格斯选集》第二卷，人民出版社1972年版，第222页。

从根本上动摇中世纪耕作制度的，是领主领地的出租。这是影响农奴制存在的第二个变化。大庄园在 1300 年前后比较繁荣，但它们的利润空间却非常狭窄。随着农业生产率的提高，农民普遍富裕，造成村庄贫苦人口减少，粮食价格大跌和劳动力价格上扬。这种情况使领主的利润降低到最低点，或者根本无利润可言。更重要的是，在这种面向市场、依靠工资劳动者的经营方式中，领主和庄官管理下的旧体制显得极不得力，更何况还有富裕农民雇佣经济的竞争，所以往往入不敷出，常年亏损。于是领主改变了经营策略，转而以货币地租形式出租领地。领地的出租早在黑死病之前即已出现。例如：1309 年达累姆教会的女修道院，以一定的租金把她们沃德莱（Wardley）的庄园连同除了所有已定的固定租金、磨坊、庄园法庭利益、泰恩河（Tyne river）渔场、海宁斯（Hynings）和霍特莱尔（Hoterell）森林以外的属于它的所有森林等，租佃给了阿拉斯特（Arast）的安德鲁·波维内（Andrew Boveney），租期 7 年。安德鲁和他的继承人和受让人除了女修道院在制定这个协议时拥有的劳役和维兰惯例劳动外，不能向两个赫沃斯（Heworths）村庄村民索取任何东西。又如，大约在 1426 年，包括 246 英亩耕地和 42 英亩草场的剑桥郡威尔伯顿（Wilburton）庄园的领地，被以每年 8 镑的巨额资金租给了该庄园的一个维兰佃农。从此后总是把"履行劳动的全体惯例佃农的劳动和经常性的赋税"出租。下面列出了英国一些领地开始出租的时间：牛津默顿学院（Merton College）的艾布斯通（Ibstone）和盖姆林盖（Gamlingay）始于 1300 ；达累姆女修道院的沃德莱始于 1309 年；默顿的贝辛斯托克 (Basingstoke) 和沃尔福德（Walford）分别开始于 1310 年和 1322 年；达累姆的比林汉姆（Billingham）、东雷顿（East Raynton）、贝拉希思（Bellasis）分别开始于 1364 年、1370 年和 1373 年；赫特福德郡的斯坦顿（Standon）开始于 1376 年，该郡的贝福德（Bayford）和艾辛顿（Esyndon）开始于 1385 年；圣保罗（St. Paul's）的内弗斯托克（Navestock）开始于 1421 年；伊利（Ely）的威尔伯顿始于 1426 年。① 以下是一位调查者以 10 年为一组统计的领地出租数据：1350—1360 年，1 个庄园；1360—1370 年，4 个庄园；1370—1380 年，13 个庄园；1380—1390 年，12 个庄园；1390—1400 年，20 个庄园；1400—1410 年，5 个庄园；1410—1420 年，19 个庄园。此外，1420—1440 年，有 16 个庄园，单 1440 年就有 14 个庄园。除了这些整体出租领地的例子外，还有一些情况下领地被支付货币的佃农成功进行部分租佃。这些数字在 14 世纪和 15 世纪早期似乎增长得相当平稳；但绍罗德·罗杰斯（Thorold Rogers）比其他任何研究者都检验了更多的庄园档案手稿，他把这个变化与 1348 年和 1349 年的黑死病紧密地联系了起来，把它归因于工资上涨过高造成的大农场的经营困难。总之，无论原因如何，也无论确切的开始时间如何，14 世纪和 15 世纪静悄悄的革命在进行着。到 1534 年，至少在庄园土地上，变化是普遍的，因为在《耶稣智慧书——勇气篇》（Valor Ecclesiasticus）或教会土地收入记录中，庄园农场的价格总是以年租金的形式给付。② 陶内也说："至 16 世纪中期，每 100 座庄园中就有 99 座的自营地已出租，并且，其中绝大部分可能是在更早时期出租的。"③ 从而，在这个时期内庄园领主不再是大领主，而是变得更加接近现代类型的地主。

领主退出领地的直接经营，必定会影响到其在农奴制上的利益。数百年来依靠土地生活的需要和这种需要延续的主要动机，现在改变了。当庄园领主不再亲自经营自己的土地时，他们就不再关心庄园劳动力的供应了。以前领主通过以劳役为主的庄园义务对维兰进行的超经济强制，现在已经失去了

①　Edward P. Cheyney, "The Disappearance of English Serfdom", *The English Historical Review*, Vol. 15, No. 57. (Jan., 1900),pp.34-35.

②　Edward P. Cheyney, "The Disappearance of English Serfdom", *The English Historical Review*, Vol. 15, No. 57. (Jan., 1900),pp.35-36.

③　R.H. Tawney, *The Agrarian Problem in the Sixteenth Century*, Harper Torchbooks,1967,p.30.

存在的基础。在这样的背景下，维兰对领主的人身依附关系就松弛并最终消失了。领地土地出租租约确实包括承租人方面有权征收没有被固定折算的维兰劳役。前面引用的沃德莱的租约授予承租人征收两个相邻村庄的维兰劳役的权利，因为在订立租约时有征收惯例；其他案例中也有类似的情况。但领地承租人能够执行这些要求的可能性极小。他们当然可以求助于庄园领主，领主也会在自己的法庭强制执行劳役，如果维兰逃跑了还可以通过上级法庭的判决把他追回，然而，实际情况是，当出租领地维兰逃亡时，庄园领主追回维兰的兴趣往往不是太高，而承租人自己本身对维兰佃农又束手无策。在一些情况下，领地承租人还会把部分领地转租，这样大耕作的整体实践就暂停了。庄园领地从政治权威和社会影响力很强的庄园领主手中转入普通佃农手中经营，这样维兰制度肯定不会再保持其优势地位。

当然，在领地出租后，除了保障领地稳定的劳动力供应的劳役失去意义外，农奴制确实有另外一些附属物对领主是有价值的，如婚姻捐（merchet）、不贞费（leyrwite）和继承税（heriot）等。但由于货币折算和领地的出租，这些义务也逐渐失去了本来意义。只有在大量佃农保持农奴身份的状态下，庄园主的行政机构组织起来，庄园体系才能够有效地运转。但当领主对领地的直接经营结束，农奴制存在的现实基础就消失了，庄园制度下依附佃农的附属权利和义务也将会逐渐被忽视或忘记。由于劳役折算为货币地租的增加，庄园法庭的活动越来越少，庄园法庭判决佃农罚金的案例的大量减少，就是证明。

庄园领主不会主动放弃他们对维兰劳役和赋税的"合法"权利，但在广大农民普遍富裕起来的条件下，他们不得不正视这种变化。在13世纪或14世纪，如果因为佃农逃跑，或没有亲属的维兰佃农死亡，或者因其他原因，土地重新回到领主手中，就会被"以旧惯例劳役"重新授予其他维兰，有时甚至是强迫授予的。因为这些劳役是领主需要和希望得到的。但是到15世纪如果这样的土地被重新授予，佃农通常只需缴纳一笔很小的货币租金。领主不再特别坚持强制执行劳役。不仅很多维兰个体通过各种途径成为了自由人，而且维兰制度，至少作为一种现实的奴役状态，也逐渐变得不合时宜。农奴义务实际上不再存在了。"农奴"称号有时还会出现，但已经失去意义。16 世纪仍有很多释放"农奴"的事例，但是这些仅仅意味着免除惯例佃农可耻的称号。英国的农奴制度在 15 世纪以后，也可能在 14 世纪以后，就变成了一种历史的记忆。①

第三节　影响自由农发展壮大的其他因素

英国自由农阶层的兴起无疑得益于中古多元的政治和法律体系以及庄园习惯法的特殊地位，以此为保障，英国农民个体力量才得以发展壮大，并形成了自由农这样一个特殊的阶层。然而历史的发展变化是多种因素相互作用的结果，影响自由农发展的因素有很多，除前文提到的因素外，人口和王室的干涉、农业生产技术进步和农民土地面积的增加等因素在其中也发挥了一定的作用。

一、黑死病的影响

1348 年 6 月，黑死病从欧洲大陆传入英国，随后以较快的速度在全国范围内蔓延，1349 年春，天气变暖，瘟疫迅速席卷全国。瘟疫大规模的集中传播，急剧改变了英格兰的人口状况。学者研究表明，黑死病造成了英国人口的急剧下降。"与死者接触较多的受俸教士的最大死亡率代

---

① Edward P. Cheyney, "The Disappearance of English Serfdom", *The English Historical Review*, Vol. 15, No. 57. (Jan., 1900),p.37.

表了当时总人口死亡率的上限，约为 45%；而生活条件优越的大领主的死亡率当为总人口死亡率的下限，约为 27%；而作为普通大众的主要组成部分，乡村劳动者死亡率在 40% 左右；……当时整个英国的总人口死亡率约在 30% 和 40% 之间。"①死亡人群中，从年龄结构看，死亡率最高的是婴幼儿和青壮年；从性别结构看，男性死亡率高于女性；从城乡差异看，城市高于乡村；从地区差异看，人口密度高的地区高于人口密度低的地区。虽然乡村人口死亡率低于城市，但也不能小觑其危害。1348 年 10 月 31 日汉普郡蒂奇菲尔德的法庭文书显示，近日有 8 个农奴死亡，仅一个星期后，又有 25 个农奴死亡。②

黑死病后出现的人口减少，不仅造成大量的土地荒芜，增加了农民的人均土地数量，而且造成了劳动力的缺乏，从而形成了有利于农奴解放的社会环境。"1352 年的一份皇家文献显示，在朴茨茅斯的海林岛，'因为在瘟疫流行中死者甚众，奴仆和劳力都不可寻，当地居民悲惨地陷入了贫困之中'"。③达累姆女修道院赫沃斯（Heworth）村庄的陪审团概括了1373 年的普遍形势：在第一次黑死病之前每个佃农有一块独立的持有地，现在每个人有三块。④黑死病爆发使社会处在动荡之中，人口流动空前加剧，有逃亡避难的，有朝圣乞福的，但更多的是劳动力的迁徙。为此，国王政府采取了种种限制人口流动的措施，其中最为严格、影响最大的当属《劳工法令》的颁布。1349 年 6 月 18 日，爱德华三世颁布《劳工法令》，

---

①　Philip Ziegler, *The Black Death*, p.181.

②　李化成：《黑死病期间的英国社会初揭（1348—1350 年）》，《中国社会科学》2007 年第 3 期。

③　李化成：《黑死病期间的英国社会初揭（1348—1350 年）》，《中国社会科学》2007 年第 3 期。

④　R. H. Hillton, *The Decline of Serfdom in Medieval England*, The Macmillan Press Ltd, 1983, p. 33.

明确限制身强力壮的劳动人口迁徙："王国之内凡身强力壮之男子和女人，年龄在 60 岁以下者，无论自由的或不自由的，若非靠经商或做活为生，或无钱财、土地以维持生存，并且他们没有为其他人劳动，就须从事让他们做的工作。并且，其酬金、口粮、薪水的支付，都须以朕即位后第 20 年（即 1346 年）的当地惯例为准。"① 虽然，学者们对该法令的实际效果存在较大争议，但它确从一个侧面反映了黑死病造成的人口和劳动力短缺问题的严重性。人口的减少同样造成了自由人的缺乏，在一些地区甚至出现了教士阶层后备力量的不足。为保障教士阶层的补充，一些农奴被释放了。以下释放令就是最好的证明："出于对基督的完全的信仰，约翰以埃克斯特（Exeter）上帝的主教的仁慈的名义呈现的这份证书将永远被领主认可。众所周知，我们已经释放并使证书中列出的曲达姆（Chudeham）庄园的农奴——罗杰·劳伦斯的儿子威廉·劳伦斯获得了全部自由；以便于将来他能够被任何一个天主教主教提升到教士阶层。一切证词形成于 1331 年 6 月 15 日的法恩登 (Farndon)。"②

通过上述分析，不难看出黑死病的爆发，对封建农奴制度的瓦解起到了催化剂的作用，一个原本被认为绝对不可动摇的封建秩序即将崩塌。

二、王室干涉

征服者威廉在英国建立了强大于欧洲大陆国家的王权，要求自己在英格兰的各级附庸都要向国王进行效忠宣誓，如果国王的直接封臣向下级进行分封时，受封人宣誓既要效忠国王也要效忠自己的直接封主。1086 年

---

① 李化成：《黑死病期间的英国社会初揭（1348—1350 年）》，《中国社会科学》2007 年第 3 期。

② Edward P. Cheyney, "The Disappearance of English Serfdom", *The English Historical Review*, Vol. 15, No. 57. (Jan., 1900),pp.20-37.

8 月威廉一世在索尔兹伯里进行盟誓大会：全体领主都向威廉一世行臣服礼，宣誓永远效忠国王，反对国王的任何敌人。此次会盟之后，在英国的各级封臣，无论是否直属于国王，都是国王的附庸。这一分封形式的确立，导致国王对各级封臣的财产能够直接支配，对各级封臣进行人身控制，使得英格兰的封建制与欧洲大陆有了明显区别。后来出台的《克拉伦登法令》（1166 年）与《北安普顿法令》（1176 年）都明确规定：王室法庭独享对重罪嫌犯的审判权利。亨利二世颁布法令，对自由人权利进一步做出明确规定，缴纳一定费用后自由人就可以到王室法庭诉讼。如此，就削弱了地方领主权力，加强了王权，客观上有利于自由农发展。如果自由农与其领主发生争执，诉讼将在庄园民事法庭进行，这个法庭级别更高，自由农自身就是法官。当王室法庭直接受理自由农诉讼时，庄园民事法庭就无权受理案件了。《克拉伦登法令》在 1166 年的颁布标志着巡回审判制度的形成，依据该法设立了王室名义下的巡回审判法庭，该法庭巡回全国，强化了对地方的控制，扩大了王室法院司法管辖权，提高判案质量。任何不相信地方法庭的自由农都能向巡回法庭上诉，这样领主的胡作非为就受到了极大的限制。"司法令状制度"在亨利二世时期出现，国王和法官设计了种类繁多的令状，向任何自由农出售。令状最初目的是为了强化王室法庭对庄园法庭的监督，维护司法公正，同时还能因诉讼增多来增加王室收益，这种制度出现的客观后果是王室法庭逐渐替代领主法庭。自由农可以越过领主法庭，直接向王室法庭上诉，虽然花费会很大，但为了免受领主的侵害，维护自身权益，自由农还是愿意到王室法庭诉讼。

上述史实表明，英国王权存在对领主庄园干涉的法律依据，实际情况是王室干涉在农民自由的扩张方面是经常出现的。王室干涉为农奴的合法斗争提供了许多可能取胜的机会。为了王室的经济利益和削弱诸侯的势力，加强王权，国王对于农奴的解放表现出比一般领主更大的积极性。英国中世纪相关法律虽然首先是维护领主对佃农的统治和剥削的工具，但实际上由于马尔克民主传统的影响和多元法律体系的并存，也存在有利于自由的条款。例如：城市习惯法规定，任何农奴在一个特权城市平静地住满一年零一天，他就和市民一样被吸纳入公共行会，他将因此从农奴身份下解放出来。① 在判定佃农身份的案例中，王室法庭长期坚持对自由的支持。如，当陪审团不能断定身份不明的人是维兰还是自由人时，法庭就认定其是自由人。在庄园法庭裁定佃农身份，似乎是只需被控佃农邻居来证明其身份的一个简单问题，但如果该问题提交到王室法庭，就变得更加复杂了。领主必须首先找到法庭授予他占有农奴的法律令状，而被宣布为维兰的人从而相应有权拥有一份证明其对领主的农奴身份负担的令状，领主方面对维兰的诉讼因此面临许多困难。同样，如果领主一旦让农奴出席领主法庭为自己作证或提供法律担保或证明自己无罪，国王就以同样的方式认定该农奴是自由人。法律对自由的支持还具有更加广泛的原则。在 15 世纪任何私生子都是自由的；因为对他的父亲一无所知，他不能被证明沿袭了父系的维兰血统。② 因此，由于王室的介入，法律中有利于自由的规定成为可以实现的现实，客观上有利于农奴的解放。而经济力量壮大起来的农民利用法律维护自身利益的能力也必然会相应提高。

三、农业生产技术的进步

中世纪晚期是英国农业生产技术和耕作制度重要的发展时期，农业生产技术和耕作制度的改进，无疑提高了农作物产量，增加了农民个体经济力量，有利于农奴解放。

---

① Edward P. Cheyney, "The Disappearance of English Serfdom", *The English Historical Review*, Vol. 15, No. 57. (Jan., 1900),p.28.

② Edward P. Cheyney, "The Disappearance of English Serfdom", *The English Historical Review*, Vol. 15, No. 57. (Jan., 1900),pp.20-37.

首先，农业生产技术的进步。中世纪晚期生产技术进步主要表现为重犁和马力的使用和推广。中世纪早期，英国农民普遍使用轻犁，后来重犁代替了传统的轻犁在英国应用和推广，到中世纪晚期，英国农民已普遍使用重犁。重犁是一种装有轮子的新型犁具，能够深翻西欧黏稠的土壤，保持土壤充分的透气性。相较于需要反复犁耕几次的轻犁而言，重犁只需深耕一次，既有利于洼地的灌溉，也有利于精耕细作。重犁的推广，对于人口下降、劳动力短缺的中世纪晚期的英国农业来说，不仅耕作质量提高了，还节约了人手，有明显的优势。重犁的推广使用意义重大。

中世纪早期，英国农业主要使用牛耕。在《末日审判书》中，牛耕占绝对优势，马耕数量占比仅在5%—10%；12世纪上半期，马力在庄园中的使用比例逐渐提高；到12世纪末，马力在领主自营地的使用比例上升至10%—15%，东盎格鲁一些地方达到30%。[①]13、14世纪马力在农业生产中的使用迅速增长。东诺福克地区圣·贝内特（St.Benet）修道院的庄园已经大量使用马力进行农耕。[②] 伍斯特郡3个庄园中，马力在农耕中的使用比例分别达到17%、0%、70%。[③]1291年，圣·贝内特修道院的两处地产上，有2头牛和2匹马组成的犁耕队；在阿克尔（Acle）地产上，3匹马和4头牛组成2个犁耕队。1343年，瑞斯特比庄园，有的农户已完全使用马耕，据记载，一户拥有26.5英亩土地的农户拥有3匹马，其中2匹用于耕犁土地，1匹用于耙地。[④] 黑死病以后，马力在农业生产中的使

---

① J.H.Langdon,*Horses,Oxen and Technological Innovation:The Use of Draught Animals in English Farming from 1066-1500*,Cambridge,1986,pp.26-33.

② B.M.S.Campell, "Agricultural Progress in Medieval England:Some Evidence from Eastern Norfolk",*The Economic History Review*,New Series,Vol.36,No.1,p.37.

③ C.Dyer,*Lords and Peasants in a Changing Society*,Cambridge,1980,p.327.

④ B.M.S.Campell, "Agricultural Progress in Medieval England:Some Evidence from Eastern Nurfolk",*The Economic History Review*, New Series,Vol.36,No.1,pp.37(n.34),38.

用已经成为普遍现象。

　　其次，除了重犁和马力的推广外，农业生产技术的进步，还体现在耕作制度的改进和精细化。

　　中世纪晚期是英国耕作制度发生变化的重要时期。其表现之一是三圃制的普遍推广。所谓三圃制，就是将土地划分为三部分，三分之一春耕，三分之一秋耕，另三分之一休耕，耕地以三年为期轮作。与二圃制相比，三圃制提高了土地利用效率，农作物种植面积扩大了1/2，增加了粮食作物种植种类，粮食产量可以提高1/3至1/2。三圃制最早出现于西欧大陆修道院庄园，12世纪引进英格兰，到14世纪得到广泛推广。例如，13—14世纪，伍斯特郡与格洛斯特郡毗邻的地区，已经从二圃制转变为三圃制，极大地扩大了饲料作物的种植面积。[①] 英国著名经济史家克拉潘指出"在公元1300年时，可以肯定地说差不多都采用了三圃制"。[②]

　　作物轮种制代替三圃制是中世纪晚期英国耕作制度改进的又一表现。这种耕作制度下，休耕地不再抛荒，至少可以降低休耕年限，土地轮休周期由三年一轮，延长到四到六年一轮。节约出来的休耕地用来种植饲料作物，如豆类、芜菁、苜蓿等。豆类作物的种植面积的扩大，既增加了人们饮食中植物蛋白的摄入量，又因其固氮作用提高了地力，还为牲畜提供了优质饲料。牲畜也不再放养，或者减少放养的数量，而是利用休耕地种植的饲料加以圈养，增加牲畜的饲养量，积累更多的粪肥以利于种植。1268年至1269年诺福克郡南沃什汉姆 (South Walsham) 伯爵的地产上出现了废除休耕地的最早记录；从14世纪开始，英格兰各地废除或减少休耕地的记载逐渐增多。1350年后的八十年中，诺福克郡18处地产上休耕地的面

---

　　① 　C.Dyer, *An Age of Transition?Economy and Society in England in the Later Middle Ages*, Oxford University Press, 2005, p.72.

　　② 　[英] 约翰·克拉潘：《简明不列颠经济史》，范定九、王祖廉译，上海译文出版社1957年版，第115页。

积只占全部耕地的 13.5%。[①] 休耕地的减少增加了农作物种植面积，促使农民采取劳动密集型田间管理。多次耕作，大量施肥，除了自己羊圈的粪肥外，甚至还用船从外地运来肥料。[②] 作物轮种制的改进，提高了农作物产量，有利于农民收入的提高。

农牧结合的土地轮作制度是中世纪晚期英国农业耕作制度改革的又一重要表现。这种耕作制度率先出现于 14 世纪中期之后的中部米德兰地区和南部地区。16—17 世纪大面积推广，被农民普遍采用。为了提高生产效率，增加收益，人们把土地在耕地和牧场之间周期性依次轮换。英国的粮食产量提高了，使英国比大陆较早地摆脱了饥荒的困扰。1430 年以后，英格兰的饥荒基本消失了。[③]

四、农民土地占有面积的扩大

中世纪晚期，尤其是大饥荒和黑死病以后，英国人口下降，劳动力奇缺，大量土地荒芜，庄园组织名存实亡，农奴解放为自由农，土地获得相对容易。英国自由农土地面积随之相应扩张，这一现象对自由农的发展也起到了很大的促进作用，同时也是自由农发展壮大的表现。

这一时期，自由农占有土地面积能够扩大的原因之一是，劳动力缺乏。因此，领主放宽了土地租赁条件，如减少土地进入税，以佃农增加劳

---

① B.M.S.Campell,"Agricultural Progress in Medieval England:Some Evidence from Eastern Norfolk",*The Economic History Review*,New Series, Vol. 36, No.1. (Feb, 1983),pp.28-29.

② C.Dyer, *Standards of Living in the Later Middle Ages: Social Change in England c.1200-1520*, p.127.

③ C.Dyer,*An Age of Transition? Economy and Society in England in the Later Middle Ages*,Oxford University Press,2005,p.14.

动力。例如，伍斯特郡主教地产与伯克郡领主地产都通过这种手段，增加了租地佃农的数量。自由农扩张土地的另一途径是通过购买、联姻、获得无主地（领主死亡、佃农迁徙放弃导致的荒芜土地）等方式实现的。例如，达勒姆郡考平比尤利（Cowpen Bewley）的自由农威廉·怀特（William White），1480 年继承了其父亲的遗产：30 英亩土地，2 处茅舍。1482 年，他购买了 20 英亩土地，使其土地从 60 英亩增加到 80 英亩。萨福克郡布拉姆菲尔德（Bramfield）的约翰·梅尔（John Mell），1461 年继承了 48 英亩的土地，1478 年其土地数量增加到了 150 英亩，他扩张土地的主要途径是购买和租赁。[①]

　　如果上述事实是个案的话，我们不妨从英国自由农阶层整体占有土地面积的变化来进行考证。我们将 13 世纪英国农民占有土地状况和 15 世纪英国自由农占有土地状况做个比较，其结果就不言自明了。

　　首先，我们了解一下西方学者对 13 世纪英国农民土地占有情况的分析和论证。希尔顿认为，虽然当时英国有不少土地持有者持有土地面积在 12—15 英亩，甚至更多，但大多数农民的土地在 5 英亩之下。[②] 科斯敏斯基在研究了大量百户区档案后，得出结论，如果 12—15 英亩土地能够满足当时一个家庭的基本生活需要，那么，1280 年英格兰中东部地区至少有 42% 的农村家庭无法满足生活所需。[③] 著名经济史家波斯坦对 12 世纪末和 13 世纪中叶的教俗大地产进行分析研究，得出的结论是：典型的中世纪农民拥有稍多于 1/4 维格特，但少于 1 维格特（30 英亩）的传统佃农

　　① C.Dyer, *Making a Living in the Middle Ages*, Yale University Press, 1988, pp.357,361.

　　② R.H.Hilton, *The Decline of Serfdom in Medieval England*, The Macmillan Press,1983, p.15.

　　③ E.A.Kosminsky, *Studies in the Agrarian History of England in the Thirteenth Century*, Oxford,1956, pp.216-223.

的人数，低于总数的30%。这个数据很少低于总数的20%，但也不会高于总数的1/3。[1] 他对南威尔特郡达默勒姆（Damerham）庄园和马丁（Martin）庄园的研究表明，209户纳税佃农中，拥有1维格特以上（含1维格特）土地的农户有66户，约占总量的30%。由于纳税佃户不包括免于征收动产税的下层农户，因此，波斯坦估算，持有1维格特以上土地的农户在全体农户中的比例不会低于30%。[2] 戴尔（Christopher Dyer）认为，克利夫（Cleeve）教区拥有不足15英亩土地的农户占比平均为42%—45%之间，人口稠密的东盎格鲁地区甚至高达80%，全英格兰土地不足15英亩的农户占比平均为50%。[3] 由此不难看出，13世纪末占地15英亩左右及不足15英亩的农户属于英国乡村社会中的中间阶层。

　　然而，15世纪，农奴制解体后的英国自由小农持有土地的数量明显增加了。占地不足15英亩的农民成为了乡村社会中相对贫穷的少数。例如，肯特郡伊卡姆（Ickham）在13世纪末拥有9英亩以下（含9英亩）土地的农户为41—51户，拥有30英亩或更多土地的农户为7户，拥有150英亩土地的仅为2户。到1492年，拥有9英亩以下土地的农户减少为不足30户，有些农户持有土地多达240英亩、141英亩和80英亩。[4] 英格兰中部米德兰地区大部分村庄，1500年多数农户至少持有40—50英亩土地，小土地持有者的数量大大减少了。[5] 考古工作者在赫里福德郡的考尔德科特

----

① 　[英]M. M. 波斯坦：《剑桥欧洲经济史》第一卷，王春法等译，经济科学出版社2002年版，第530页。

② 　M.M.Postan, "Village Livestock in the Thirteenth Century", *The Economic History Review*, New Series, Vol.15, No.2.(1962),pp.225-226.

③ 　C.Dyer, *Standards of Living in the Later Middle Ages:Social Change in England c.1200-1520*, Cambridge, 1989,p.120.

④ 　C.Dyer, *Making a Living in the Middle Ages*, Yale University Press, 1988, p.357.

⑤ 　C.Dyer,*An Age of Transition? Economy and Society in England in the Later Middle Ages*, Clarendon Press, 1977, p.7.

（Caldecote）发掘出 15 世纪末一家农户的 2 个谷仓遗迹，每个都超过 60 英尺长，可以储存 160 英亩土地收获的谷物。[1] 戴尔对英国中东部两个村庄 13 世纪中期和 15 世纪中期的农户土地持有情况进行了比较研究，进一步说明了农民土地持有数量的变化。其中，亨廷顿郡的赫勒维尔（Hiywell）村：1252 年共有自由持有农和惯例持有农 56 户，持有土地分别为 30 英亩以上 2 户，占比 4%，26—29 英亩 0 户，12—18 英亩 18 户，占比 32%，11—17 英亩 0 户，10 英亩 36 户，占比 64%；1451 年惯例佃农和租地农总数为 49 户，30 英亩以上为 7 户，占比 14%，26—29 英亩 1 户，占比 2%，18—25 英亩 12 户，占比 25%，11—17 英亩 9 户，占比 18%，10 英亩 20 户，占比 41%。累斯特郡斯托顿（Stoughton）村：1341 年自由农、惯例佃农和租地农共有 62 户，其中拥有 31 英亩以上土地的 2 户，占比 3%，拥有 24—30 英亩土地的 25 户，占比 40%，拥有 12—23 英亩土地的 3 户，占比 5%，拥有 11 英亩以下土地的农户 32 户，占比 52%；到 1477 年该村共有自由农、惯例佃农和租地农农户 24 户，其中拥有 31 英亩以上土地的 14 户，占比 58%，拥有 24—30 英亩土地的 3 户，占比 13%，拥有 12—23 英亩土地的 3 户，占比 13%，拥有 11 英亩以下土地的农户 4 户，占比 16%。[2]

　　当然，这一时期英国农民手中掌握的土地数量各地情况会存在差异，但英国绝大多数农民的土地面积事实上有了增加，平均土地占有量有很大提升，小农数量迅速减少。这些对农民争取自由和权利，摆脱封建义务，无疑是非常有利的。

---

　　① 　D.Gaimster, P. Stamper, *The Age of Transition: The Archaeology of English Culture 1400-1600*, The Short Run Press, 1997,p.7.

　　② 　C.Dyer, *Standards of Living in the Later Middle Ages:Social Change in England c.1200-1520*, Cambridge, 1989,p.141.

第四节　16—19 世纪自由农阶层发展演变原因剖析

15 世纪英国农奴制解体后，自由农的发展经历了短暂的"黄金时代"（15—16 世纪），随即开始改变发展轨迹，从 16 世纪开始，一直到 19 世纪，英国自由小农阶层经历了几个世纪的衰败，其占全体人口的比例越来越低，甚至很难被称为一个独立的社会阶层。那么，是什么原因导致这一状况发生的呢？英国自由农民在 16 世纪至 19 世纪的衰落，无疑是英国社会发展的结果，寻找其原因只能从英国社会历史本身入手。

首先，圈地运动是自由农阶层在 16 世纪以来逐渐趋于衰落的直接原因，几乎是毫无争议的公论。圈地运动导致大量农民丧失土地，不得不进入第二和第三产业，或者沦为农业雇佣工人。关于圈地运动对自由农的影响，本书"自由农阶层的分化"部分有更加详实的论述，在此不再赘述。

其次，农业革命是英国自由农阶层衰落的背后推动力。英国农业革命于 17 世纪末 18 世纪初发端，一直持续到 19 世纪中叶，英国农业耕作技术和耕作制度发生了许多重大变化。农业革命的成就首先体现在四茬轮作制的推广。率先主张以轮作制取代休耕制的是剑桥大学教授布拉德利，乔治二世时期唐森德勋爵在其基础上，"创造了'诺福克轮作制'（分四茬轮作制和六茬轮作制），轮作制解决了保持土壤肥力和提高生产效率的两难问题"[①]。其次，农业革命的又一重要内容是引进与推广新作物。英国 16 世纪引入芜菁，18 世纪上半叶大规模推广。这一时期被引入英国的重要饲料作物还有苜蓿等，这些作物的种植不仅保障了充足的饲料供应，也保证了充足的鲜肉供应量。在引进和推广粮食作物方面，马铃薯是重要

---

① 赵煦：《英国城市化的基本前提——农业发展与农村劳动力的转移》，《兰州学刊》2007 年第 9 期。

成果，马铃薯在 18 世纪中叶已成为英国食物的重要补充。这一时期农具和农艺都改进了。农具制造中铁的使用量增加了，劳动工具改进了，初步的机械化开始了。到 19 世纪上半叶，以蒸汽机为动力的机械在英国一些地方开始用于农业生产领域。农艺方面的最有意义的改进是沼泽排干技术和湿地排水法的应用。"1700 年一个农业劳动力只能养活 1.7 个人，而到 1800 年一个农业劳动力就能养活 2.5 个人，生产效率增加了 47%。"① 当时的英国农业已经是"欧洲生产力最高的农业"，农业技术的进步，生产效率的提高，很大程度上解放了农业劳动力，英国农业不再需要那么多的劳动力，而农业创造的社会财富却呈现上升趋势，巨大的利益必然导致激烈的竞争，于是在激烈的市场竞争中，大量自由小农破产。

再次，人口增长的压力是导致自由农阶层演变的重要原因。英国在 1470 年止住了由黑死病引起的人口下降势头，在 16—19 世纪的 400 年间，除个别年份外，人口一直保持增长的势头。1541 年英国人口为 177.4 万，1641 年增长到了 509.2 万，几乎增加了 2 倍。作为一个传统农业国家，当时英国绝大多数人直接靠土地为生。人口的膨胀直接导致土地价格及农产品价格上涨，并由此引起消费品物价的直线上涨。1650 年英国消费品平均价格是 1450 年的 6 倍，1540—1560 年和 1570—1600 年间物价上涨速度尤为猛烈，其中又以粮食、羊毛价格涨幅最为明显。这两样商品直接关系到人们的吃喝等基本生活需求，它们价格的上涨导致人们对土地的渴求，客观上加速了土地私有化的进程，也即是促进了农村人口的分化，导致自由小农命运的变化。

最后，工业革命是彻底击垮自由小农阶层的最后一根稻草。造成自由

---

① R. Floud, R. and D. McCloskey, *The Economic History of Britain since 1700*, pp.70-71，转引自赵煦：《英国城市化的基本前提——农业发展与农村劳动力的转移》，《兰州学刊》2007 年第 9 期。

小农阶层大规模流动的根本原因之一是英国的工业革命与工业化。在工业化的过程中，大量破产小农自发地、盲目地流入城镇，农村人口减少，城市人口迅速增加。工业革命后，情况发生了根本性变化，"农业在国民生产中的比例1851年下降到20.3%，1901年更降至6.1%。"① 与此同时，英国的农业人口比例也发生重大改变，18世纪60年代，农村人口仍占英国总人口的80%，1851年英国城市人口超过了农村人口，基本实现了城市化。机器生产替代手工劳动，需要大批雇佣工人，农业革命也导致农村出现大批过剩劳力。此外，农业生产相对于工业生产而言的低收益，也是促使自由小农向城市转移的原因之一。随着工业革命的开展，资本主义对劳动力自由流动的需求，得到了英国政府的许可，从法律上放宽对劳动力流动的限制，也为农村剩余劳动力向城市流动打开了方便之门。当然，工业革命时期和工业化时期乡村社会的剩余劳动力并不是都流向了城市，其中有些被乡村工业所吸收，有些为农场主打工，甚至有些会远涉重洋，冒险到殖民地去"掘金"。无论其选择哪条出路，其命运的改变都是和工业革命与工业化分不开的。

小　结

英国中古社会晚期之所以能够孕育出一个富裕的自由小农阶层是多种社会因素相互作用的结果。

第一是政治因素，中世纪的英国和西欧其他国家一样，在实际政治生活中，形成了多元的政治秩序。多元的政治力量具体表现为教会权力与世

① 何洪涛：《英国农村剩余劳动力转移问题及启示》，《求索》2006年第8期，Phyllis Deane and W. A. Cole, *British Economic Growth,1688-1957*, Cambridge: Cambridge University Press, 1964.

俗权力的分化、世俗权力之间的分化。各种权力之间相互制衡、斗争而又不破裂，维持着一种不稳定的平衡。中世纪这样一种不稳定的平衡客观上形成了对强势力量的一种制约，有利于各种社会力量的独立发展。自由农的发展即受益于这种政治秩序。

第二，英国多元的法律体系是中世纪自由农发展壮大的法律保障。在同一社会内部各种司法管辖权和各种法律体系的相互共存和相互制衡，教会法律、王室法律、庄园法律的并存导致的分散的法律体系，尤其是习惯法的特殊的优势地位和庄园义务的趋于稳定和逐渐减轻，保障了中古英国农民个体经济力量的壮大，并最终促使劳动者摆脱超经济强制，朝着自由劳动的方向发展。

第三，经济因素是促使中世纪英国自由农发展壮大的直接原因。英国农民之所以能够逐渐摆脱中世纪庄园义务，脱离对领主的依附关系，并且发展成为一个强大富裕的自由农阶层，是以"前原始积累"为基础的农民个体经济力量的壮大为前提的。经济力量壮大的农民必然要求获得更大的自由，要求挣脱中世纪义务的束缚。同时，中世纪经济领域的两个变化造成了农奴制赖以存在的经济基础——满足领主自营地的劳动力供应——发生了动摇，这两个变化是指货币地租取代劳役地租和领主自营地的出租。

第四，自由农阶层的兴起是多种因素相互影响的结果，除上述原因外，价格革命、黑死病造成的人口问题、王室的干涉、农业生产技术进步和农民土地面积的增加等因素在其中也发挥了一定的作用，加速了农奴制解体的过程。

第五，16—19世纪自由农阶层衰落了，造成这种结局的原因主要有：圈地运动是自由农阶层在16世纪以来逐渐趋于衰落的直接原因；农业革命是英国自由农阶层衰落的背后的推动力；16—19世纪的400年间人口增长的压力是导致自由农阶层演变的重要原因；而工业革命则是彻底击垮自由小农阶层的最后一根稻草。

第四章
自由农发展的地区不平衡及其原因

在中世纪晚期（1300—1500），英格兰乡村社会发生了深刻的社会变化，劳动者逐渐从庄园制束缚下解放出来，成为了自由农民。然而这个时期的发展变化却呈现出明显的地区差别，历史学研究表明东部各郡和西南各郡的发展较快，旧的庄园制解体要早，而中部地区和米德兰平原发展相对缓慢。造成这种不平衡的原因是复杂的，是人口因素、生态因素、市场因素、阶级关系因素和地方的社会生产组织——田制（field system）等共同作用的结果，其中田制惯例起到了至关重要的作用。换言之，惯例是否有利于农民个体经济和权利发展在其中起到了决定性的作用。

第一节　自由农发展的地区不平衡

英格兰农业革命虽然发生在 17 世纪和 18 世纪，然而它却有赖于开端于中世纪晚期（即 14—16 世纪）的农业社会的变迁。这些变迁包括农业新技术的使用，农场的合并和圈地，契约型土地持有协议（contractual landholding arrangement）的出现，向依靠工资劳动的大型农场的转变和"约曼"或富裕的小农场主的出现。这些变化为后来的农业革命铺平了道路，并且有利于英国农业部门更好地适应以后几百年的商业发展和人口增长。[1] 而农业革命又是"西方兴起"的一个重要因素。日益增加的农业生产引起的农业劳动者的解放和生活水平的提高，对工业化和民主化的发展都是至关重要的。[2] 契约型土地持有协议、工资劳动和富裕小农约曼阶层的出现，事实上就是农奴从封建庄园义务下解放出来向自由身份农民的转变。

　　近年来历史学研究表明，在中世纪晚期英格兰农业变迁中各地发展是不平衡的。一些地区较早发生了上述的所有变化，而另一些地区却明显滞后。走在变革前沿的有肯特、艾塞克斯、萨福克和诺福克等东部各郡和西南部的德文、康沃尔和萨默塞特等郡。相反，中部地区和米德兰平原发展相对滞后，这些地区虽然在中世纪晚期农民身份也发生了质的变化，广大农奴也从庄园制束缚下解放了出来，但无论从农民经济的发展还是农民自由的发展角度来看，都要落后于东部和西南地区。西方学者的研究表明，英格兰东部沿海的肯特郡、东盎格鲁和西南部各郡在 13 世纪、14 世纪和 15 世纪乡村经济的发展明显领先于其他地区。13 世纪，英格兰东部和西南部每英亩粮食产量要高于其他地区，每英亩小麦产量达到了 20 蒲式耳。每粒种子的产量也额外高

---

　　① 　Rosemary L. Hopcroft, "The Social Origins of Agrarian Change in Late Medieval England", *The American Journal of Sociology*, Vol.99, No.6. (May,1994), pp.1559—1560.

　　② 　马克思：《资本论》；巴灵顿·穆尔：《民主和专制的社会起源》（Barrington Moore, *Social Origins of Dictatirship and Democracy*, Boston: Beacon,1966）；L.E.琼斯：《工业的农业起源》（L.E.Jones, *Agricultural Origins of Industry*, Past and Present,1968, 40:58-71）；J.V. 贝克特：《农业革命》（J.V. Beckett, *The Agricultural Revolution*, Oxford, 1990）。

于中世纪的水平，小麦产量和种子比达到了 7 ∶ 1（甚至更高）。[①] 西南部每英亩产量没有东部高，但产量比要高于其他地区。而且，到 15世纪西南地区先进的耕作方法和农民的普遍富裕都已实现。[②] 在后来发生的农业革命中发挥重要作用的许多先进的耕作方法在这些发达地区出现得也比较早，包括豆科作物（主要是豌豆）的广泛种植，复合耕作（multiple plowings）的广泛采用，马的使用超过牛的使用，土壤的精耕细作和施肥技术，每年只剩一小块土地休耕的复合式作物轮种。所有这些耕作方法早在 13 世纪在东盎格鲁和肯特一些地区就已经出现。[③] 到 15 世纪采用这样一些方法的西南部的德文也有很早就采用轮作农业的证据。[④] 这些改良方法中有很多在人口下降和经济萧条的 14世纪晚期曾不再使用，但到 15 世纪大多数在相同的地区重新恢复。以

①　B.M.S.Campbell, "Arable Productivity in Medieval England:Some Evidence from Norfolk", *Journal of Economic History*,1983,43:379-404; B.M.S.Campbell and Mark Overton,*English Seignorial Agriculture*, Manchester, 1991, pp.144-82;Robert C.Stacey, "Agricultural Investment and Management of the Royal Demesne Manors,1236-1240", *Journal of Economic History*,1986, 46: 919-34; Mavis Mate, "Kent and Sussex", p.277, in *The Agrarian History of England and Wales*,Vol.3,1348-1500，edited by Edward Miller, Cambridge,1991;R.H.Britnell,"Eastern England" p.206, in *The Agrarian History of England and Wales*,Vol.3,1348-1500，edited by Edward Miller, Cambridge,1991.

②　H. P. R. Finberg,*Tavistock Abbey: A Study in the Social and Economic History of Devon* Cambridge, 1951; H.S.A.Fox,*"Devon and Cornwallx"*, in *The Agrarian History of England and Wales*, Vol.3,1348-1500, edited by Edward Miller, Cambridge, 1991, pp.308, 313.

③　E.Stone, *The Estates of Norwich Cathedral Priory, 1100-1300*.Ph.D.Thesis, Oxford, 1956, p. 347; Jone Langdon,*Horses,Oxen and Technological Innovation*,Cambridge, 1986; H.E.Hallam, *Rural England, 1066-1348*, Sussex: Harvard University Press, 1981.

④　H.P.R.Finberg,*Tavistock Abbey: A Study in the Social and Economic History of Devon,* Cambridge, 1951;H.S.A.Fox, "Devon and Cornwallx", p.313, in *The Agrarian History of England and Wales*, Vol.3,1348-1500，edited by Edward Miller, Cambridge,1991.

后几百年内出现的其他的改良方法也最先在这些地区实行，尤其是在东部英格兰。例如，16 世纪芜菁最先被引进东盎格鲁（也就是诺福克和萨福克）[1]，苜蓿最先出现在 17 世纪。[2] 早在 16 世纪东盎格鲁的劳动生产率也已经很高，那里的惯例规定雇佣工人和耕夫 (plowmen) 每天劳动两个半天（two journees），而不是其他地区的一个半天。到 18 世纪诺福克因其农业而著称，并且在狄德罗的《百科全书》（Diderot's Encyclopedia）中被称为"典型的农业经济"。[3]

伴随着农业生产率的提高，中世纪晚期英格兰东部和西南部个体农民较早摆脱了农奴制的束缚，自由农民的发展明显领先于其他地区。东盎格鲁、艾塞克斯和肯特等东部各郡在中世纪晚期拥有很多自由持有农。在东盎格鲁一些地区，自由持有农（包括较穷的自由人或者索克曼）占到了总人口的 80%。肯特也具有以自由持有农为主体的特征。[4] 而在发展相对滞后的米德兰平原和中部各郡，并没有出现大量自由持有农，惯例佃农构成了这些地区农民的主体。自由持有农有牢固的合法权利并且能够向王室法庭上诉。[5] 这些合法权利使得他们的土地财产权利比构成米德兰平原和中部

①　J.D.Chambers and G.E.Mingay,*The Agricultural Revolution,1750-1880,* London,1966.

②　Mark Overton, "The Determinants of Crop Yields in Early Modern England", p.320, in *Land, Labour and Livestock:Historical Studies in European Agricultural Productivity,*edited by B.M.S. Cambell and Mark Overton, Manchester.

③　Rose L. Hopcroft, "The Social Origins of Agrarian Change in Late Medieval England", *The American Journal of Sociology,*Vol.99, No.6.(May, 1994), p.1563.

④　H.L.Gray,*English Field Systems,*Cambridge,Mass.:Harvard University Press, 1915;R.H.Britnell,"Eastern England", p.618, in *The Agrarian History of England and Wales,* Vol.3, 1348-1500, edited by Edward Miller, Cambridge,1991；Rose L. Hopcroft, "The Social Origins of Agrarian Change in Late Medieval England",*The American Journal of Sociology*, Vol.99,No.6. (May, 1994), p.1572.

⑤　P. R .Hyams, *King, Lord and Peasants in Medieval England*, New York,1980.

郡主体的惯例佃农的财产权利更加牢固。惯例佃农只能在由庄园领主运作并且很可能通过对其有利的判决的庄园法庭诉讼。到 17 世纪，英国几乎先前所有的惯例佃农都变成了公簿农并获得了普通法的一些保护。然而，在此前，惯例佃农的财产权利受到权力强大的领主的威胁。[1]中世纪晚期英格兰东部和西南部地区农民土地保有协议（tenurial arrangements）较早发生了改变。在其他地区仍坚持劳役惯例时，到 13 世纪东部所有大地产上都已经采用工资劳动。[2]到 15 世纪西南部也已明显采用工资劳动。[3]到 1450 年对东部惯例佃农而言，公簿持有所有制已经牢固确立。[4]公簿所有制的确立反映了领主和佃农之间的关系朝着更具契约性的方向变化，而不是惯例性。除上述变化外，需要特别指出的是，真正的维兰身份的标志（包括劳役、对领主的惯例义务和捐税）很早就在东部和西南部绝大多数地区消失了。[5]

农奴制的解体和自由农的发展促进了东部和西南部地区土地公共权利的消除和农民农场的发展。和其他地区相比，英格兰东部和西南部地区很早就出现了公田圈占而且很少受到抵制。1549 年一位作家记录了圈地方面的这种地区差别（他还记录了圈地地区的相对富裕）："我们看到多数圈地地区是最富的地区，如艾塞克斯、肯特、德文郡等等"。这位作家进一步列出

---

① E. B. Fryde and Natalie Fryde,"Peasant Rebellion and Peasant Discontents"，p.819, in *The Agrarian History of England and Wales*, Vol.3, 1348-1500, edited by Edward Miller, Cambridge, 1991.

② B.M.S.Campbell, "Arable Productivity in Medieval England:Some Evidence from Norfolk"，*Journal of Economic History*,1983, 43:pp.379-404.

③ H.S.A.Fox, "Devon and Cornwallx"，in *The Agrarian History of England and Wales*, Vol.3,1348-1500，edited by Edward Miller, Cambridge,1991.

④ R.H.Britnell,"Eastern England" in *The Agrarian History of England and Wales*, Vol.3, 1348-1500, edited by Edward Miller, Cambridge, 1991.

⑤ Rose L. Hopcroft, "The Social Origins of Agrarian Change in Late Medieval England"，*The American Journal of Sociology*,Vol.99, No.6.(May,1994), p.1563.

了西部和东部郡的名称。^① 所有这些地区几乎没有受到以后几个世纪议会圈地的影响。^② 在这些地区圈地常常与农场的联合相伴，也就是说，把许多小块土地合并起来产生一个更大更集约的农场。^③ 事实上，1350 年后农民农场规模在西南部和东部发展都很快。例如，西南部的德文和康沃尔，佃农农场面积不断增加，在 15 世纪期间超过一半的佃农持有地在 36 英亩之上。15 世纪中期的文献证实当时该地区已经出现了 150—200 英亩的佃农农场。此外，来自德文和康沃尔各个庄园的数字都一致表明了 15 英亩以下持有地数量的下降（少到仅占全部农民持有地的 10%），而且极少的持有地不足 5 英亩。在诺福克和肯特虽然有大量不足 5 英亩的小农场残存下来，但佃农农场面积同样大幅增长，出现了达到数百英亩的农场。^④ 而其他地区佃农农场的面积虽然也有所增加，但增长幅度要明显小于东部和西南部地区。例如，英格兰中部地区和米德兰平原佃农农场面积通常增加到 30 或 60 英亩，但很少超过 100 英亩。^⑤ 此外，在这些地区圈地很少见，佃农农场很少联合成集约单元。圈地和联合在东部和西南部地区更加普遍。

农业劳动者的解放使得他们能够更加独立支配自己的劳动，从而有更多的农业人口可以转向非农产业。英格兰东部和西南部在 15 世纪之所以能成为非常富裕的地区，一方面是因为当地先进的农业生产率，另一方面和非农产业的发展也是密不可分的。在非农产业中以纺织工业最繁荣，此

① G. C. Homans, *English Villagers of the Thirteenth Century*, Cambridge, Mass.: Harvard University Press, 1941, p.15.

② J.R.Wordie, "The Chronology of English Enclosure", *Economic History Review*, 2nd ser., 36 (4):483 -505.

③ B.M.S.Cambell, "Population Change and the Genesis of Commonfields on a Norfolk Manor", *Economic History Review*, 1980, 2nd ser.,33:174-92, p.190.

④ Rose L. Hopcroft, "The Social Origins of Agrarian Change in Late Medieval England", *The American Journal of Sociology*,Vol.99, No.6.(May,1994), pp.1563-1564.

⑤ R.H.Tawney, *The Agrarian Problem in the Sixteenth Century*, London,1912, pp.64-65.

外，酿酒、制盐、渔业、航运、制革、烤面包、木器和制瓦业等行业也有
很大发展，西南部的德文和康沃尔的锡矿业也很著名。这些地区从事非农
行业的人员的大量存在反过来也证明了当地的农业部门有能力支撑他们。
东部和西南部这些地区的非主导产业财富（lay wealth）在 14—16 世纪呈
现了最高的增长率。（见图 1）[1]

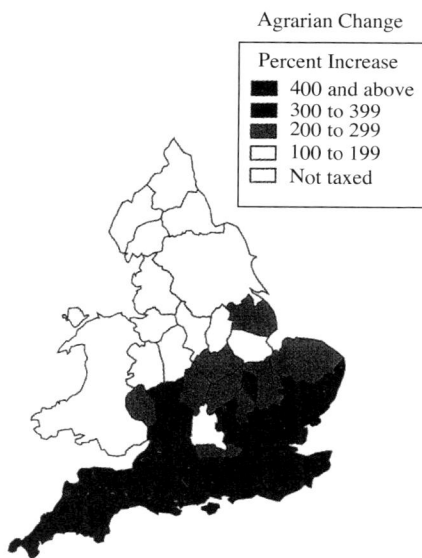

图1　1334—1515 年非农产业财富增长率（Rates of growth of lay wealth）图。图
中数字为增长率。

综上所述，中世纪晚期的英格兰各地经济和劳动者地位都较以前有了
显著改善，然而在发展中却存在着地区发展的不平衡，东部和西南部地区
无论在经济上还是在自由农民的发展步伐上都要领先于其他地区。

---

① Rose L. Hopcroft, "The Social Origins of Agrarian Change in Late Medieval Eng-
land", *The American Journal of Sociology*, Vol.99, No.6.(May,1994), p.1564.

第二节　自由农地区发展不平衡的几种解释

中世纪晚期的农业变迁和自由农民的发展中存在的地区差别，是西方学术界长期以来重点关注的问题之一。学者们早就认识到，当时的农业革新始于作物和作物种植方面的改变，而不是以节省劳动力为开端。亦即农产品的增加源于增加土地的生产率而非劳动生产率的提高。因此，与传统农业实践相比，所有革新都需要投入更多劳动。在此背景下，进一步强化农奴制，保障劳动力的投入似乎是一种必然的选择。然而，英格兰东部和西南部地区的大量劳动者却率先摆脱了农奴制的束缚，成为较早的自由农民，出现了诸如工资劳动等方面的新变化，这与其他地区的发展滞后形成了鲜明对比。对这一独特现象的成因，学者们各抒己见，形成了几种具有代表性的观点。

1. 人口说

这一观点的代表人物埃斯特·博萨伯（Ester Boserup）指出，英格兰东部和西南部地区的高人口密度为农业发展提供了动力，为满足更多人的生存需要，农业从业者不得不追求更加高效的耕作方法，其中就包括土地持有结构的改变。[①] 这种改变引起了一个显著后果——即农民的农奴属性改变了，法律身份产生了重大变化，从而较早从农奴制中获得了解放。

在英格兰东部，人口说具有最强说服力。由于这一地区在整个中世纪晚期都是英格兰人口密度最大的地区。早在 13 世纪，巨大的人口压力就对该地区精耕农业方法的发展产生了积极的促进作用。同时，英格兰东部 13 世纪晚期采用的许多改良在 14 世纪中期大瘟疫后的停止进一步增强了人口说的合理性。

---

①　Ester Boserup,*The Conditions of Agricultural Growth*, London,1965.

　　然而，人口说不足以解释在 14 世纪的人口危机后乡村社会土地所有制和社会结构的变化以及持续存在的地区差别。英格兰乡村经济最繁荣的地区一直在东部地区，即使在 14 世纪晚期和 15 世纪早期人口压力大大减轻之后也仍然如此。正是在 14 世纪的人口减少之后，东部地区的乡村社会土地所有制和社会结构的大多数变化发生了，比如契约性持有制的发展、大规模联合农场和圈地农场的出现，等等。事实上，人口减少反而为一系列新变化的产生提供了可能，因为它提高了契约劳动力的议价能力，也使得野心勃勃的农场主可以获得更多土地。西南各郡的情况与此类似。在中世纪晚期，西南各郡人口密度较低，和英格兰人口密度较大的其他地区（如米德兰平原）相比，是非常富裕的经济区，这些地区的农民从维兰义务下获得解放的时间更早、解放的程度也更深。14 世纪中期的人口减少也同样促进了这些地区土地持有本质的重大转变和大农场的产生。但是，人口下降对各地带来的影响是有明显差别的。比如在米德兰平原和英格兰中部的多数地区，我们就很难看到像其他地区那样的低人口密度对农场规模和土地持有制结构产生的影响，尽管那里的人口减少表现得更加显著。

　　因此，从以上分析来看，人口密度与中世纪晚期农业发展变迁之间的关系和自由农发展表现出来的地区差异，使人口水平决定论陷入了解释困境。从英国农业、农民发展的历史脉络来看，简单地将人口密度与自由农发展相联系的做法显然是缺乏说服力的。

　　2. 生态说

　　针对中世纪晚期英国自由农发展和农业变迁地区不平衡的现状，一些学者企图用生态的观点进行解释，这一观点首先由其代表人物杰克·戈德斯通在《1500—1700 年英格兰和法兰西的地区生态与农业变迁》[①]一文中

---

　　①　Jack Goldstone, "Regional Ecology and Agrarian Change in England and France:1500-1700", *Politics and Society*,1988,16(2-3):pp.265-286.

提出。尽管从时间来看，戈德斯通研究的是近代早期的情况，但学者们普遍认为，既然同样的地区差别已经存在于中世纪晚期，那么，以戈德斯通的观点来解释中世纪晚期的情况也完全是适合的。在戈德斯通看来，生产模式（modes of production）导致了农业变迁的地区差别，地方生态（local ecology）可以用来解释这种现象。在他看来，农业发展和自由农发展的不平衡仅仅是地区生态差异的反映，特别是土壤和气候类型差异的反映。优越的土壤和气候条件为农业提供了良好环境，农业经济相对发达，农民经济条件相对较好，农民权利也将得到较为充分的发展，从而导致了这些地区自由农发展领先于其他地区。

但是，用这种观点解释中世纪晚期英格兰自由农的发展也是不适宜的。第一，有利的生态在许多自由农发展较快的地区并不存在，却常见于自由农发展较慢地区。以诺福克为例，诺福克固然是英格兰粮食主产区，自由农的发展也比英格兰中部地区要领先，但是该郡很多地区的生态条件却较为恶劣，土地贫瘠，夏季干旱，北海的东风笼罩了该地的冬季。米德兰平原具有较为优越的土壤、气候及灌溉条件，适宜畜牧和农耕。但农业生产率却明显较低，与东部和西南部地区相比，自由农数量明显很少，发展明显滞后，惯例佃农成为自由农的时间相对较晚。对此，有学者把造成这一现象的主要原因归结为土壤排水性能低和排水技术的缺乏。[1] 但是，如果把同时代的荷兰人作为参照物的话，这种观点也似乎颇为牵强。荷兰农业的发展正好与生态决定论背道而驰，荷兰北部地区比米德兰平原的农业发展环境更加恶劣，似乎并没有发展农业的基本条件，濒临大海，遍地沼泽，甚至随时可能被海水淹没。但当地人不惧艰辛，改良土壤、拦海造田，农业产量快速增长，农业经济快速发展，使该地区在 1500 年到 1700 年的 200 年间，成为全欧洲最繁荣的农

---

① Chambers and Mingay, *The Agricultural Revolution:1750-1880*, London, 1966, p.65.

业区。①

第二，生态说在很多时候难以自圆其说。在戈德斯通观点里，生态说是可以逆转（turn around）的，他一方面强调农业和自由农发展有赖于有利的生态，另一方面却又指出相对恶劣的生态也能促进农业进步和农民发展。生态较好的地区具有成为人口稠密的农耕地区的发展趋势，生态恶劣的地区必然人烟稀少而趋向发展畜牧业。畜牧区公田和荒地更多，牧场充足，管理畜牧业和农业的公共规则很少，制约和限制农民经济的因素也少，从而更有利于农民经济的扩大，更有利于圈地和采用农业新技术，进而间接地促进了农民和农业的发展。同时，大量的牲畜也为牧场提供了肥料，有利于提高地力。为此，戈德斯通认为，在靠近城市市场附近的畜牧区，近代早期农业和自由农获得了相对较快的发展。

戈德斯通的生态说的确为我们研究中世纪晚期自由农的发展提供了新思路，但却与当时英格兰农业和自由农发展的情况相去甚远。首先，以畜牧业为主的地区在中世纪晚期的英格兰很少有，与生存型乡村经济相适合，几乎所有地区实行的都是农耕和畜牧的混合经济。戈德斯通所说的人烟稀少、拥有大面积公田和荒地、以畜牧为主的地区主要分布于英格兰偏远的北部和西部山区。② 这些地区离城市市场很远，发展迟缓，相对落后，农民变化缓慢。除诺福克的布雷克兰（Breckland）从来不是以粮食生产为主的地区外，相对比较富裕、自由农发展较快

---

① 　Jan de Vries, *The Dutch Rural Economy in the Golden Age:1500-1700*,Yale University Press, 1974. And see Rose L. Hopcroft, "The Social Origins of Agrarian Change in Late Medieval England", *The American Journal of Sociology*,Vol.99, No.6.(May,1994), p.1567.

② 　B.M.S.Campbell and John P. Power, "Mapping the Agricultural Geography of Medieval England", *Journal of Historical Geography*, 1985, 15(1):24-39.

的英格兰东部其他地区都是以农耕为主。[①] 在东部的高产耕作地区，单位谷类土地上也没有太高的牲畜比率[②]。其次，农业和自由农发展都比较快的往往是人口稠密、缺乏荒地和公田的地区。中世纪晚期，东部英格兰的高产地区（肯特、艾塞克斯、东盎格鲁）中，有些是人口最稠密并且几乎没有荒地和公田的地区。[③] 例如，东诺福克，作为英格兰十分发达的地区之一，它的很多地方不能归为畜牧农业种类。在 13 世纪，这个人口非常稠密的地区成为了主要的粮食输出地，为国际市场生产着大麦和麦芽。在 14 世纪大瘟疫造成人口减少并促使英格兰很多地区向畜牧农业转变的背景下，东诺福克主要的农业门类依然是粮食生产。[④] 但是，生活在这一地区的农民获得的自由却要明显高于中部地区。最后，在靠近市场的以畜牧业为主的地区，自由农的发展也未必领先。比如，在 1350 年，位于英格兰中心地区（主要在汉普郡）、至少靠近一个主要港口（南安普敦）的温彻斯特大教堂各个庄园的牲畜数量增长了两倍以上。但是，农业生产率和自由农却并没有因为牲畜的增加（畜牧业的发展）而获得显著提高和发展，在英格兰，这个地区依然落后。[⑤]

[①]　B.M.S.Campbell and John P. Power, "Mapping the Agricultural Geography of Medieval England", *Journal of Historical Geography*, 1985, 15(1):24-39.

[②]　B.M.S.Campbell and John P. Power, "Mapping the Agricultural Geography of Medieval England", *Journal of Historical Geography*,1985,15(1):24-39; B.M.S.Campbell and Mark Overton, *Land, Labour and Livestock*, Manchester, 1991, pp.153, 163.

[③]　J.C.Russell, *British Medieval Population*, University of New Mexico Press, 1948.

[④]　R.H.Britnell,"Eastern England", in the *The Agrarian History of England and Wales*, Vol.3, 1348-1500, edited by Edward Miller.Cambridge, 1991, pp.59-65.

[⑤]　B.M.S.Campbell and Mark Overton, *Land, Labour and Livestock*,Manchester, 1991, p.164.

生态说虽然没能为我们解释中世纪晚期英格兰自由农发展的地区不平衡提供令人信服的答案，却也为我们在这一问题的研究方面提供了一些新思路。例如，戈德斯通提出，在农业制度更加灵活和对农业的公共控制较少的地区，自由农的发展和农业变化更易于发生，这对我们考虑从社会因素入手研究自由农的发展问题具有启发意义。

3. 商业刺激说

戈德斯通的生态说强调了市场对中世纪晚期英格兰自由农地区发展不平衡所起的作用，指出靠近城市市场的畜牧区发展较快。在此基础上，费歇尔（F. J. Fisher）和里格利（E. A. Wrigley）进一步提出了商业刺激说（commercial incentives）。这一学说认为，城市周边乡村农业发展和旧的生产方式变革的主要原因是城市商业的发展，靠近商业发达城市的乡村自由农的发展也相对较快。在注意到发展较快的东部和西南部各郡都靠近面向国内和国际市场的几个输出港口时，费歇尔和里格利指出，东部伦敦和西南部布利斯托尔（Bristol）市场的发展为该地区农业生产和农民发展提供了动力；各地自由农发展不平衡的主要原因是是否靠近港口或拥有便利的水运路线。①

毋庸置疑，市场和运输因素对农业和农民的发展所起到的积极作用是显而易见的，经济发展和旧的社会结构的解体也许会受到城市市场或水路运输线的影响，但农业发展和农村阶级结构变化的充分原因却并不在此。即使同样非常靠近伦敦市场的地区之间，其经济发展的差异也是十分明显的，剑桥郡和诺福克郡或者肯特郡和苏塞克斯之间即是如此。在 15 世纪，和它们的近邻苏塞克斯和剑桥相比，肯特和诺福克要富裕得多，自由农发

---

① 　F.J.Fisher, "The Development of the London Food Market:1540-1640", pp.135-52. in *Eassays in Economic History*,Vol.1, edited by E.M.Carus-Wilson,London, 1954; E.A.Wrigley, "Urban Growth and Agricultural Change:England and the Continent in the Early Modern Period", *Journal of Interdisciplinary History* , 1985, 15(4):683-728.

展也更快。①诺福克的变化早于剑桥郡,②肯特的变化早于苏塞克斯。③因此,地理位置因素不能够解释这些反常的例子。经泰晤士河可以进入伦敦市场的牛津郡（在中部英格兰）,却赶不上诺福克发展的脚步。自中世纪以来,南部英格兰就拥有通向当时主要港口南安普敦的水上通道,但其附近汉普郡的经济、农业及自由农的发展却和英格兰东部和西南部无法看齐。这说明,在中世纪晚期,农产品是否易于进入市场不能被看作是英格兰农业发展和变迁地区差别的必然结果。

基于此,对各地旧的生产方式和农业阶级结构变化（包括自由农的发展）起决定作用的商业因素是农民经济的商业化程度,而不是外部市场刺激。农民经济的商业化程度取决于地区间农业劳动生产率的差别。地区间农业劳动生产率的差别决定了各地农产品商品率的差别,亦或说决定了农民经济市场化程度的地区差别。农民经济市场化程度越高,依附农民摆脱庄园制束缚,迈向自由发展的步伐也就越快,反之,农民经济市场化程度较低,依附农民走向自由的道路也就更加漫长。所以,是否和市场形成紧密联系对农民自由发展的影响是有着显著差别的,靠近商业发达的城市市场和运输线,尤其是靠近城市农产品市场,当然会促进市场中农民的发展,并对旧的生产方式和阶级结构变化产生深远影响,而对于没有和市场联系起来或联系程度不深、市场化程度不高的农民来说,商业刺激的作用就没有那么明显了。

4.阶级关系说

1985 年,罗伯特·伯伦纳在《欧洲前工业化时期的农村阶级结构和

---

① B. M. S.Campbell and Mark Overton, *Land, Labour and Livestock*,Manchester,1991; Edward Miller, *The Agrarian History of England and Wales*, Vol.3, 1348-1500, Cambridge, 1991, pp. 76,135.

② R.H.Britnell,"Eastern England", in *The Agrarian History of England and Wales*, Vol.3, 1348-1500,edited by Edward Miller, Cambridge,1991.

③ Edward Miller, *The Agrarian History of England and Wales*, Vol.3, 1348-1500, Cambridge, 1991, pp. 119-36,268-85.

经济发展》①和《欧洲资本主义的农业基础》②两篇文章中采用了阶级分析的方法，对中世纪晚期英国乡村社会发生的变化作出了诠释，从而成为阶级关系说的代表人物。他指出，地区间农业和自由农发展的不平衡可以追溯到财产所有者领主和"无财产的"农民之间的乡村阶级关系的本质差别。

解释英格兰和法国之间农业发展的差异是伯伦纳提出阶级关系说的初衷，但其中部分内容涉及到了英国内部农业发展的地区不平衡。他认为，与英国的小农民所有者不同，法国的小农民所有者（small peasant proprietor）（自耕农）的财产权利能够获得王室更多的支持。这些不同源于12世纪英格兰的法律改革。根据该项法律改革，在英国，领主和他的惯例佃农不受国王干涉，英国庄园领主更易于剥夺其佃农。因此，英国农民与法国农民相比更加弱势，从而更加无力与领主对抗。这种状况为领主剥夺农民和大型商业化农场的发展铺平了道路，为农业生产率的提高准备了条件。在解释英国国内的地区差异时，伯伦纳指出，最先出现采用工资劳动的大农场和商业化农业的地区也是农民所有者的财产权利较弱的地区。在后来发表的《经济发展的社会基础》一文中，伦伯纳进一步阐述了自己的观点，他指出，在这些应该是农民在土地上拥有个人财产权利的地区，与共同体整体掌握的土地权利相比，农民的个体土地权利更加脆弱，这种状况促进了对农民的剥夺、面向市场的生产以及大农场的发展，农民的身份也因此发生变化。③

---

① Robert Brenner, "Agrarian Class Structure and Economic Development in Pre-industrial Europe", pp.10-63, in *The Brenner Debate:Agrarian Class Structure and Econnmic Development in Pre-industrial Europe*,edited by T.H.Aston and C.H.E.Philpin, Cambridge, 1985.

② Robert Brenner, "The Agrarian Roots of European Capitalism", pp.213-327, in *The Brenner Debate:Agrarian Class Structure and Econnmic Development in Pre-industrial Europe*,edited by T. H. Aston and C. H. E. Philpin, Cambridge, 1985.

③ Robert Brenner, "The Social Basis of Economic Development",pp.23-53, in *Analytical Marxism*, edited by John Roemer,Cambridge,1986.

至少在中世纪晚期，伯伦纳谈及的农民个体土地权利的地区状况的确是和大型商业化农场发展的地区状况相一致。较中部地区而言，东部和西南部地区大农场的发展更加充分，这些地区正是公田很少、农民拥有个体土地财产权利的地区。（见图 2）由此看来，伯伦纳关于自由农民发展的地区不平衡的结论是正确的，但历史事实却表明他的论述方法是错误的。

首先，在 1350 年后，首先在东部和西南部建立大农场的不是领主，而是农民。事实上，这一时期，领主直接控制大型庄园地产的时代已经过去了，他们掌控的农场的规模不是扩大，而是减小了，一些佃农从领主家庭农场（领地自营地）租赁土地，从而把自己变成佃农农场主。有关内容在本章第一节已有论述。

其次，在东部和西南部地区，庄园领主的力量并不占决定优势，农民享有的财产权利也受到保障。本章第一节已经提及东盎格鲁、艾塞克斯和肯特东部各郡在中世纪晚期拥有大量自由持有农，自由持有农权利受到法律保护，并且享有向王室法庭上诉的权力。这些合法权利使得他们的土地财产权利更加牢固。即使惯例佃农的情况也远胜米德兰平原和英格兰中部地区。在当地，一个村庄由几个庄园组成，庄园领主通常竞争领土和领主权利，庄园里的义务和劳役也相对不重，这种环境对农民发展是有利的。比如，惯例佃农可以方便快捷地把他们的法律案件送到其中一个庄园法庭。这种情况导致东部和西南部地区的维兰制早早消失了，惯例土地成为公簿持有地的时间也比较早。而我们在落后的米德兰平原和中部地区看到的却是相反的情况，那里依然是典型的传统模式，庄园领主完全控制着整个村庄，[1] 农民的力量依然是那么软弱。[2]

---

[1]　Rose L. Hopcroft, "The Social Origins of Agrarian Change in Late Medieval England", *The American Journal of Sociology*, Vol.99, No.6.(May,1994), p.1573.

[2]　Rose L. Hopcroft, "The Social Origins of Agrarian Change in Late Medieval England", *The American Journal of Sociology*, Vol.99, No.6.(May,1994), p.1572.

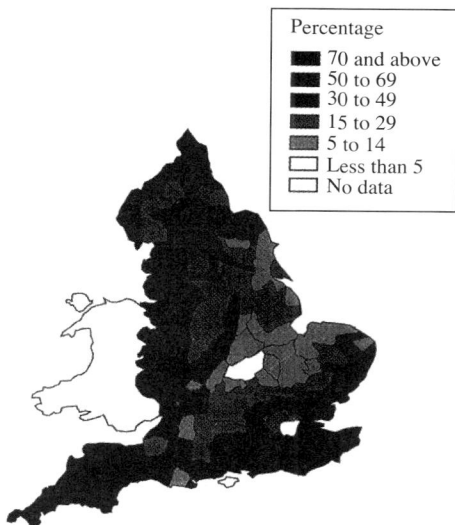

图 2 16 世纪末无公田土地所占比例图。右上方数字自上而下依次表示 70% 及以上、50—69%、30—49%、15—29%、5—14%、不足 5% 和数字不详的地区。

　　最后，没有证据表明这些地区存在强制剥夺农民的情况。14 世纪中期人口下降以后，这些地区的土地趋向集中，于是，许多大农场出现了。但是这一时期在这些地区并没有强制剥夺农民土地的记录存在。在以后的几百年间，东部和西南部地区小农所有者所享有的权利保障被许多小农场和大农场并存的现实充分证明，东部地区小微农场比例很大尤其说明了这一点。[①] 甚至直到 19 世纪中期，东部和西南部地区的小农依然占有很大比例（5—100 英亩土地的农场主）（见图 3）[②]。

――――――――――

　　① Edward Miller, *The Agrarian History of England and Wales*, Vol.3, 1348-1500, Cambridge, 1991, pp. 617, 702.

　　② Rose L. Hopcroft, "The Social Origins of Agrarian Change in Late Medieval England", *The American Journal of Sociology*, Vol.99, No.6.(May,1994), p.1573.

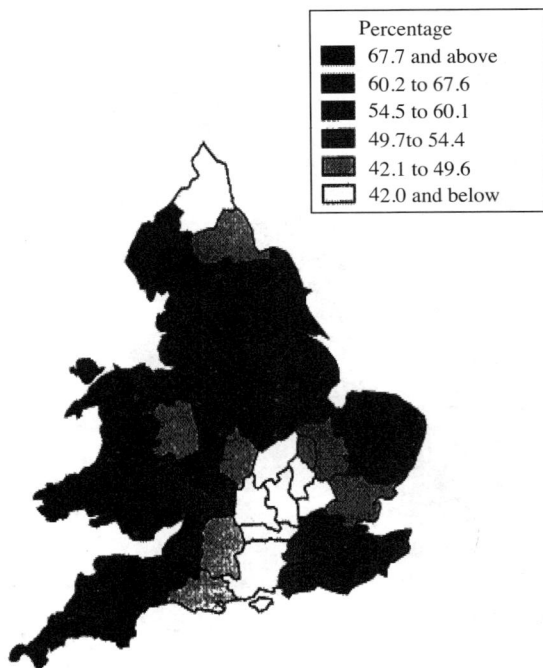

图3 5—100英亩农场在所有5英亩以上（包括5英亩）农场中所占比例图。右上方自上而下依次为67.7%及其以上、60.2—67.6%、54.5—60.1%、49.7—54.4%、42.1—49.6%、42.0%及其以下。

在中世纪晚期及以后的东部和西南部农业发展和变迁中，这些小农场可能起到了至关重要的作用，而绝非伯伦纳认为的是阻碍农业发展的因素。许多小农场率先采用的改良方法被该地区很多大农场吸收借鉴，芜菁、豆类等被后来的农学家广为称道的新作物，在东英格兰小农场已经有很长的种植历史了。①

_____

① Edward Miller, *The Agrarian History of England and Wales*, Vol.3, 1348-1500, Cambridge, 1991, p.210; B.M.S.Campbell, "Arable Productivity in Medieval England: Some Evidence from Norfolk", *Journal of Economic History*, 1983, 43:379-404.

在未来的几百年间，随着规模的不断扩大，富裕的佃农小农场主为大农场主的出现提供了一批能干的人才，[1] 未来经营大农场的佃农不仅要有过人的经营能力和愿望，还必须拥有一定财力。这些特征在境况较好的英格兰东部和西南部小农场主身上得到充分体现。事实上，一些大土地所有者和地方显赫家族的确起源于以前的小佃农家庭。诺福克的汤森德家族 (Townshends) 和肯特的克奈齐布尔家族（Knatchbulls）即是如此。在 14、15 世纪的历史档案中，我们能查到这些家庭最初的佃农农场主身份，但几百年后，他们成了当地的名门望族。[2] 这个具有强烈进取心的小农阶层为以后大农场的进一步发展准备了条件。

那么，那些在英格兰东部和西南部地区尤其是东部地区大农场或工业部门充当雇佣工人的无地人员是哪里来的？是否因为被强制剥夺而变成了一无所有的工人呢？东部地区普遍存在的分割土地遗产的惯例（诸子继承制）导致了无地贫苦人口的增加，经过数代人在多个孩子中间的连续分割，很多地块逐渐小到无法维持生存需要。[3] 于是，很多人不得不受雇于他人。虽然，这些地区的雇佣工人是由伯伦纳指出的失去土地的小农而形成的，但没有证据表明有人曾经被强制剥夺土地。

对伯伦纳观点最有力的反驳可能是，在农业发展和自由农发展非常缓慢的米德兰平原和中部地区存在对农民的剥夺。15 世纪，经济的不景气对当地造成了沉重打击，粮食价格下降并长期在低位徘徊，许多农民和领

---

① F.R.H.duDoulay, "Who Were Farming the English Demesnes at the End of the Midlle Ages？", *Economic History Review*, 1965, 2d ser., 17(3):443-55.

② F.R.H.duDoulay, "Who Were Farming the English Demesnes at the End of the Midlle Ages？", *Economic History Review*, 1965, 2d ser., 17(3):443-55.

③ B.M.S.Campbell, "Population Change and the Genesis of Commonfields on a Norfolk Manor", *Economic History Review*, 1980, 2d ser., 33:174-92.

主对经营农业失去了兴趣，转而经营利润较高的羊毛、肉类和牛奶等。此类行业对劳动力需求较少，正好适应了当时这一地区劳动力正好短缺的状况。① 在这种背景下，米德兰平原和中部地区的粮食种植面积出现了急剧萎缩。

农业向畜牧业的转变刺激了农场主和领主进行圈地的野心，与东部和西南部地区不同，大规模圈地给米德兰平原和中部地区带来了巨大的社会灾难。圈地实际上剥夺了小农的公共放牧权，终结了他们在公田放牧的田园生活，也必然招致他们的大规模抵制。于是，领主开始经常使用武力镇压反抗，在把他们的土地并入大型牧羊农场的同时，以简单粗暴的方式驱逐了反抗圈地的农民。1517 年开展的调查给我们提供了许多蓄意驱赶佃农的案例，这些案例都发生在米德兰平原和中部地区。② 这些地区的佃农以惯例佃农为主的特征，为领主合法（和非法）驱赶佃农提供了可能性。对佃农的驱赶进一步激起了他们的反抗，引发了一系列反圈地暴乱活动。1607 年，米德兰平原爆发了被称为英格兰最后一次农民起义的严重反叛。③

这一时期对农民土地的剥夺对高产高效农场的产生并没有发挥积极作用。这是因为大养羊农场以市场为导向，主要从事羊毛生产，从中获益的主要是羊毛生产者。16 世纪，中部地区新型轮种农业得以普遍推广，谷物产量也得以提高，但是，直到 17 世纪，农业产量的增加才最终体现出

---

① Edward Miller, *The Agrarian History of England and Wales*, Vol.3, 1348-1500, Cambridge, 1991, pp.80-87.

② Edward Miller, *The Agrarian History of England and Wales*, Vol.3, 1348-1500, Cambridge, 1991, p.88.

③ Edward Miller, *The Agrarian History of England and Wales*, Vol.3, 1348-1500, Cambridge, 1991, p.637;John E. Martin, *Feudalism to Capitalism:Peasant and Landlord in English Agrarian Development*, London,1983.

来。[1] 在整个 15 世纪(以及以后很久),东部、西南部,尤其是萨福克东部、肯特一些地区和西南部沿海地区仍然是英格兰的粮食主产区。[2]

综上所述,伯伦纳提出的阶级关系学说在解释英格兰自由农发展的地区不平衡方面存在许多困难和局限。但他关于生产活动中社会关系是农业变迁和自由农发展的决定性因素的认识却应该得到我们的重视。

5. 田制说

"田制说"是 1994 年 5 月罗斯玛丽·L. 霍普克罗夫特在《美国社会学杂志》上发表的《中世纪晚期英格兰农业变迁的社会起因》[3] 一文提出的观点。作者以多元分析为方法,在罗列大量历史事实,逐一批驳了人口说、生态说、市场说和阶级关系说等观点的基础上,提出了中世纪晚期英格兰农业变化不平衡(这种不平衡包括自由农发展的不平衡)的决定因素是各地生产社会组织或田制的不同。

罗斯玛丽·L. 霍普克罗夫特在深入开展多元分析时,选择 1334 年至 1515 年英国 44 个郡的社会财富增长率为从属变量,选择市场、工业、人口、地方农业社会组织(田制)和农业的技术革新为独立变量,但却没有直接测量农业发展或变化。由于当时英格兰各郡农业生产要素全面详细的数据资料难以估算,从而难以直接衡量农业发展情况。霍普克罗夫特提出了来自工业生产的任何财富都是农业发展间接证据的假设,这样,经济增长就包含了土地、劳动力和资金的使用回报率。于是,霍普克罗夫特就用

---

[1]　Rose L. Hopcroft, "The Social Origins of Agrarian Change in Late Medieval England", *The American Journal of Sociology*, Vol.99, No.6.(May,1994), p.1577.

[2]　Edward Miller, "The Agrarian History of England and Wales", Vol.3, 1348-1500, Cambridge, 1991, p.135.

[3]　Rose L. Hopcroft, "The Social Origins of Agrarian Change in Late Medieval England", *The American Journal of Sociology*, Vol.99, No.6.(May,1994), pp.1559-1595.

经济增长代替了农业增长。在他设计的各个独立变量中，多数采用的是14世纪晚期的数据。例如，他把港口数量（PORTS）和1334年的市场数量（MARKETS）作为市场因素指标；把到14世纪晚期为止每年的布匹生产数量（CLOTHS）和毛纺织工业中心的数量（WOOLS）作为工业衡量指标；人口指标源于1377年的人头税数量，他以每平方英里人口（POPU-LATION）来衡量人口密度对经济的影响；农业技术革新指标采用领地内畜力中马匹的百分比（HORSES）。在这些独立变量中，只有田制是虚拟变量，基于规则敞田区与圈地区拥有更高的庄园化程度和较少的自由农民数量，霍普克罗夫特把英国敞田分为两类，分别是规则敞田制度（Regular Open Field System）地区、不规则敞田区和圈地区（Irregular Open Fields and Eclosures），并把是否规则敞田区作为独立变量来衡量农业社会组织在农业变革和自由农发展中所起的作用。

经过多元分析之后，霍普克罗夫特得出了如下结论，1600年以前，英国工业发展程度、人口密度和地方农业社会组织是导致经济发展地区不平衡的决定性因素，而地方农业生产社会组织即田制的地区间差异是导致农业发展不平衡的最重要因素。在这种因素影响下，英格兰东部和西南部实行不规则敞田制的地区最先利用农业新技术，规模化发展的农场、联合农场、圈地以及契约型和非"封建"土地持有协议（contractual and nonfeudal landholding arrangements）也最先出现在这些地区。而在实行规则的敞田制的地区，呈现的却是农业发展较为滞后、农民向自由劳动力发展较为缓慢的另一幅景象。

第三节　自由农发展地区不平衡的主要原因

西方史学界关于中世纪晚期英国农业发展（包括从农奴到自由农的发

展）地区不平衡原因的研究从不同角度给我们提供了借鉴，在此基础上，我们提出如下观点，各地实施的不同田制惯例对农民经济权利保障带来的差别是造成这一时期英国不同地区自由农发展不平衡的主要原因。早在中古时期，对农民个人财产权利的保障机制就已经在英国出现了，但这种保障机制在各地存在较大差别，不同的惯例，导致各地对农民个人财产权利的保障存在程度上的地区差别，在转型时期，这些差别进一步加深了地区间自由农发展的不平衡。对这种不平衡的成因继续进行深入分析，首先需要对英国不同地区的田制及惯例做出深入解读。

　　作为一个常见的术语，"田制"经常被西方史学界用于描述中世纪晚期这一特定时间内英格兰不同地区间农业生产的社会组织方面的区别，是包括阶级关系、农业生产规则、土地的使用和继承等方面一系列完整社会秩序的总称，囊括了农业变迁过程中存在的所有社会规范。对田制起源的争论很多，有观点认为或可上溯至中世纪早期。[①] 田制的类型很多，但西方学者多把中古晚期英格兰的田制分为两种类型，即"规则的敞田制"和"不规则的敞田制和圈地区"。[②]

　　规则的敞田制主要分布于米德兰平原和英格兰中部地区。在这种制度下，一片紧凑的住宅群居中，周边围绕着两三块较大面积的共同体农场耕地，村民们各自独立并分散拥有这些大面积地块中的条田，但这种所有权是不完全的，公共耕作规则对他们的土地具有支配作用，村民们必须服从这一规则，在每年的一定时间内，村庄的牧群可以在他们的土地上放养。除了拥有两三块敞田，每个村民还拥有专用"公田"。公田可能是粗糙的牧地、荒地，也可能是高质量的草场。每个村民都有遵守"村法"（bylaws）

[①]　Rose L. Hopcroft, "The Social Origins of Agrarian Change in Late Medieval England", *The American Journal of Sociology*, Vol. 99, No.6.(May,1994), p.1578.

[②]　Rose L. Hopcroft, "The Social Origins of Agrarian Change in Late Medieval England", *The American Journal of Sociology*, Vol.99, No.6.(May,1994), pp.1559-1595.

的义务。"村法"的规范作用主要体现在三个方面，一是主要用来规范大片耕地和公田的使用，协调种植、收割和放牧；二是规范村庄放牧人和围栏看护人的任命；三是与庄园法庭一起，对长子继承制惯例起到强化作用。村法的存在为个人持有地的世代传承提供了保障。

典型的不规则敞田制和圈地区主要分布于东部和西南部地区。这种田制尽管也规定了一些公共权利，但与中部的规则敞田制不同，它对个体财产权利做出了更多规定。表面上看来，不规则敞田制地区和规则敞田制地区很相似，但不规则敞田制地区的很多土地被圈占并且较少有种植和畜牧方面的公共规则。土地持有人的条田不是分散拥有而是集中在村庄的同一块土地上，这种土地占有方式为私人放牧提供了便利条件。不规则敞田制并不是规则敞田制度衰落的产物，因为它从来就不曾出现过固定状态。[①]就规模来看，与规则敞田区村庄相比，不规则敞田制的村庄小而分散。教堂通常在村庄十分显眼的位置上独自而孤立地矗立着。在东盎格鲁和西南各郡，我们都发现了这样的田制。时至今日，从剑桥到诺里奇，无论是在稠密的村庄和位于中心的教堂，还是在更加分散的聚居地和孤立的教堂，旅行者仍然能观察到这种地区变化的存在。毋庸置疑，在东盎格鲁、艾塞克斯、肯特的部分地区和英格兰其他地区，圈地行为虽然也存在过，但圈地地区主要集中分布于西部和北部的山区。在这里，田地被树篱、树或石头等围栏围起，很少能见到敞田，大多数土地是完整的圈占地和私人土地，圈来的地块主要发展畜牧经济，散落的住宅悠闲分布于地表景观中。鉴于多数圈占地块以绿意盎然的活树篱或者茂盛的树木为围栏，这种幽美的景观从而为圈地地区赢得了"木本群落"（woodland）的雅称。[②]

[①]　H.L.Gray,*English Field Systems*,Harvard University Press, 1915; H.E.Hallam, *Rural England 1066-1348*, Sussex:Harvester Press,1981.

[②]　Rose L. Hopcroft, "The Social Origins of Agrarian Change in Late Medieval England", *The American Journal of Sociology*,Vol.99, No.6.(May,1994), pp.1578-1582.

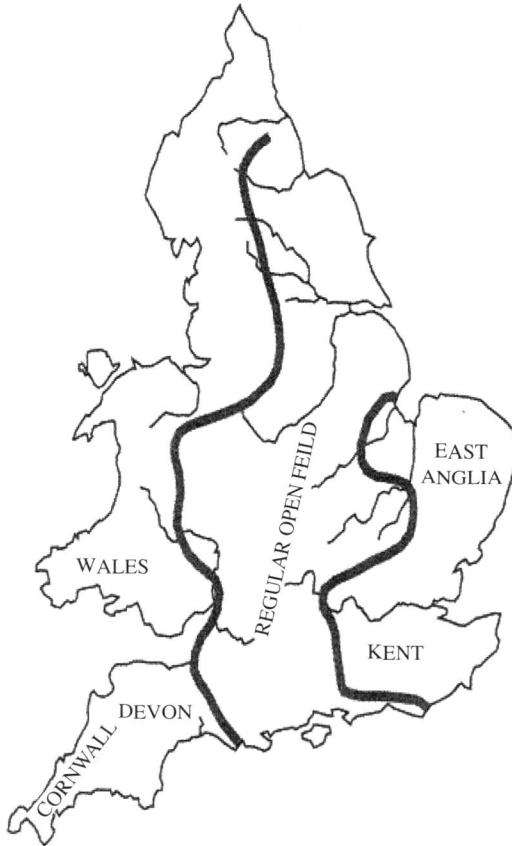

图4　不列颠规则敞田制地区。Regular Open Field 为规则敞田区，集中在英格兰中部和米德兰平原，属于自由农发展较慢的地区，议会圈地即主要发生在这些地区。规则敞田区以外的东盎格鲁（East Anglia）、肯特（Kent）、威尔士（Wales）、德文（Devon）、康沃尔（Cornwall）等地为不规则敞田区和圈地地区，是中世纪英国自由农发展较快的发达地区。

　　规则敞田地区对农民个体权利的保障与不规则敞田区存在一些差距①，这是两者之间最主要的区别。在规则敞田制地区，农业和土地使用

---

　　① 　H. L. Gray, *English Field Systems*, Cambridge, Mass.:Harvard University Press, 1915.

的公共规则与共同体为本位 (communitarianism) 的强大的传统相伴相随。处于村庄中心位置的教堂是共同体生活的中心，人们总是"本能地从共同体的角度思考问题"。霍曼斯（Homans）在描写敞田村民的态度时写道，他们"感觉他们必须尽其所能帮助邻人，每个人都要在自己的岗位上更好地为村庄的共同利益服务"；一个成员产生债务，全体成员都要负责的惯例充分体现了个人与共同体之间休戚与共的密切关系；只有在规则敞田地区的村庄，才会出现以共同体集体身份庆祝的大型节日。① 以共同体为中心的利益保障机制弱化了农民个体权益的保障，导致规则敞田地区庄园化趋势十分明显。按照规则，英格兰敞田地区的村庄通常只有一个领主，敞田里混杂着领主和农民的条田。多数村民都是由维兰发展而来的惯例佃农，他们以庄园惯例持有土地，接受庄园法庭的领导。在这里想要找到完全拥有自己土地的自由持有农是比较困难的。庄园当局详细记录了庄园和村庄的方方面面，村庄共同体通过庄园领主实现统治，因此规则敞田制在我们关于英格兰中世纪生活的观念中处于支配地位。大量完整的庄园档案资料保存了下来，成为研究中世纪历史的基础。相反，在庄园领主较弱的不规则敞田地区，流传至今的档案资料相对较少，为全面认识这些地区的历史状况带来困难。

规则敞田制地区农业社会组织相对阻碍了农业发展及商业化，并进而迟滞了农民从庄园制束缚下获得解放的步伐。首先，规则敞田制为增加"封建"义务和赋税提供了便利条件，事实上，这里的税率也相对较高。无论是耕种在自己的土地上还是在领主土地上，劳动者获得的剩余产品也较少。其次，农业生产由共同体决定的惯例，导致生产者自主权缺乏，个体农民根据市场需求自主调整种植作物、改变农业技术和方法面临较大困

---

① G.C.Homans, *English Villagers in the Thirteenth Century*, Harvard University Press, 1941, p.308, p.338, p.374.

难。最后，禁止世袭财产转让的惯例导致耕种者无论是出售还是继承，都不能按照自己的意愿处置土地。

此外，在规则敞田制农业中，村法还引起了很多"免费搭车"（free riding）现象。英国中世纪最著名的文学作品《农夫皮尔斯》一书中为我们描述了一些这样的问题，皮尔斯说，犁地时，我会犁得很窄，留下一英尺或一犁地给邻居犁；收割时，我的镰刀就伸得过长，或者告知他们为我收割我从未播种的粮食。[1]"免费搭车"现象压制了农民劳动创收的积极性和提高牲畜品质的积极性。例如，共同放牧的惯例剥夺了个体农民控制牲畜饲养和疾病传播的可能，使他们对改良牲畜品质变得漠不关心。条田紧密相连的惯例导致在除草或土地保养方面一个人的疏忽就可能使所有农民除草和消灭害虫的努力化为乌有。

村庄规则反对圈占土地的规定，剥夺了耕种者的土地从共同体土地制度中退出的权力，持有土地分散继承并得以长期维持。这种顽固的分散持有的模式不利于土地的集中，严重阻碍了大农场发展。因此，在规则敞田制地区开展圈地是十分困难的，那会被认为是对共同体的挑战。直到18、19世纪的议会圈地法案出台以后，这一地区的圈地才得以最终完成。

规则敞田区农业生产的诸多惯例严重限制了耕种者的自主权，难以调动劳动者的生产积极性，压制了个体劳动者追求利润的渴望，大大降低了财富的积累速度，为面向市场的生产和自由农民的发展套上了沉重的锁链。

与此形成鲜明对比的是，在圈地地区和不规则敞田制地区，村庄共同体的力量较弱，表现相对强势的反而是劳动者的个体权利，在社会伦

---

[1]　Rose L. Hopcroft, "The Social Origins of Agrarian Change in Late Medieval England", *The American Journal of Sociology*, Vol.99, No.6.(May,1994), p.1580.

理和地区惯例中占主导地位的是个人主义和家庭主义。这种闪耀理性主义光辉的伦理和惯例盛行于东部大多数地区和西南部一些地区。其实，早在 13 世纪的东盎格鲁，个人主义和家庭主义的伦理思想就已经被发现了。[1] 在继承惯例中，我们也能够看到这种伦理的存在。在这里，遗产继承按惯例是可以分割的，所有继承人都可以平均分割先辈的遗产而不是单独由一个人继承。[2] 大家都有权得到一些遗产，虽然这个蛋糕会越切越小。

圈地地区和不规则敞田制地区的庄园劳役很少，劳动也较早实现了货币支付。作为自由持有农，大多数农民不必再负担各种"封建"义务。在东部地区，这种现象尤其普遍，并已在肯特、艾塞克斯和东盎格鲁等地存在了很长的历史。这里的平民对任何残余的"封建"义务都深感恼火，甚至掀起一次又一次的激烈反对。1381 年大起义和后来的起义都为农民的这种反抗精神提供了注脚。

相对较强的农民权利意识促进了个体农民的生产发展，其表现主要有：较少的公共惯例有利于个体耕种者能够相对自由地面对市场，可以自主选择作物、耕种方式以及合理安排农时。拥有私人财产权利使耕种者不用再担心共同体和公共惯例的干涉，免受邻居的干预或破坏，鼓励和激发个体耕种者更加迎合市场需要组织农业生产、开展技术改良和作物培育、投入更多密集劳动和资金，并进而推动了个体劳动的发展。

在圈地地区和不规则敞田制地区，农民可以根据自己想法出售土地，小块土地和大块土地在市场上交换日益频繁，分割继承的惯例也进一步促进了土地市场的发展。拥有一小块土地的人既可以通过购买土地扩大规

---

[1]　Alan Macfarlane, *The Origins of English Individualism*, Oxford, 1978.

[2]　B.M.S.Campbell, "Population Change and the Genesis of Commonfield on a Norfolk Manor", *Economic History Review*,1980, 2d ser., p.183.

模，也可以把土地卖掉转为非农产业。日益繁荣的土地市场成为农场扩大与合并的加速器。由于农民持有地往往比较集中，数个小地块合并成一个农场就显得比较容易，一个合并农场的经济效益也显然要好于分散的小地块、小农场。在 14 世纪中期人口减少之后的东部和西南部地区，农场的扩大和合并的效果都很显著。私人财产权利为希望圈地的耕种者提供了便利。15 世纪，出于耕种和放牧目的，东部和西南部都出现了很多圈地。并且因为没有冲击到共同体的利益，这里的圈地出现较早而抱怨很少，这与米德兰平原与中部地区形成了鲜明对比。因此，都铎时期的评论员指出，圈地的地区差别到 16 世纪早期更加明显。①

　　综上所述，在中世纪晚期，英国自由农发展的地区不平衡不能简单的从市场、人口或生态因素等方面去理解，阶级关系也确实对地区变化方式起到了影响，但也不是伯伦纳所认为的影响方式。在庄园领主力量最大，对佃农控制较强的地区，没有获得早期发展的农业，却在农民财产权利较强，少有强制剥夺农民的东部和西南部农业发达地区化茧成蝶。因此，农业生产组织中农民个体权利保障的地区差别才是决定自由农民发展水平不平衡的真正原因。在个体权利较强的英格兰东部和西南部，由于农民自主性较强，可以根据自己的意愿选择经营方式适应市场需要，个体农民发展的环境较好，经济发展也最快，所以他们也最先洗刷了封建土地保有制在自己身上留下的最后痕迹，成为最早的自由农民。反之，在 14—16 世纪，在个体权利相对较弱的米德兰平原和中部地区，由于经营自主权不足，适应市场变化能力不强，这里的农民个体发展和农业整体发展都落后于东部和西南部地区，沉重的封建枷锁仍然限制他们前进的步伐。

----

　　①　Jan de Vries, *The Dutch Rural Economy in the Golden Age:1500-1700*,Yale University Press, 1974. And see Rose L. Hopcroft, "The Social Origins of Agrarian Change in Late Medieval England", *The American Journal of Sociology*,Vol.99, No.6.(May,1994), p.1584.

小　结

在英国从传统社会向近代社会过渡的过程中，各地发展水平不平衡，自由农的发展也存在着地区差别。这种差别主要表现在三个方面：（一）东部和西南部地区农民较早摆脱农奴义务，成为自由农，而中部地区和米德兰平原的农民却长久受到封建枷锁的桎梏；（二）东部和西南部地区比中部地区和米德兰平原的自由农在经济上相对富裕；（三）东部和西南部以自由持有农为主体，中部和米德兰地区以惯例佃农（公簿农）为主体。上述地区差别形成的根本原因是：各地惯例对村庄共同体和村民个人权利保障的侧重点不同。

第五章
自由农的历史贡献

自由农民是英国历史上一个重要的社会阶层，英国自由农经济的发展促使了庄园制度和农奴制度的瓦解，一些富裕的自由农家庭农场向资本主义农场的转变生成了资本主义生产方式。自由农民阶层的发展对英国历史发生了深刻的影响，对转型时期的英国历史进程做出了极其重大的贡献。

第一节　乡村社会的脊梁

富裕的约曼被西方学界称为"乡村社会的脊梁"。他们的影响力不但在以堂区为单位的地方行政事务、法律行为和军事活动中得以体现，而且也经常通过担任官吏、参与议会议员选举，甚至在王室财政贡献中得以凸显。

堂区是中世纪英国乡村行政单位，并设有多种行政职务，比如治安官、济贫官、教会执事、道路主管和桥梁主管等职位。

约曼常被委任为其中最为重要的治安官。治安官的主要职责，包括如下方面：

序号	治安官职责主要内容
1	维护治安，负责逮捕所有暴徒或破坏王室和平的人；
2	逮捕所有重罪犯和诉讼教唆犯，或发布布告追捕试图逃到另一个堂区的罪犯；
3	逮捕所有歹徒、流浪者、夜间为非作歹者，以及别的嫌疑犯；
4	控制非法赌博和过度饮酒，监督经营啤酒店、便餐馆、客栈的人；
5	依据不良行为的性质把所有罪犯送上相应的法庭；
6	逮捕天主教不尊奉国教者和他们的孩子以及不按期参加宗教活动的仆人；
7	负责弓箭的保养；
8	收获季节参加寻找帮工；
9	监督堂区居民在每个复活节周选定道路主管；
10	检测在共同体制造和出售的麦芽的质量和数量是否达到了法定要求；
11	执行治安法庭或郡内其他高级法庭的命令。

　　上述内容，并非治安官全部职责，还包括如下特定条件下出现的非常态性内容：

序号	非常态性特定职责主要内容
12	战争结束后，为受伤的士兵征收救济金；
13	在粮食歉收年份执行市场规则；
14	征兵时，发布征召令；
15	征收用于特殊的修补桥梁的税收或补充不足的物品；
16	主持小型治安法庭等。

上述职责包括从武器的修补养护，到公共设施的修建，再到社会治安的维护和上级命令的执行。①

尽管这个职务并非约曼的专职安排，因为城镇的档案显示治安官来源还包括店主、客栈老板、行商，但是从乡村来看，堂区约曼任职占比最大。甚至，治安官与约曼之间已近乎可以划等号了。这在迈克尔·道尔顿的手册《乡村司法》中得到了充分体现。据道尔顿说，治安官应该"诚实、忠实履行职责，不受个人偏见和好恶影响；了解他必须做什么；具备勤政所需的能力、财产和身体……"这样的要求对任职者提出了较高的要求和标准。可以说，在当时英国社会中能够充任这一职位的人或阶层，应该是有限的。富裕的约曼似乎是最为适合这样职务的阶层。因为他们的财产和个人能力基本适应了该职位的基本要求。尽管并非所有担任这一职位的约曼都达到上述要求，但正如当时绅士被作为法官一般人选一样，任职治安官已与约曼的身份和阶层结合，成为其义务。②

堂区教会执事是另一个经常由约曼担任的职务。在认识约曼与堂区教会执事的密切联系前，我们有必要首先了解一下堂区教会执事的任务与职责③：

序号	堂区教会执事工作主要内容
1	看护教堂建筑与设施免受损害；

---

① E.P.Cheyney,*History of England from the Defeat of the Spanish Armada to the Death of Elizabeth*, 1926, II, Chap.XLI；and see J.R.Kent, "The English Village Constable 1580 - 1640:The Nature and Dilemmas of the Office", *The Journal of British Studies*,Vol.20, No.2 (1981), pp.28-29.

② Michael Dalton, *The Country Justice*, Chap.174.William West:EEBO Editions, ProQuest, 2010, p.267.

③ 刘城：《中世纪英国教会史研究》，首都师范大学出版社1996年版，第49页。

续表

序号	堂区教会执事工作主要内容
2	负责堂区济贫工作；
3	维护堂区道德秩序，协助教区法庭相关事务；
4	负责堂区的财政收支与教产经营；
5	征收本堂区的"彼得便士税"。

　　从表中不难发现对任职者经济和个人能力的严格要求。因此，教会执事的重任也通常会落在约曼头上。为了完成上述任务，任职的约曼常需要自己出钱。当然，自掏腰包并非毫无补偿，但这样的补偿总是会耗费很长的时间，并要求详细的账目。此外，教会执事还会与治安官、济贫官在某些职能和工作上有重叠或合作之处。[①]

　　济贫官的工作职责决定了普通人难以充任这样的职务。该职务的工作主要是执行济贫法，并可以简单概括为：为所有堂区内没有生产、生存能力的人提供适当的帮助。[②] 相关档案资料表明了这样的一个基本事实：不但济贫官主要由富裕的自由农担任，而且任职比例在面积较小的地区更加凸显。[③]

　　相较于其他职位复杂而多样的职责，道路主管和桥梁主管职责更加清晰明了，主要是负责道路和桥梁养护。尽管如此，富裕自由农任职比例仍

---

　　① J.C.Cox，*Churchwardens' Accounts from the Fourteenth Century to the Close of the Seventeenth Century*, Kessinger Publishing, 2010, pp.4-6, pp.219-223.

　　② 比如，处理堂区病人、残疾人、老年人、没有能力的人的问题；为有劳动能力的失业者提供工作；为做学徒的穷人家的孩子和孤儿寻找合适的师傅；帮助堂区所有乞丐、游民、流浪者或因任何自然原因成为公共负担的不幸的人。李彦雄：《中世纪晚期和近代早期英国富裕自由农在乡村公共事务中的贡献》，《安阳师范学院学报》2009年第4期。

　　③ *Overseers of the Poor*, 1635.Shrewsbury Mss. 转引自 Mildred Campbell, *The English Yeoman*, New York, 1968, p.331.

是所有阶层任职比最高的，达到 90%。①

　　作为中世纪英国乡村最基层的行政职务，上述各职位的工作繁琐且繁重。这要求大量的时间的投入和金钱的垫付甚至承受损失。普通农民因此被排除在外；骑士和乡绅不屑于这些职位。于是，这些职位毫无意外地落在了富裕的自由农身上。这一切因素综合作用的直接结果是：在中世纪的英国乡村，富裕的自由农阶层成为其中的核心和骨干。

　　法庭陪审员是富裕自由农的又一项重要职责。关于这一部分职责，笔者已有专门讨论，此处将主要对陪审员要求与约曼之间的关系进行简要讨论。四季法庭是约曼作为陪审员发挥作用的主要场所，其主要包括小陪审团和大陪审团。前者又被称为判决陪审团，后者也被称为听证陪审团。关于陪审团，中世纪的英国曾有严格的规定，但随着历史的发展，这些规定逐步发生了松动和变化。中世纪早期的任职土地财产收入标准限定在 40 先令以上，并将任职者的身份限定为自由土地持有人。但在中世纪晚期和近代早期，这一限制发生变动，具体变动如图 5 所示：

　　显然，尽管条件有所放宽，但对财富的标准仍是一道鸿沟。事实上，有人曾希望富有才能的绅士担任此职位，但该职务并不能引起绅士的兴趣。他们将其看作一项繁重的任务；传统上也主要从约曼担任。因此，富裕自由农成为四季法庭判决陪审员的绝对主力。而早期由乡绅中选取的听证陪审员，到伊丽莎白时代和斯图亚特早期也开始出现由约曼来担任的情况。②

---

　　①　Mildred Campbell, *The English Yeoman*, New York, 1968, pp.334-35.

　　②　当时，柴郡和兰开夏郡的大陪审员仍以乡绅为主；德文郡、汉普郡和诺福克郡也主要由乡绅担任大陪审员，但也有一些约曼任职。艾塞克斯郡和斯塔福德郡大陪审员名单上则有大量的约曼代表。科维尔（Cowell）在 1607 年说大陪审团由"24 个庄重而富裕的乡绅或一些约曼"组成。参见李彦雄：《中世纪晚期和近代早期英国富裕自由农在乡村公共事务中的贡献》，《安阳师范学院学报》2009 年第 4 期。

不过，约曼最广泛的服务还是担任判决陪审员。①

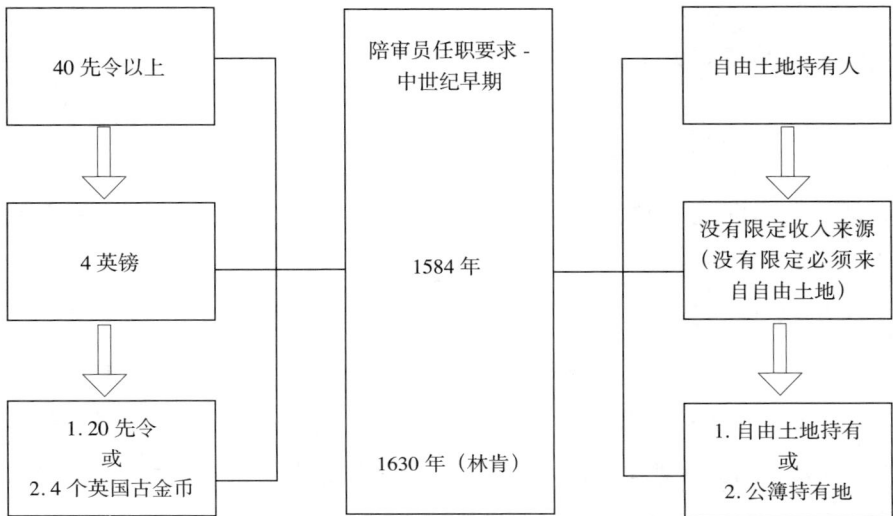

40 先令以上	陪审员任职要求 - 中世纪早期	自由土地持有人
4 英镑	1584 年	没有限定收入来源 （没有限定必须来 自自由土地）
1. 20 先令 或 2. 4 个英国古金币	1630 年 （林肯）	1. 自由土地持有 或 2. 公簿持有地

图 5 　中世纪至近代陪审员任职限制的演变

事实上，逐步成长起来的约曼的身影，不再局限于基层行政单位的低级职务。他们开始更多地承担诸如高级治安官、王室补助金高级税务官等曾由乡绅担任的高级职务。

除此之外。伊丽莎白时代和斯图亚特早期郡低级地方行政官，也曾普遍由富裕的约曼担任。比如：

1605 年奇平·卡姆登自治长官——约曼威廉·达文波特；

1593 年德文牛羊肉征集官——约曼克里斯托弗·沃尔顿；

詹姆士一世时期德贝郡高地护林官——约曼托马斯·巴戈肖。

此外，还有很多郡的监狱看守和感化院重要职位，乃至南部和西南地区的不同级别的警官等常由约曼担任。②

---

① Mildred Campbell, *The English Yeoman*, New York, 1968, pp.339-344.

② Mildred Campbell, *The English Yeoman*, New York, 1968, p.347.

在地方行政事务之外，伊丽莎白时代和斯图亚特早期的约曼还参与两项具有全国性的服役性质或潜在的全国性的服役性质的事务，分别是郡议会议员选举和在国民警卫队注册。

相对于在公共事务上贡献，富裕的约曼对国家财政的贡献同样不可小觑。下文表格中的数据，充分体现了约曼的参政贡献率。表中所呈现出来的数字，以平均值为基础，但却容易造成一种误解。因为作为巨大财富拥有者的骑士、乡绅和绅士群体呈现出 16.53 先令的平均纳税额，但相关统计数据却揭示出将近 50% 的成员纳税额在 12.17 先令之下。这个富裕自由农的人均税额数字，成为一条线。它意味着骑士、乡绅和绅士群体阶层不足均数的税额部分被富裕约曼填补了；同时，富裕约曼中的相当一部分纳税已经超过前者的平均数，高达 20—30 先令。[1]

附表：贝德福德郡农业阶层税率支付，伊丽莎白 35 年和 36 年[2]

身份	纳税人数量	估定的年收入（英镑）	平均年收入（英镑）	总纳税额（英镑）	人均税额（先令）
骑士、乡绅和绅士	250	1797	7.15	206.62	16.53
约曼和农夫	1177	3773	3.21	531.55	9.03（约曼人均为 12.17 先令，农夫人均 8.15 先令）
总数	1427	5570		738.14	

作为补助金的重要补充的"慈善金"(benevolences) 的捐赠同样体现

---

[1]　李彦雄：《中世纪晚期和近代早期英国富裕自由农在乡村公共事务中的贡献》，《安阳师范学院学报》2009 年第 4 期。

[2]　F.Dietz, *English Public Finance,1558-1641*, London:Adam & Charles Black, 1932, pp.382-383.

出约曼的贡献。笔者统计了贝德福德郡（1588）、剑桥（1605？）、拉特兰（1625）的三次捐赠的数据。发现三次捐赠中总人数达179人，其中约曼占比约23%（40人），仅略低于乡绅25%（45人）的比例；而估定人均数额分别是17.01英镑和17.31英镑。[①]

综上所述，富裕的约曼的崛起为英国带来了全方位的影响。首先，英国乡村社会普遍受到他们的影响，推动了基层社会的稳定和秩序；其次，在自上而下的各级行政和司法组织乃至议会中，约曼越来越呈现出中坚的作用，甚至成为王权的可靠支持者；最后，他们还为军队提供了稳定的士兵来源，为国家财政提供了充足的来源，孕育着新的阶级胚胎。富裕的自由农在英国国家运行中的作用日渐上升，已然成为"国家的支柱"。[②]

第二节　自由农的发展与资本主义农场主的诞生

经过前原始积累，以及经济的、政治的、司法的等多种斗争手段和途径，农民权利和经济进一步发展，自由农和非自由农之间的壁垒被打破，在英国社会孕育出了一个富裕的自由农民上层。他们改变着乡村社会的经济生活和政治生活，也改变着他们自身。他们正在迅速抹掉旧式农民的印迹，在经济与地方行政、司法事务中发挥重要作用，成为最富生气的乡村社会力量。他们在创造新生活的过程中，改变经营方式，形成了新的社会交往方式、新的品质和社会观念。他们中的一些人适应市场需要，善于经营自己的农场，成为了资本主义农场主——一个崭新的社会阶层。

英国的资本主义产生于农业领域，资本主义农业的产生和自由农民的

---

① Mildred Campbell, *The English Yeoman*, New York, 1968, pp.359-60.

② Mildred Campbell, *The English Yeoman*, New York, 1968, p.360.

发展是密不可分的。自由农民的发展不仅是资本主义生产方式产生的基本推动力，而且自由农民还是资本主义农场主的重要来源之一。从传统农业向资本主义农业的转变，从富裕农民向资本主义农场主的转变是一个涉及社会方方面面的复杂问题，这里主要从自由农的发展与资本主义农场的产生之间的关系，富裕的自由农与资本主义农场主之间的联系的角度进行探讨。

首先，自由农的发展为资本主义农业的发展提供了自由雇佣劳动力保障。资本主义生产方式产生的基础之一是必须有大量的自由雇佣劳动力。中世纪早期农业领域劳动者是不自由的，对领主有一定的人身依附关系。然而，到13—14世纪英国农民逐渐拥有了自由劳动的权利。[①] 自由劳动的权利的确立体现在两个方面，一是劳动力的自由流动，二是货币地租的确定。

随着农民经济实力和个体权利的发展，争取自由的农奴逃亡斗争成为劳动力自由迁徙运动的先声。在领主及庄园法庭干预无效的情况下，只好以一年一次的迁徙税（chevage）作为迁徙合法性的标志，事实上承认了包括农奴在内的农业劳动力自由流动权利。尽管数据不能完整显示情况的发展，但迁徙税登记簿还是体现出13世纪后英国农民迁徙规模的扩大。比如，诺福克富恩斯特庄园有135份农奴土地，但1275年后的25年间，平均每年就有100个农民迁徙到外地谋生。真实的情况是不少农民选择了不辞而别。E. 米勒总结说，一个庄园平均每年有20个交迁徙税的农民是很平常的。[②] 庄园能控制的农民数量明显减少，所以，农民的实际流动量必定比档案记录要高。农民迁徙的范围很广，而且不断扩大。

---

① 侯建新：《社会转型时期的西欧与中国》，高等教育出版社2005年版，第253页。

② E.Miller & J.Hatcher, *Medieval England-Rural Society and Economic Change*, pp.43-44; 侯建新：《社会转型时期的西欧和中国》，高等教育出版社2005版，第254页。

货币地租是农民人身自由的另一标志，它打破了劳役地租对农奴人身的束缚。将劳役折算为一笔货币，主要依据劳动力的市场价格，而不是根据领主的意愿重新商定，如同劳役地租是为领主付出的劳动量不可商定和更改一样。[①] 货币地租的实行和固定不仅鼓励了农民个体生产的积极性，使农民创造出更高的生产率和储蓄率，为资本主义农场的诞生提供了必要的资金，而且为资本主义经营方式的产生确保了大量自由雇佣劳动力的存在。

其次，大面积土地的获得是资本主义农场建立的另一基础。现代集约型农场的存在要求生产资料（这里主要指土地）的高度集中，个人自由度和个人财富不断壮大的农民，一心想扩大自己的耕地。除了蚕食小块土地外，16 世纪和 17 世纪早期英国出现了富裕自由农大面积购买土地的高潮。修道院的解散，王室领地的出售，以及森林、荒地和沼泽的圈占和开垦为农民农场主提供了三次大规模扩张耕地的机会。解散修道院初期，修道院土地并没有直接进入农民手中，而是到了投机者手中并因此进入市场，在市场上经过分割再分割后，在 16 世纪晚期进入小买主手中。与土地转让有关的契约和其他文件充分表明，获得修道院土地的自由农家庭在上升。伍斯特郡约曼威廉·彭赖斯（William Penrise）的土地被描述为"不久前属于博德斯莱（Bordesley）修道院"。1566 年德文郡的约曼巴纳德·勒克斯顿（Barnard Luxton）花四百英镑买下了"晚期属于哈特兰（Hartland）修道院"的艾伯汉（Abbotsham）庄园。德文郡另一个自由农的土地被描述为"解散了的普莱姆普顿 (Plympton) 修道院的地产的一块"。苏塞克斯一位自由农的土地以前"是巴特尔（Battle）修道院的一部分"。在这个时期约克郡许多自由农从以前属于富裕的修道院的地产上获利。虽然亨利八世为了王室的利益而解散修道院；但他这么做却有助于形成百年的农业发

---

① 侯建新：《社会转型时期的西欧和中国》，高等教育出版社 2005 版，第 254 页。

展。都铎晚期和斯图亚特早期，王室公开宣称为了筹集货币对王室领地进行大规模租佃和出售，同时对新开发土地、林地、荒地、沼泽进行开发。17 世纪早期至少六项王室委任状是专门处理林地问题的；詹姆士一世统治时期，国家还开始了开垦沼泽的大型设计方案；联合、租佃和出售活动一直持续到内战爆发。这些都大大刺激了土地市场，所有乡村共同体都因新圈占的林地或垦荒田得到了发展。①

一些富裕自由农借此机会购买或租佃了大量土地，成为新兴的大土地所有者。萨福克一个自由农托马斯·雅各布（Thomas Jacob）1610 年花费 2100 英镑用于买地。同一年艾塞克斯一个自由农约翰·斯里奇（John Sleach）土地交易金额为 1100 英镑。德贝郡自由农约翰·弗莱彻 (John Fletcher) 用 2100 英镑买下了几年前他父亲租佃的阿瑟·英格拉姆爵士的庄园和土地。什洛普郡霍格斯托（Hogstow）一个自由农威廉·斯卡利特（William Scarlett）为买地支付了 2000 英镑。格洛斯特郡一个自由农托马斯·戴维斯在 1658 年进行了数次土地交易，其中一次土地交易中签订的购买合同价值就高达 1160 英镑。对 1570 年到 1640 年间超过 4000 份约曼土地交易契约和其他相关文献的统计表明，约曼土地购买金额范围，从为一陆德（1/4 英亩）土地支付的 9 便士，到投资于大地产的 2100 英镑不等。这种文件通常不写清详细的购买价格，但从明确标明金额的 3103 笔交易中可知：1152 笔或约 37% 金额不足 50 英镑；675 笔或约 22% 金额在 50—100 英镑之间；573 笔或约 19% 金额在 100—200 英镑之间；441 笔或约 14% 金额在 200—500 英镑之间；226 笔或约 8% 金额在 500 英镑以上。②这些大农场主单纯依靠家庭劳动已不能经营这么大规模的农场，他们往往

---

① Mildred Campbell, *The English Yeoman under Elizabeth and the Early Stuarts*, New York, 1968, pp.70-72.

② Ibid, p.78.

采用支付工资的雇佣劳动力，实际上就是他们在开创新型的资本主义生产方式。

再次，资本主义农场主来源于富裕的自由农民，而不是旧的大土地所有者，这已为历史所证实。庄园领主作为旧式大土地所有者，在土地、资金、劳动力诸要素上本都有自己的优势，他们也曾尝试采用雇佣工资劳动者代替以前的农奴直接经营自营地。然而，由于领主经济不能适应面向市场的生产，又受到新兴富裕农民经济的挑战，后者在雇佣工资劳动者、农产品价格、农业技术和经营等方面总是比领主经济更得心应手。在富裕农民经济或资本主义租地农场主经济的冲击下，领主经济终于逐步退出历史舞台。最终多数领主不得不选择将自营地出租。C. 戴尔根据伍斯特主教地产耕夫和耕畜数量的变化，推算出当时领主地产惊人的缩减幅度：仅在14世纪百年间，领主自营地就减少 67%，其中 40% 的庄园将自营地全部出租，传统领主经济不复存在。[①] 布里纳尔（Britnell）也指出，从 14 世纪 50 年代起，封建主越来越倾向于放弃经营庄园，改行出租制；以至于，15 世纪 30 年代时，仍坚持直接经营者只剩少数大地产。[②] 另据施脱克马尔统计，采用新方法经营农场的贵族在 16 世纪总共不过 5—8 家，而且最后也都变成了高利贷者。[③]

最后，需要指出两点。一是富裕自由农不是资本主义农场主的唯一来源，相当数量改变了土地经营方式的骑士、乡绅和愿意投资土地的商人也是新型农业生产方式的实践者。二是总的说来，在大规模圈地运动之前，

---

① C.Dyer,*Lords and Peasants in a Changing Society:the Estate of the Bishopric of Worcester 680-1540*, Cambridge, 1989, p.122.

② R.H.Britnell,*The Commercialization of English Society 1000-1500*, Manchester, 1996, p.188.

③ ［苏联］施脱克马尔：《十六世纪英国简史》，上海外国语学院编译室译，上海人民出版社 1959 年版，第 48 页。

英国农业内部的新机制已经初步形成。[①] 据陶内统计，英国 16 世纪 52 个庄园的 67 个农场中，55% 的农场经营面积超过了 200 英亩（合 1200 多市亩），12% 以上的农场达 500—900 英亩（合 3000—5400 多市亩）；到 16 世纪中期，英国实行农场方式经营的土地面积已占总耕地的 65%。[②] 在伊丽莎白时代和斯图亚特早期，富裕农民使用农业雇工已相当普遍，日佣逐渐取代了年佣，无论日佣还是计件工的男佣和女佣的工资都由司法固定，形成了公认的工资标准，普通雇佣工人从春天到米迦勒节日工资标准为负责吃喝的在 3 便士到 6 便士之间，不包括吃喝的在 7 便士到 12 便士之间。从米迦勒节到天使报喜节或复活节，工资水平更低：主要因地区而变化，日工资在包括吃喝情况下是 2 便士到 4 便士，不包括吃喝的话是 6 便士到 8 便士。特种工作的工资存在细微差别，割草的男工挣的工资略高于割小麦的，做这两种工作的女工工资是男工的一半。割大麦的人工资高于割燕麦的。打谷和清洁谷物通常按夸脱记工资。小麦或黑麦脱粒男工工资是每夸脱 12 便士到 24 便士，大麦的清洁和脱粒工资在 6 便士到 10 便士之间，燕麦和豌豆脱粒工资也有不同。治安法庭案卷中不乏农场主和雇佣工人之间的劳资纠纷案件。[③]

第三节　社会转型和变革的主力

英国作为原生态资本主义国家，资本主义的兴起和发展源于农业的发

---

① 侯建新：《社会转型时期的西欧和中国》，高等教育出版社 2005 版，第 257-258 页。

② R.H.Tawney, *The Agrarian Problem in the Sixteenth Century*, p.212 & p.259.

③ Mildred Campbell, *The English Yeoman under Elizabeth and the Early Stuarts*, New York, 1968, pp.214-215.

展，而农业资本主义的兴起又以农民的普遍富裕和农民个体权利的普遍发展为基础。富裕农民，尤其是富裕的自由农在英国从传统社会向资本主义社会转变的过程中发挥了骨干和主力军的作用。本节主要从自由农在经济转型和社会转型中的贡献方面进行论述。

　　首先，自由农在经济转型中的作用。马克思对农民与资本主义的产生之间的关系做出了经典论述，他指出，"从封建生产方式开始的过渡有两条途径。生产者变成商人和资本家，而与农业的自然经济和中世纪城市工业的受行会束缚的手工业相对立。这是真正的革命化的道路。或是商人直接支配生产。"[1]从直接生产者农民中间成长出资本家是没有问题的。一个农民当其财富资金积累达到一定程度，他就会雇佣劳动力为市场而生产，榨取雇佣劳动者的剩余价值。问题的关键是怎样看待这种农业资本家的成长。第一，从农民经济的谋生和牟利的二元特征出发，一部分富裕起来的农民雇佣劳动力为市场而生产是很自然的，他们中绝大多数在中世纪晚期仍属于农民经济范畴，没有质的突破。都铎时期繁荣一时的约曼绝大多数仍然是传统的农民，他们勤劳俭朴，既谋生又牟利。他们与真正的资本家相距甚远。如 1628 年约翰·埃尔勒（John Earle）在其著作中描述的那样：约曼是一个乡下人，他给其土地施肥、任其休耕……他的谈话对象是牲口……他的手把握犁，而他的犁则又把握着他的思想。壕沟和土地界标正是他沉思默想的丘冢。[2]可见，许多有着雇佣劳动关系的农场仍然停留在农民家庭农场的生产水平上。在这里许多雇佣关系的出现，并没有带来质的突破。第二，广大自由农经济仍是属于农民经济范畴，然而却提供了资本主义农场产生的契机。包括自由农经济的发展和自耕小农在内的生产方式是承接现代资本主义农业的关键转变环节。"自耕农的这种自由小块

---

　　[1]　［德］马克思：《资本论》第三卷，人民出版社 1975 年版，第 373 页。

　　[2]　Albert J. Schmidt，*The Yeoman in Tudor and Stuart England*. p.3.

土地所有制形式……在现代各民族中，我们又发现它是封建土地所有制解体所产生的各种形式之一。英国的自耕农，瑞典的农民等级，法国和德国西部的农民，都属于这一类……在这种生产方式中，土地的占有是劳动者对本人的劳动产品拥有所有权的一个条件……土地的所有权是这种生产方式充分发展的必要条件……"①随着农民经济上的富裕和财产权利的成长，在他们中逐渐孕育出了一个新型的资本主义租地农场主阶层。马克思指出，"在英国，最初形式的租地农场主是本身也是农奴的管事……在十四世纪下半叶，管事被由地主供给种籽、牲畜和农具的租地农民所代替。这种租地农民的地位同农民没有多大的区别，不过他剥削更多雇佣劳动。他不久就成为分成农，半租地农场主。他筹集农业资本的一部分，而其余部分则由地主提供。双方按合同规定的比例分配总产品。这种形式在英国很快就消失了，代之而起的是真正的租地农场主，他靠使用雇佣工人来增殖自己的资本，并把剩余产品的一部分以货币或实物的形式作为地租交给地主。"②"在十五世纪，当独立农民和那些既当雇工又独自耕作的雇农靠自己的劳动而富裕起来的时候，租地农场主的境况和生产范围都同样是中等的。"③但随着农业革命的进行和价格革命的发生，尤其是价格革命导致的货币价值的不断下跌和农场品价格的不断上涨，使得租地农场主工资和地租支付下降而货币资本却不断增长。"在十六世纪末，英国有了一个就当时情况来说已很富有的'资本主义租地农场主'阶级，是不足为奇的。"④农业的资本主义生产方式的发展，最终又促进了乡村工业的发展，并促进了整个社会经济的转型。

其次，自由农在社会转型中的作用。农民经济和个体权利的发展，不

---

① [德] 马克思：《资本论》第三卷，人民出版社 2004 年版，第 911—912 页。

② 《马克思恩格斯选集》第二卷，人民出版社 1972 年版，第 247—248 页。

③ 同上，第 248 页。

④ 同上，第 249 页。

仅打破了自由人和非自由人之间的界限，而且实际上，上层农民与乡绅、骑士间以及乡绅、绅士、骑士间，也都相互渗透和交叉，界限变得模糊不清；从而自由农的发展不仅造成了英国社会经济的转型和中世纪阶级结构的变化，而且造成了英国原有社会"礼崩乐坏"。以农民个体权利和财产的普遍发展为基础，在英国出现了富裕自由农上层。作为新兴的社会力量，他们对不利于其进一步发展的旧的社会因素深恶痛绝，很快就投身到促进社会变革和转型的斗争中，继续作为农业生产和手工业生产的主力军的同时，又成为了推动社会变革的重要力量。为维护自身利益，广大自由农成为宗教改革的坚定支持者，其中一些富裕农民还成为拍卖修道院地产的直接受益者。教会土地大多落入权贵之手，也有一部分落入地方士绅和商人之手。落入权贵之手的土地不久又转入投机商手中，这部分土地重新进入市场，经过多次易手，大部分土地落入了士绅和商人等社会中上阶层手中，也有部分土地落到了一些富裕自由农手中。[①] 英国资产阶级革命中，资产阶级能够取得决定性胜利，自由农的力量功不可没，这一点从克伦威尔军队的构成上即可判断。也就是说，英国革命虽然就其领导力量来说主要是与新贵族结盟的资产阶级，而实际上埋葬英国中世纪制度的主要力量，本是来自于英国农民。[②]

小　结

富裕的自由农的兴起为英国历史的发展输入了新的生命力，带来了全新的机遇。富裕自由农阶层在英格兰地方行政与司法事务中发挥中坚作

---

① 自由农获得教会地产的史例见本章第二节。

② 侯建新：《社会转型时期的西欧和中国》，高等教育出版社 2005 年版，第122 页。

用，能够进入议会，是王权的重要依靠，他们同时是国家军队的主力，国家主要纳税人之一。鉴于他们在英国乡村社会的影响和作用，因此又被称为"国家的支柱"。富裕农民上层由于在社会、经济发展中的突出作用，而被视为经济和社会变革的骨干和主力军。他们以市场需求为依据，采用更具竞争力的雇佣经济，开创了全新的生产方式，推动了经济和社会的转型。可以说，这一阶层在发展中，孕育了一个全新的阶级——农业资产阶级——的胚胎。广大普通自由小农则用自己的双手和劳动默默无闻地推动着英国历史的进步与发展，并最终成为资本主义雇佣劳动力的主力，继续为英国社会作出自身的贡献。

第六章
自由农阶层的分化

自由农民阶层的发展是英国社会的一个历史现象，曾经创造英国历史"奇迹"的自由农在向近代资本主义社会过渡的数百年间作为一个社会阶层很快就不存在了，究竟是什么原因导致了这一社会阶层的衰落，该阶层又是怎样消失的呢？这首先需要关注农奴制瓦解之后，英国社会结构的变化。

第一节　近代早期英国社会结构的变化

近代早期即前工业化时代英国社会人口结构发生了重大变化，这一变化深刻影响着英国社会的发展。对这一时期英国社会人口流动与人口结构变化的研究，不仅有助于了解处在高度发展阶段的16—18世纪整个欧洲传统社会模式，还有助于了解1540年到1640年经历的史无前例的巨变。对造成这一人口结构变化的原因进行分析，研究其造成的社会、政治、经济、宗教等方面的影响，无疑对研究这一历史时期英国自由农的发展演变是非常有益的。

一、英国前工业化社会人口结构变化的轨迹

要理解这个问题，首要的问题是对近代早期的英国社会结构有正确的认识。学界许多学者对此问题作了回答，笔者比较认同劳伦·斯通的观点。劳伦·斯通认为英国前工业化时代社会结构变化的轨迹，是从一种金字塔向另一种金字塔的过渡，即从联合国模式（United Nations model）向圣·吉米亚诺模式（San Gimignano model）的转变。

斯通指出，西方社会学家倾向于把前工业化社会描述为阶梯形金字塔，低等级的社会阶层构成了金字塔的最底层，贵族和财阀构成了金字塔的顶峰（由于现代西方社会穷人的减少和中间阶层的成长，它已经变成了阶梯状菱形）。但人们有理由怀疑这种模式是否适用于前工业化时代的传统社会。所以出现了两种备选方案。

第一种——我们称之为联合国模式——一座高耸的摩天大楼矗立在一个巨大的低底座上。在底座内部，绵延数英里，生活着95%或者更多的人口，他们沿着宽阔的边界可以自由地横向移动，纵向只能在非常狭窄的如此受限的楼梯通道内上升和下降。摩天大厦上居住着剩余的5%，甚至更少的人口，他们以一系列处于大厦底层的拥有土地的阶层为基础。在其内部是一个单一的机会很少的提升通道，长子之外的幼子们常常因努力失败而半途而废，很少能提升自身。环绕着摩天大厦的，有几条上升的坡道，通向教会、法律、商业和行政等行业。一些人勉强在坡道上扎营，但坡道上风吹雨淋，道路泥泞，他们中的大多数人努力向上奋争并且到达他们能舒适到达的最高高度遮风避雨。

第二种——圣·吉米亚诺模式——是在一座小山上有一系列立式塔。在这种模式下，小山代表无组织的穷苦的地位低下的大众，塔代表了一系列地位相仿的经济和身份独立的阶层的内部提升通道：土地、宗教、法律、商业和政府官员是这些塔内最明显的通道。

尽管这些模式确切来讲都与事实不符，但二者都是对传统阶梯金字塔形象的改进。在拥有地产的等级的眼中，因为商业和职业身份的提升，1500—1700年英国社会经历了从联合国模式向圣·吉米亚诺模式的转变。[①]

二、前工业化时期英国社会等级身份

前工业化时期，随着农奴制度的解体，自由与不自由的区别不复存在，中世纪封建等级制发生了改变，人们的社会身份和等级处在一种向近代社会过渡状态。在16世纪有一种地位等级制度，而不是我们今天所习惯的那种松散的竞争地位。尽管存在一些完全非独立的群体——例如艺术家和舞台表演家——和四个半独立职业等级，但绝大多数人口属于一个单一的被明确界定头衔的身份等级，享有一定范围的法律和财政特权。[②]社会上大多数人被一分为二"绅士和非绅士"，区别就在于一些人用自己的手劳动，一些人不用自己的手劳动。这是所有社会的一个关键区别，人是最重要的劳动力单元，与马和牛、风和水等畜力和自然力分离。极端保守的观点认为，一个家庭需要三代人的努力去净化自己卑贱的血液从而成为被人们接受的高等级的成员。实际上，这种观念似乎影响很小，但是他们能严肃地提出都铎时期受到等级理论要素影响的证据。

在当时绅士与非绅士这种二重身份制度下，人们大致认可更加细致的六重身份划分。第一个群体是依赖慈善事业救济生活的人，包括寡妇、老年人、失业者；还有学徒和住在东家的仆人，包括家内的、农业的和工业

①　Lawrence Stone，"Social Mobility in England, 1500-1700"，*Past and Present*, No.33 (Apr. 1966)，pp.16-55.

②　Lawrence Stone, *The Crisis of the Aristocracy, 1559-1641,* Oxford, 1965, pp.49-53.

的，他们构成了成年男性人口的15%至25%。[1]第二个群体是雇佣劳动者，包括乡村和城市，农业和工业领域的。第三个群体是农夫、小约曼（既是佃农又是自由持有农）、大约曼、工匠、店主和小商人。第四个群体是小教士和小绅士。第五个等级是郡内的精英：乡绅、骑士和准男爵。第六个等级是贵族：男爵、子爵、伯爵、侯爵和公爵。

这种六重身份等级是建立在最初的农业社会的价值基础上的。处在最底层的第一个至第三个群体的身份等级已经在城镇和乡村两个社会长期并存，对他们能够不太困难地进行粗略的比较。但是还有四个半独立性质的职业阶层的情况比较复杂，他们之间的精确关系因其复杂性而从未完全澄清。这些阶层分别是：

第一个阶层商人，包括伦敦、埃克塞特（Exeter）、布里斯托尔（Bristol）、赫尔（Hull）、纽卡斯尔德（Nuwcastle）等主要城市的大中型出口商，批发商、大型零售商、传统农场主和政府的承包商，以及伦敦的金融家。在16世纪和17世纪早期，他们仍然在许多方面明显被认为身份在绅士之下。直到1669年爱德华·张伯伦（Edward Chamberlayne）仍坦率地宣称"商人在任何时代和国家都被认为是低贱的"，一代人之前有了一个小册子冒险讨论一个绅士的儿子成为学徒后是否应该丧失其绅士身份。由于这种观点，商人成为一个临时的移动的群体，许多人仅仅用一生的时间就进入或脱离了这个群体，经历两代人的时间几乎所有人都能完成这种变化；正如当时的一个人指出的，商人"确实获得了巨大的财富，他们把大部分财富用于购买土地并且逐渐蠕变为绅士"，换句话说，商人最大的成功倾向于融入第四个群体（小教士和小绅士）和

---

[1]　A. J. Tawney and R. H. Tawney, "An Occupational Census of the Seventeenth Century", *Econ. Hist. Rev.*, v(1934-5), p.47. P. Laslett,"Clayworth and Cogenhoe", in *Historical Essays, 1600-1750,* ed. H. E. Bell and R. L. Ollard (London, 1963), p.169; and data extracted from "Lay Subsidy Rolls, 1524-25", *Sussex Record Society*, lvi(1957).

第五个（郡内的精英）群体。①

第二个阶层是律师。其范围包括从地方律师 (local attorney) 和初级律师 (solicitor) 到诸如上诉法院首席法官（Master of the Rolls）和大法官 (Lord Chancellor) 的所有律师。他们中的四分之三以上在律师学院（Inns of Court）受训，这是大律师（barristers）及其以上律师的摇篮，是绅士和教士的储备，但是我们几乎不知道（他们的）社会起源、经济状况，以及是否接受地方律师身份。②

第三个阶层是教士（clergy）。从收入和地位来看，他们包括从副牧师 (curate) 到大主教（archbishop），从公簿持有农到乡绅的巨大差异。即使在经济、社会和教育发达的地区，如牛津郡和伍斯特郡，在 17 世纪早期也有 3/4 到 2/3 的堂区牧师仍然来源于非绅士等级。尽管大多数教区长（rector）生活小康，而且整个群体的平均收入可能保持同样多的水平，但是大量的教区牧师（Vicar）和副牧师收入几乎与非熟练的雇佣工人没什么区别。③ 在都铎时期较高级教士无情地掠夺，他们的社会来源普遍低于律师的社会起源。例如，17 世纪 30 年代 28 个主教中，仅有 9 人的父亲

---

① W. G. Hoskins, "The Elizabethan Merchants of Exeter", in *Elizabethan Government and Society*, ed. S. T. Bindoff ; J. Hurstfield et al.(London, 1961), pp.166-70, 176, 185-86. W. T. MacCaffrey, *Exeter, 1540-1640* (Cambridge, Mass, 1958), pp.260-4. P. McGrath, "Records relating to the Society of Merchant Adventurers of the City of Bristol in the Seventeenth Century", *Bristol Rec. Soc.*, xvii(1953), pp. xxviii-xxx. P. M. Tillott., *The City of York* (London,1961), pp.180-1. T. S. Willan, *The Muscovy Merchants of 1555* (Manchester, 1953), pp.69-74.

② L. Stone, " The Educational Revolution in England, 1560-1640", *Past and Present*, no.28 (July, 1964),pp.58-9. R. Robson, *The Attorney in Eighteenth Century England* (Cambridge, 1959).

③ D. M. Barratt, *The Condition of the Parish Clergy between the Reformation and 1660*, Oxford D.Phil. Thesis, 1949, pp.18, 180-206.

是绅士，8 个是教士，7 个是商人，1 个是富裕自由农约曼，3 个是工匠或更低等的人。[1] 最高等级的教士普遍被认为身份地位低于最高等级的法律职业人士，尽管前者出席上议院。身份低下的原因很难准确界定。是轰轰烈烈的反教权主义时代降低了对该职业的尊重并威胁到了其成为绅士的潜力？还是神学巨变时期缺乏终身任职的保障？抑或是职业收入预期的大幅度减少？我们不得而知，也许是三种因素相互作用的结果。

第四个阶层是行政官员。他们是在王室、政府主要部门、军队和海军任职的人，他们以行政作为终身职业。这个定义包括了埃尔默教授在《王室仆人》中提及的除最顶层的侍臣外的所有人。到 17 世纪早期，这些王室仆人主要来源于乡绅（squirearchy）或绅士（gentry），但同时有相当多的脱胎于富裕自由农约曼、商人和各种各样的非绅士血统。[2]

建立在农业社会基础上的"绅士与非绅士"六重身份等级制度，受到上述客观存在的四种职业等级清晰而有效的冲击。这四种职业身份在六重身份划分中的地位是不确定的。

此外，不容乐观的客观情况是，六重身份制度下处在底层的前三个等级（依赖慈善事业救济生活的人、雇佣劳动者、农夫、小约曼、大约曼、工匠、店主和小商人等）的数量超过总人口的 90%——也许达到 95%。这意味着在这么大量的人口内部的水平和垂直移动是没有被认识到的。在这样一个社会不能期待有很多人从较低水平向上移动。大多数人口生活在土地上，因为粮食生产和消费对手工劳动的需要而享受着很低的收入并被固定在土地上。合理的猜测是 1500 年约有 95% 的人口仍然在农村，1700 年大约有 85%。[3] 当时一个社会中总人口的 90% 在田间从事手工劳动，

---

[1]　Stone, *Crisis,* pp.40,405-11.

[2]　G. E. Aylmer, *The King's Servants*, London, 1961, p.263.

[3]　D. V. Glass, "Two Papers on Gregory King", in D. V. Glass and D. E. C. Eversley, *Population in History*, London, 1965, pp.174,178.

即使每个人有一个儿子从事了其他工作或职业，有机会改变职业的也仅仅占 11%。[①] 在如此的环境下，对绝大多数人口来说，向上的经济移动的机会必然是很小的。

　　研究社会流动的历史学家面临的任务非常复杂。对同代人和后世而言，社会的开放或封闭程度部分依赖于流行的观念，部分依赖于客观事实。由于缺乏更好的判断依据，史学家们倾向于把一个社会等同于当时人看到的社会。如果 17 世纪的英国人和 19 世纪的美国人认为他们的社会流动性特别强，那么他们的史书上会出现这种特别的流动性。但也依赖于建立在观念基础上的社会现实，这种社会现实不能造成社会大众极度的精神紧张。在社会最底层的前三个等级中大多数人很难产生较大幅度的社会流动可能被认为是"理想状态"。但社会性质正如史学家认为的是由两个完全不同的因素决定的。第一个因素是较低等级和中间阶层中能够融入精英阶层的比例有多大；也就是能从第三等级进入第四等级的有野心的年轻人的数量，第四和第五等级通过四个职业群体向上移动的速度，六重身份制度下后三个高等级中人才的收入、政治权力和身份的开放程度。第二个因素是这种融合发生的方法。是一种"荐举式流动"，即由现存的精英为了保持本阶层的高效运转和保护本阶层的身份的目的而计划并控制的，举荐早年即获得发展的年轻人向上提升的社会流动呢？还是一种因长期的公开竞争而产生机会的"竞争性流动"呢？

　　不同等级的收入情况又如何呢？税收和当时其他的档案资料显示，身份等级大致与收入金字塔相一致，同样的情况真实出现在商人、律师、官员和教士四个职业种类内部。需要注意的是，按照现代的标准税后收入有很大差距，大概有多达 1000 个家庭一年税后的净收入高达 1000 英镑甚至

---

　　①　S. M. Lisper and R. Bendix, *Social Mobility in Industrial Society*, Berkeley, 1958, p.27.

更多，这是非熟练雇佣工人收入的 100 倍还要多。[1]

　　不同等级的政治权力和等级身份的联系没有和收入的联系那么密切，但仍然紧密。六重身份中的后三种身份和四个职业群体差不多都享有参政权，但实际上参与竞争议会席位的非常罕见，地方政治事务在城镇运行，专属于商人和作为第五等级的郡内的精英和第六等级的贵族，作为第四等级的小教士和小绅士支持并且偶尔也会参与竞争。[2] 在国家层次上看，权力掌握在廷臣和官员手中：这些人从第五和第六等级中的少数人中及整个职业行政官员等级中选择。在法庭，像沃尔特·雷利爵士（Sir Walter Raleigh）一样享有更高等级身份的来自小绅士阶层的骑士，行使着更多的权力，甚至可能享受着比偏远地区的伯爵如巴斯（Bath）更大的收入。但最顶层的法庭政治家精英的形成极其短暂并且对其利益漠不关心，导致他们被认为是官员阶层的永久部分。

三、前工业化时期英国人口流动的方式

　　前工业化时代人们的评论和统计采用的是二分法。这是不可取的，首先因为当时认为的大规模社会流动对我们来说可能是很小的；其次因为当处理小的精英阶层的问题时，数量很小的人员流入对精英阶层而言可能是巨大的，但对精英阶层之外的人而言的确意义不大；最后个体的案例应该完全排除，不能被用来证明一代人的问题。最终"神话"也许和现实不符。迪克·惠廷顿（Dick Whittington）白手起家的传奇的发生也许和一个学徒

---

①　Lawrence Stone，"Social Mobility in England, 1500-1700"，*Past and Present*，No.33 (Apr. 1966)，p.22.

②　MacCaffrey, *op. cit.*, pp.16-17,22-5,251-6. Hoskings, Elizabethan Merchants of Exeter, *Loc. Cit.*, pp.163-6. J. E. Neale, *The Elizabethan House of Commons*, London, 1949, *Passim*.

的实际生活前景毫无关系，尽管1605年这个传奇首次出现的事实预示了向上流动发展的愿望。

当时有三种形式的人口流动，其中第一种形式是从某一群体或等级上升或下降到另一群体或等级。研究这种变化，必然要想起社会分层的四要素：每个群体的相对数量、收入、身份和政治权力。四个因素完全协调一致地发生改变几乎是不可能的，必然是每个群体都会随着时间的推移形成四个因素的不同的变化。第二种形式是社会分层的轮廓的变化，也就是说不同群体之间的差距；两个不同社会群体之间在收入、身份和权力方面存在不可逾越的鸿沟还是可以忽略不计的很小的差距。第三种形式是个体流动中变化的尺度和范围。最后，还有需要投入更多关注而史学家却往往忽略的三种变化：即变化的方向，向上还是向下；变化的高度，也就是说个体在等级阶梯上前进或下降的台阶数量；最常见的问题，是能够发生社会流动的个体在群体中所占的比例问题。

（一）社会群体轮廓变化

首要关注的是群体轮廓的变化。这需要从各个社会群体数量变化着手。

首先是处在社会最底层的人口数量问题。持续到1620年的人口的巨大增长，富裕农场主土地的持续繁荣，以及1642年的沉重的税收负担，必定导致处在最底层的依靠救济生活的人和雇佣工人群体数量的大量增加，从而导致特殊的社会救济与社会控制措施被引入以及失业和就业不充分的人员的明显增加。即使在1522年4月，考文垂约一半人口、莱彻斯特和埃克塞特三分之一的人口，以及占比不大但人口绝对数量巨大的乡镇人口，被认为收入在贫困线以下，而免于征税。1688年乔治国王认为超过总人口一半的人，包括城市和农村，挣的钱不够维持生存所需。17世纪晚期米德兰一个村庄的火炉税征收表明，全村30%的家庭在征税标准之下，46％的家庭只有一个火炉。在一个类似埃克塞特的城镇，情况更加糟糕，40％的家庭在征税标准之下。[1]

其次，上层等级的人口数量出现了显著增长，在总人口勉强增加 2 倍的时期，上层等级人口的数量增加达到了 3 倍。贵族的数量从 60 增加到 160 人；准男爵和骑士的数量从 500 增加到了 1400 人；乡绅的数量大概从 800 增加到了 3000 人；有资格佩戴徽章的绅士大概从 5000 增加到了 15000 人。这部分是由私人土地所有权的增加导致的；部分归因于高等级异常的高出生率；部分是由在农业、商业、法律和政府公务方面新财富的产生造成的；部分是由于政府对荣誉的短期重视。[2]

再次，教士的数量呈现惊人的波动。这个职业急剧减少——在宗教改革和随后对教会的掠夺中水平参差不齐的教士——大概减少了 50％。1560 年，留下的僧侣和歌祷牧师大概仅有 2000 个，实际需要 9000 个，牧师的数量比过去的几个世纪都要少。此后，空缺的牧师被填满，教士数量再次扩张，副牧师增加，大量有天赋的布道者 (preacher) 成为演讲者 (lecturer)。复兴的高峰无疑在 17 世纪 40 年代，但在王朝复辟后大学教育中宗教内容和宗教热情骤降，对讲道者的镇压，必然再次减少了牧师的数量。

其他职业的规模明显呈现稳定而惊人的增长。尤其是律师突飞猛进的发展。16 世纪 90 年代到 17 世纪 30 年代在律师学院被称为法律界的人的数

---

① D. C. Coleman, "Labour in the English Economy in the Seventeenth Century", *Econ. Hist. Rev.*, 2nd ser., viii,1955-6, pp.280-95. W. G. Hoskins, *Provincial England*, London, 1963.p.83. J. Cornwall, *The People of Rutland in 1522*, Leics. Arch. Soc. Trans., xxxvii, 1961-2, p.15; Julia Cprnwall, "English Country Towns in the 1520s", *Econ. Hist*. Rev., 2nd ser., xv, 1962-3, p.66. Macpherson, op. cit., pp.280-1. W. G. Hoskins, *The Midland Peasant*, London, 1957, p.195. C. H. Wilson, *England's Apprenticeship 1660-1763*, London, 1965, pp.231-6, 343-7. W. G.Hoskins, *Industry, Trade and People in Exeter:1688-1800,* Manchester, 1935, pp.115-16.

② A. G. Dickens, *The English Reformation*, London, 1964, pp.163-6.

量增长了超过40%。同一时间还可以看到对律师和律师事务所增殖的抱怨。1633年一份官方的调查宣称在民事上诉法庭注册的律师的数量，自1578年以来从342人增加到了1383人，1689年约翰·奥布雷（John Aubrey）说整个英格兰的律师将近3000人。1688年格利高里·金认为完全从事法律职业的有10000人。① 此外，中世纪医药行业发展非常迅速，从1603年到1643年有1000名内科医生、外科医生和药剂师从事医药行业。②

　　虽然统计资料严重不足，但私人和政府提供的工作机会很可能占有同等重要的地位。识字率的提高刺激了档案保存的增长，档案记录的增加导致了档案管理员的增加。不断提高的社会专业化分工需要更多的专业化服务。王室法庭和中央皇家官僚机构供职人员直到内战时期都稳定在600人，当首都以外的地区有大约600名小的兼职官员时，未经任命的小文职岗位才有了有限的增加。但英国革命——像所有革命一样——要求极大地扩充政府雇员，部分作为士兵用于镇压失败的一方并抵御外来威胁，部分作为征收战争所需税收的征税员，并处理革命政府举办的社会公共项目。这些扩充大多在危机中产生，王政复辟时期的英国负担着一支庞大的海军，一只小常备军，以及一支新的征税力量，壁炉税征收者，传统的官员，财政署官员，以及造船厂工人，他们作为支持政府的"谄媚者"的政治角色很快引起了"在野党"（Country Party）的警惕。

① W. R. Prest, *Some Aspects of the Inns of Court 1590-1640*, Oxford D. Phil. Thesis, 1965, p.385. E. Foss, *Lives of the Judges*, London, 1857, v. pp.107-8, 421-4; vi, pp.35-7, 234-6. *H.M.C. Rutland Mss.*, iv. P.216. *Cal. State Papers Dom.,1633-4,* p.251. J. Aubrey, *The Natural History of Wiltshire*, ed. J. Britton, London, 1847, part ii, ch. Xvi. Macpherson, *op. cit.*, p.180.

② J. H. Roach, *A Directory of English Country Physicians, 1603-43*, London 1962,. R. S. Roberts, "The Personnel and Practice of Medicine in Dudor and Stuart England", *Medical History*, vi.,1962; viii., 1964.

　　这些新的官职在多大程度上成为向上流动的途径是不确定的，但在内战后这个职业和行政官员阶层确实在数量上大大扩充了。到 18 世纪晚期每年费用和薪水超过 100 英镑的新的中央官员的数量大概在 1000 人左右，同时挣 50—100 英镑的职员发展到几千人。对于地方官员，我们一无所知，但必然再次达到了几千人。尽管官员数量的巨大增长主要发生在威廉三世即位后的几百年间，但是我们仍然有理由相信，1690 年中央和地方官员中年收入超过 100 英镑的有 3000 或 4000 人，并且至少有同等数量的收入在 50—100 英镑的官员存在。[①]

　　同样重要的是整个 16 世纪和 17 世纪私人地主和商人的书记员和代理人的数量也是增长的。[②] 最后，毫无疑问的是城镇化和越来越大的国内外商业活动必然导致商人和店主数量的稳定增长。

　　要了解社会群体的轮廓还需要了解这一时期社会群体和等级的收入状况。 整个 16 世纪劳动力过剩的压力导致的不仅是失业，而且导致了工资的惊人下降，菲尔普斯·布朗（Phelps Brown）指出工资下降了 50%。[③] 即使这个计算是过度悲观的，但工资下降幅度之大无疑是英国历史上自 13 世纪以来从未出现过的。劳工阶层的生活标准在 16 世纪急剧下降，并且一直持续贯穿了 17 世纪。另一方面，在 16 世纪和 17 世纪大多数时间，富裕自由农约曼以上的阶层的物质生活有了惊人的提高，这些群体受益于农业价格的提高，商业的发展，以及专业服务需求的增加。这已经被威

---

　　①　W. T. MacCaffrey, *Place and Patrongage in Elizabethan Politics*, in *Elizabethan Government an Society*, ed. S. T. Bindoff et al.London, 1961, pp.106-8. Lawrence Stone, "Social Mobility in England", *1500-1700*, *Past and Present*, No.33 (Apr. 1966), pp.16-55.

　　②　L. Stone, *An Elizabethan: Sir Horatio Palavicino*, Oxford, 1956, pp.360-20.

　　③　E. H. Phelps Brown and S. V. Hopkins, *Seven Centuries of Prices of Consumables compared with Builders' Wage-rates*, Economica, xxiii, 1956, repr. In *Essays in Economic History,* vol. Ii, ed. E. M. Carus-Wilson, London,1962.

廉·哈里森等人提到的家庭设备数量的增加所证明，并且为遗嘱清单研究成果所证明；被其间被称为"伟大的建筑"的住宅内房间数量的增加所证实。[①] 关于绅士层次，有一些粗略的统计资料表明，1575—1625 年间建成的乡村住宅数量超过了历史上的任何 50 年。这本身就是"绅士崛起"的重要证据。[②]

这个时期伦敦的专卖商人和投资人的平均收入和资本价值可能有相当大的提高。贵族和廷臣的收入在 16 世纪晚期急剧下降，但在 17 世纪早期得到了恢复。最后，高级教士的收入在宗教改革期间和之后急剧缩减，缩减进程仅在詹姆士一世即位时停止。尽管较低级别的教士的收入和物价上涨水平保持一致，但其他人，尤其是乡村教士（vicars）和副教士（curates），可能是下降的。关于律师和官员还不能得出固定的结论，尽管他们的经济地位是提高的，正如执业医生一样是确定的，恶风的流行没给任何人带来好处，而天花和性病却给医生的钱包带来了财富。[③]

然而，我们有理由相信，在宗教改革 100 年后，各种各样身份的农业阶层的命运与前 100 年的趋势相比发生了戏剧性的翻转。贵族和大地主的持有地稳步增加，那些约曼和自由持有农转变成为租赁持有农，小绅士因为粮食价格不景气和土地税收的上涨而遭受经济萧条。[④]

除了数量和收入外，要了解社会阶层变化的轮廓，还需要了解各群体和等级社会地位的变化。首先，在 16 世纪严重的经济衰退之后，17 世纪

---

① W. Harrison, "Description of England", in R. H. Tawney and E. Power, *Tudor Economic Documents*, London, 1924, iii, pp.68-72.

② Lawrence Stone, "Social Mobility in England, 1500-1700", *Past and Present*, No.33 (Apr. 1966), pp.16-55.

③ Lawrence Stone, "Social Mobility in England, 1500-1700", *Past and Present*, No.33 (Apr. 1966), pp.16-55.

④ H. J. Habakkuk, "English Landownership,1680-1740", *Econ. Hist.* Rev., x,1940.

中期小教士的地位有了显著的提高，因为他们受教育程度更高了，收入更高了，而且他们的社会来源更加有教养了；[①] 其次，类似乡村律师身份较低级的法律官员的地位得到了提高，在 1739 年专业化组织"绅士实践者社团"（The Society of Gentlemen Practisers）建立时达到了顶峰；[②] 再次，医生职业身份因其专业化和教育标准的提高而整体提高了；最后，在绅士眼中商人阶层的身份在缓慢而稳定的提升。到 17 世纪中期，绅士的年轻儿子成为学徒被视为失去了高贵地位的旧观点，仅仅被少数法学学究、传令官及其他社会保守人士所坚守。

这些变化都是商业和与农业阶层相关的职业发展的结果。目前不能确定的是这种变化是否是绅士的太多的孩子们以各种方式涌入的结果；或者这种涌入是否并不是经济充分发展的必然结果，而是由于社会整体认识的提高而对职业的态度发生了转变的结果。但是，最大的可能性是这是经济转变与思想观念转变同步发展的结果。

在 17 世纪早期，社会上层贵族的声望经历了一场短暂而惊人的下降，这一点被佃农忠诚度、绅士的尊重度以及选举中的顺从度的减弱所证实。这种下降为 1649 年废除上议院铺平了道路。最后，廷臣的地位出现了类似的下降，作为一种"国家"利益和一种"国家"道德，表述为"在野党"的，作为一个界定清晰的心理满足的有自觉利益的群体出现了。[③]

伴随着数量、收入、地位的改变，前工业化时期英国的政治权力也发生了相应的改变。首先 16 世纪，受惠于日益强大的王权，贵族的政治权力下降了；17 世纪，受惠于议会权力的成长，廷臣的政治影响减弱了；这

---

① D. M. Barratt, *The Condition of the Parish Clergy between the Reformation and 1660*, Oxford D.Phil. thesis, 1949, pp.18, 180-206.

② R. Robson, *op. cit.*, ch. Iii.

③ Lawrence Stone，"Social Mobility in England, 1500-1700"，*Past and Present*, No.33 (Apr. 1966)，pp.16-55.

两场运动的受益者是大绅士，尽管贵族的权力在世纪末有所恢复。其次，教士的政治影响在宗教改革中基本消除了，其损失只是在 17 世纪 30 年代得到了部分和短暂的恢复。再次，商人的社会影响力在整个英国的政策——尤其是外交政策——中有显著增长，受惠于他们提供财富和设备的信誉而对政府产生的影响力。

通过以上分析不难发现英国社会在前工业化时期的社会结构变化。第一是英国进入穷人和富人两极分化的社会：上层阶层人数相对增加了，他们的实际收入提高了；穷人数量相对增长更多，他们的实际收入下降了。第二是上层等级出现了更大的平等：首先相对于贵族而言，大绅士的财富和力量增加了；其次，相对于农业阶层而言，从事商业和专业化的人员的数量和社会地位都大大提高了。通过格利高里·金 1688 年关于社会结构的难以置信的猜测，对当时英国社会发展程度之大可以窥见一斑。他估计海陆商人有 10000 人，教士 10000 人，5000 大官员和 5000 小官员，10000 律师，16000 人从事科学和自由艺术行业，海军和陆军军官 9000 人，共计 65000 人。当有人认为他估算的绅士及其以上的等级只有 16000 人，加上 40000 富裕自由持有农约曼时，（如果这个数字可信的话）职业群体和商业群体的总收入几乎相当于土地所有者的收入，英国社会明显不再以传统方式构成了。[1] 英国社会的地产阶层可能在接下来的 200 年内继续行使政治权力并作为社会地位的仲裁者，但他们目前一定不能忽视这些新的社会成份。

（二）个体流动的变化

首先，水平移动。个人的移动应该是从一个地方或一个职业向另一个地方和职业的水平移动，或者社会地位和经济水平向上或向下的纵向移

---

[1] Macpherson, *op. cit.*, p.280.

动。这二者是紧密联系的，尽管大多数人为了避免地位下滑而采取了水平移动，还是有一些人确实希望能够向上垂直移动。因此，尽管未必能够成功提升自己的地位，提升的愿望还是有表现的。

表现之一是国内流动。我们有充足的理由相信自然移动的规模要远远超出人们的想象，即使在村庄也是如此。两个村庄的花名册和人口普查档案都表明当地 10 年的移动率高达 50%—60%。如果排除统计认为的 20% 的死亡率，10 年间至少仍然有 30—40% 的移动率，这表明 17 世纪的村庄远不是一个孤立的或者静态的单元。这种移动的部分原因是住在东家的仆人在共同体内占有很高的比例。这些人离开家园从事仆人工作并且因改变雇主或结婚而再次离开。人口流动的另一部分原因是稳定的土地买卖过程。然而，大量的人员移动是由两个主要趋势导致的。一个趋势是人员从人口密集的地区向森林、沼泽和高原地区等未开发的地区迁徙；另一个更大规模的移动趋势是从乡村向城镇，尤其是向伦敦的迁移。第一种移动的统计文献很少，但很多地方档案和地产档案可以佐证。此外这两个世纪英国的粮食产量有了巨大的提高，以至于英国在 17 世纪末成为了有大量出口量的粮食净出口国，尽管它的人口是存疑的。这被解释为主要是因为无休止的移动人口开垦出了开放的处女地。[①]

人口从乡村向城镇的流动有大量的证据。大多数城镇的人口在 1550 年后都有增长。16 世纪早期英国城镇人口情况如下，伦敦人口大约 60000，另外还有一个人口超过 10000 的城镇，人口超过 5000 的城镇不超过 14 个。1550—1650 年一些地方，如诺里奇（Norwich）、纽卡斯尔（Newcastle）、约克和布里斯托尔（Bristol）人口增加了 2 倍到 3 倍，从 12000 人到 20000 人不等，而伦敦城区和城郊增长了 5 倍，约 350000 人。当时伦敦明显已成了

---

① Lawrence Stone，"Social Mobility in England, 1500-1700"，*Past and Present,* No.33 (Apr. 1966) , pp.16-55.

一个独立层次，在该世纪末人口已达550000人。换句话说，伦敦在1500
年人口占英格兰和威尔士总人口的2%，1600年占5%，1700年占10%。
考虑到城市的高死亡率，这种巨大增长表明大量乡村剩余人口每年都如潮
水般的涌入首都。即使在1603年和1625年瘟疫造成伦敦15%人口损失的
时期，仍有大量的人口流入伦敦，这个情况从洗礼、婚礼及葬礼统计资料
可以看出。伊丽莎白统治时期伦敦一位教区牧师写到，每隔12年"堂区大
部分会发生改变，正如我经历的，有的来了，有的走了"——形式完全不
同于20世纪中叶的洛杉矶（Los Angeles）。① 巨大的人口变化对社会地位或
生活标准的影响完全不为人知，但这两方面或许都有很大程度的下降。这
些流浪汉中很多人没能在荒地和森林或城镇找到一个永久的家，大量证据
表明流浪者的数量急剧增加。虽然有人获得了向上移动的进步的社会阶梯，
但水平移动也许更多。因为壁炉税表明城镇工匠的收入要比乡村相类似的
人的收入高很多，所以从学徒到工匠经历的训练过程代价非常昂贵而且令
人生厌。② 通过分析伦敦公司的学徒档案可以发现一些有趣的结论。资料表
明，16世纪早期到18世纪早期（学徒）的地区来源有显著的变化。特拉普
（Thrupp）教授注意到，15世纪晚期伦敦两家公司的学徒有差不多一半来

---

①

日期	伦敦	英格兰和威尔士	比例%
1500	60,000	3,000,000	2%
1600	225,000	4,500,000	5%
1700	550,000	5,500,000	10%

C.Creighton, "The Population of Old London", *Blackwood's Magazine*, cxlix, Edin-
burgh, Apr., 1891. N. G. Brett-Tames, *The Growth of Stuart London*, London, 1935, ch. Xx.
Wilson, *op. cit.*, p.47. W. G. Hoskins, *Provincial England*, London, 1963, ch. Iv. MacCaffrey,
Exeter, pp.12-13.

② L. H. Carlson, *The Writings of John Greenwood,1587-90*. ed. London, 1962, p.198.

自北方，有证据表明这种情况又维持了 100 年。16 世纪早期档案仅仅保存了主要是 1535 年和 1553 年完成学徒身份并进入自由城市的记录。这些档案表明超过一半的人来自北方和特伦特—塞弗恩—伯恩茅斯（Trent-Severn-Bournemouth）一线以西。这种情况被后来的木匠公司（Carpenter）和鱼商公司（Fishmongers）的档案所确认。直到内战时期两家公司都有约 40% 的学徒来自高原地带，但到 17 世纪末期仅有 20% 或更少的学徒来自高原地带。来自伦敦和四个祖籍郡的学徒有了相应的增长，从内战前的不足 20%，到 1700 年远超 50%，到 1750 年增长到 70% 或更多。谢菲尔德（Sheffield）的刀具公司的档案充分证明了学徒来源地的缩减，在 17 世纪 50 年代到 17 世纪末来自 31 英里以外的学徒从 22% 下降到了 5%，而在接下来的 100 年增长不超过 12%。这些年变化的另一个重要趋势是从来源于农业工人和小持有农——约曼、农夫和雇佣工人的儿子——到工匠和小商人的儿子的变化。这种移动在 17 世纪晚期非常密集，1654—1693 年木匠公司学徒中工匠的儿子的比例从 50% 上升为 74%，类似的，1641 年到 1704 年间鱼商公司也从 39% 上升为 63%。①

　　这些学徒是众多前往伦敦的人中的少数幸运的精英，并且仅占完成学徒身份后决定留在伦敦成为城市自由人的人数的大约 1/3。但是来自北方和西部移民的惊人的下降，以及几乎完全来自工匠儿子的客观事实，确实表明了水平流动和职业流动通道的关闭。为何如此，我们不得而知。是北部和西部就业机会发生了改变，还是伦敦学徒身份的吸引力下降了？或者还是学徒数量的总体膨胀导致的自然结果，尤其以伦敦为甚，导致了内部招募的更大的可能性呢？无论原因如何，显然一段非常活跃的地理范围内和职业转换的流动性被相对静止的状态取代了。

---

　　① Lawrence Stone, "Social Mobility in England, 1500-1700", *Past and Present*, No.33 (Apr. 1966) , pp.16-55.

　　个体水平移动的表现之二是向国外迁徙。1620 年到 1640 年间有 80000 英国人移民到美洲和西印度群岛。那些经历了最初的艰苦岁月的人们获得的土地远远超过其在家乡有望获得的土地，有证据表明这些移民中包括了一些普通而谦逊的高等级身份（也许是经济上的）的人。[①]17 世纪中期马萨诸塞州有一个由小约曼农场主组成的乡村共同体，既不包括农业的绅士的上层，也不包括无地的穷苦下层。更加重要的人口流动是通过对爱尔兰的殖民剥削完成的。16 世纪 90 年代进入爱尔兰的那些人获得了丰富的土地收入和政府奖励，并且在 17 世纪早期的经济发展中获取经济效益，他们通过捐赠大量财产可以轻易购买到爱尔兰的爵位。1640 年英格兰最富有的人差不多可以确定是科克伯爵（Earl of Cork）罗伯特·波义耳（Robert Boyle），他在都柏林（Dublin）定居 52 年，之前是一个一文不名的冒险者。[②]17 世纪通过移居国外，无论是爱尔兰，还是美洲，或者是西印度群岛，横向移动常常成为向上流动的一种手段。

　　个体移动的第二种方式是纵向移动。个体的纵向移动包括向上移动和向下移动两种情况。支持这一假设的基本证据是这个时期可以看到一个前所未有的向上和向下的个体流动阶段，随后出现了一个新的稳定时期。土地买卖的统计资料可以支撑这一观点。提升的高峰期在 17 世纪 10 年代，提升率为 250%，超过了 16 世纪 60 年代。大规模的流动发生在内战前，而土地转让在 1620 年后开始慢下来。到 1700 年土地市场再次像 17 世纪早期一样牢固。[③]

　　第一种方式是向上移动，指的是个体经济状况和身份地位的上升。

---

　　①　J. H. Rose, etc., *Cambridge History of the British Empire*, Cambridge,1929, I, p.179. S. C. Powell, *Puritan Village,* Middlebury, Conn,1963, pp.18-29, 92-116. M. Campbell, *op. cit.*, pp.279-80.

　　②　Lawrence Stone，"Social Mobility in England, 1500-1700"，*Past and Present*, No.33 (Apr. 1966) , pp.16-55.

　　③　Stone, *op. cit.*, p.37, fig. I.

对于非绅士的人来说，他们有很多向上流动的途径。通过大学教育获得知识，接着通过注册进入教会，当然会提高身份地位，但除了17世纪晚期外这并不是获得高工资和安全地位的常见原因。善于经营土地和农产品市场的精明的操作是更加重要的途径：在17世纪早期地租开始急剧上涨之前，无论租金多高，很多富裕自由农约曼通过社会和经济地位提升而成为小绅士是当时社会的非常稳固的特征。尽管是条艰难的通向财富和权力之路，服务和零售业的成功还是为个体的自我提升提供了一些有限的机会。成为大地产的代理人或管家有时也能带来身份地位和经济上的双重回报。从学徒到成功商人是大幅提高社会地位的一条普遍道路。1642年约克郡14个最富裕的乡绅中有2个家庭，17世纪30年代萨摩塞特24个声望较高的乡绅中有1个家庭，斯图亚特王朝早期准男爵的7%及新贵族的4%，财富都起源于商业。[①]

至于后复辟时期，17世纪晚期巨大的商业扩张创造了大量的新财富。然而，难以确定的是这些财富是怎样分配的。是集中在诸如乔赛亚·柴尔德爵士（Sir Josiah Child）和约翰·班克斯爵士（Sir John Banks）等少数人手中，还是遍及整个商人社会呢？土地市场的收盘价表明，只有少量的财富像以前一样通过购买地产转化为社会身份地位，更多的通过长期抵押、商业和银行进行了再投资。[②]因而，官僚机构的扩张和商业的扩张都和一个越来越稳定的社会的假设并不矛盾。

对于绅士出身的年轻人来说，提升社会地位有三种途径，最快的途径是有幸与女继承人结婚，另两条途径是宫廷（Court）的恩惠，以及法律上的成功。三种途径中的第一种通常被社会史学家所忽视，但它可能是绅

---

① M. Curtis, "The Alienated Intellectuals of Early Stuart England", *Past and Present*, no.23, Nov., 1962.

② H. J. Habakkuk, "The English Land Market in the Eighteenth Century", in J. SA. Bromley and E. H. Kossmann, ed., *Britain and the Netherlands*, ii, London,1959, pp.168-73.

士向上流动的最普遍的方法。第二种途径，仅对大批渴望者中的极少数人开放，这种途径可以导致难以置信的大富贵——伊丽莎白时期莱彻斯特伯爵与詹姆士统治时期白金汉郡公爵的经历证实了这一点。对已有证据的分析表明，王室的赠与在詹姆士统治时期达到峰值，随后就减少了。法律上的高等职位在财富和地位方面的回报也是相当可观的，但我们没法说清在这个时期受益者或受益额的数量。最后，最常见和最慢的身份地位提升方式是通过在地产经营方面的节俭和勤奋取得成功，这种力量促使很多绅士（Gentry）成为乡绅（squirearch），并且使 1 个或 2 个乡绅提升为贵族。①值得注意的是印度的情况较爱尔兰更好，100 年后的 18 世纪中期，在印度向上流动的通道更加精确：有四条快速通道，婚姻、法律、高级政府服务，以及殖民地；有三条中速通道，商业、政府合同和金融业；有两条慢速通道，地产经营和法律以外的职业。②

第二种方式是向下移动，指经济状况和社会地位的下降。向下移动的是大量目光短浅或能力低下的人，挥霍无度或遭遇不幸的人。然而，历史档案很少记录，甚至极少关注这些悲惨的人。牺牲者们无声无息地下沉。事实上，因直到 1620 年才停止的大量的土地出售导致 1560 年到 1640 年间这种情况极其普遍，直到降低导致其毁灭可能性并且关闭土地市场供应的因素出现，情况才稍有好转。

这个时期的社会和经济运动对社会稳定程度有多大影响呢？这个问题没有固定答案。父辈白手起家成功聚集财富，子辈荒废浪荡败坏门风，导致家庭社会地位下降的例子不胜枚举。当然，都铎时期的社会地位追寻者历经磨难而建立家庭的情况很有可能会持续下去。但是，当 17 世纪晚期土地市场关闭时，当人口增长和价格革命的压力减轻时，当严格的结算

---

① Stone, *op. cit.*, pp.191-4.

② L. B. Namier and J. Brooke, *The House of Commons, 1754-1790*, London, 1964, p.104.

制度使得财产让渡变得极其困难时，当制约社会精英的制度障碍确立时，以男性一系代代相传的稳定的家庭就会建立。陶内教授发现，1561 年到 1640 年在 10 个郡至少每隔四十年就有 1/3 的庄园通过买卖易手。他还发现，1640 年该地区有 62 个大土地所有者家庭，到 1874 年还有超过一半是大土地所有者。[①] 这两块证据结合起来表明，那些在 17 世纪早期提升了社会地位的人，到巨大的流动阶段末期，在流动大道关闭之前，有一个很好的机会在新的收入和身份水平上建立自己的家庭。实际上可能正是这些向上爬升的人迫不及待地关闭了他们身后的大门，这一点被 16 世纪中期亨利时期和 17 世纪中期詹姆士时代的新晋贵族孩子们的排外婚姻所证实。[②]

　　1560—1640 年是一个独特的人口流动时期的观点不仅有大量的统计资料作支撑，也为当时重要人物的评论所支持，这些人物包括从托马斯·富勒（Thomas Fuller）、威廉·哈宾顿（William Habington）、罗伯特·瑞斯（Robert Reyce）到马斯顿（Marston）和马辛杰（Massinger）等剧作家。1665 年爱德华·沃特豪斯（Edward Waterhouse）出版了他的《绅士监测器，或对男人及家庭美德、恶习和崛起与衰落的普通方式的检验》[③]。尽管不是非常深刻的分析，认识也有限，但这至少是欧洲，也可能是全世界第一部全面研究社会流动的文章。沃特豪斯在巨变的时代的末期写了这部著作，绝非巧合。[④]

---

　　① R. H. Tawney, *The Rise of the Gentry, 1558-1640*, Econ. Hist. Rev., xi, 1941, repr. in *Essays in Economic History,* vol. I, ed. E. M. Carus-Wilson, London,1954, pp.173-4, 192.

　　② Stone, *op. cit.*, pp.629-32.

　　③ *Gentleman's Monitor, or a Sober Insection into the Virtue, Vices and Ordinary Means of the Rise and Decay of Men and Families.*

　　④ Lawrence Stone，"Social Mobility in England, 1500-1700"，*Past and Present*, No.33 (Apr. 1966)，pp.16-55.

四、前工业化时期英国社会人口流动的原因

（一）近代早期英国社会人口流动的普遍原因

关于传统社会内部的社会流动性的精确资料很少。众所周知，第一，19 世纪以前城镇由于疾病造成的高死亡率，丧失了自我增殖能力，因此城镇要想完全幸存下来必然要吸引大量的农村人口横向流动到城镇。[①] 第二，不孕不育和智力的随机分配在任何社会都会产生一些人口的纵向流动，从而出现严重的社会分层和等级身份。任何一个家族在一二百年间都有很大的可能性失去直系男性；还可以肯定的是，遗传智力的分布将会与已有的身份等级制度不符，机会的不均并不总能阻止相应的向上或向下流动。第三，除了中彩式的婚姻外，众所周知的向上流动的最光明的大道是在商人、教士、律师和官员四个群体中任职。这种移动的数量和范围部分依赖于进入这些职业的人的心理态度（他们是积极冒险的主，还是小心谨慎的进取心有限的保守派）；部分取决于社会对他们服务需求的长期变化；部分还取决于高等级精英吸收这些向上流动的人的法律和心理障碍的变化。如果这种情况是常态的话，16、17 世纪的英格兰就一定有着独特的特征，并且赋予了英国的人口流动以独特特征，并支配着这 200 年间发生的显著变化。

（二）近代早期英国人口流动的特殊因素

1. 长子继承制。长子继承制是所有上层等级通行的规则。长子通常继承贵族、绅士和约曼农场主的地产中的绝大部分。此外，长子可以受到更好和更长期的教育，更易娶到富裕的妻子和得到法院和政府的好工作，对

---

① Lawrence Stone, "Social Mobility in England, 1500-1700", *Past and Present*, No.33 (Apr. 1966) , pp.16-55.

他们的父亲更加感恩。他们的生活机会因此而非常好。16 世纪幼子们通常得到小块土地，或直接用于生存的赠与，但到了 17 世纪他们通常只能得到可以领到其死亡的适度的年金。因此，他们从其最初的职业生涯向下流动，如果想要闯出自己的一条人生道路，他们不得不进入职业和商业群体觅食。如果失败了，他们的孩子会跌入更低的地位并消失在人数众多的雇佣工人和小商人群体中。这样的失败的事例能够找到，但数量很少，完全不能从统计学意义上证明这种趋势的存在。

2. 家庭模式。关于这个主体需要更加深入的研究，但目前为止我们可以说，婚姻是由父母以物质利益的眼光安排的。上层男性继承人中几乎没有跨阶层的婚姻，尽管巨大的财富可以为女儿购买到不错的社会婚姻；然而，1600 年到 1659 年贵族婚姻的 4% 是与市议员的女儿或寡妇结婚。贵族 2/3 的幼子和女儿被迫与地位在其之下的人结婚，大概主要是乡绅。较低社会等级的婚姻我们完全一无所知，直到诸如查尔斯·蒂利 (Charles Tilly) 的研究成果出版，我们才有所了解。①

向上移动的两个主要要求——资本和充沛的精力——都取决于家庭。在利息 10% 的时代长期贷款很难达成，最简单的致富道路是继承或婚姻：例如，詹姆士一世时代的伦敦市议员有 8% 原先是学徒，娶了自己师傅的女儿，改变了命运，伊丽莎白时代埃克塞特几个最富有的商人与富裕的寡妇结婚而获得了好运的开端。类似的家庭联系通常是撬动旺盛精力的成功男士在社会分化中改变命运的最初杠杆，最典型的例证就是佩皮斯 (Pepys) 的案例。②

3. 价值体系。社会深受人们自身的思维方式的影响，而与诸如财产之

---

① 　T. H. Hollingsworth, *The Demography of the British Peerage*, Supplement to *Population Studies*, xviii,1965, p.9. H. Tilly, *The Vendée*, Cambridge, Mass, 1964, p.97.

② 　R. G. Lang, *The Great Merchants of London in the Early Seventeenth Century*, Oxford D. Phil. Thesis, 1963. Hoskins, *The Ekuzabethan Merchants of Exeter*, loc. Cit., p.167.

类的客观标准无关。16、17 世纪影响社会流动的最重要的思维方面的因素有：

（1）突破等级观念的束缚。普遍认可的官方理论认为，每个人在社会体系中都有其相应的位置并且有义务停留在自己的位置上。无论向上还是向下移动都是对秩序之链的破坏。这个理论明显与事实不符，17 世纪早期人们听到了更加平等的思想，这一思想在平等派的社会和政治主张中达到极致。这些观点表达了等级制观念下平等的要求，以及渴望取消人为把一个群体从其他群体中割裂开来的愿望：只有在文艺复兴早期人文主义者希望保护等级制度，但要对人才打开方便之门。无论这些是少数人的还是大多数人的观点，对近代政府的功能而言，都应该教育每个社会群体履行与他与生俱来的传统等级相适应的继承下来的义务。对中世纪社会思想的重新整顿适应了新的政治状况，导致史学家关注当时不断增加的社会流动。有大量关于古代家族衰落的抱怨，有广泛地对商人阶层对其向上流动进行炫耀的愤怒的评论，还有大量关于消费标准和生活方式与理想的身份等级不相符合的抱怨。① 这种批评使得暴发户很难成功地让社会接受其自身应有的地位。但即便如此，对他们下一代而言通常都很容易做到。

我们会看到这些传统观点经历了相当大的改变，到 17 世纪中期对职业的态度明显软化了。战争和宗教事物作为上层社会的主要职业减少了，教育标准提高了，对国家或地方社会从事行政和政治服务的思想转换了，对通过商业和职业化提升社会地位潜力的认识日益增长，都导致了越来越多的绅士等级，包括长子和幼子们，在法律和政府部门，商业和医学等行业寻找出路。由于社会和效用原因，职业身份与农业阶层相比相对提升了，以至于到 17 世纪晚期宗教和军事服务再次流行。

---

① Stone, *op. cit.*, pp.21-36.

（2）消费是身份监测器。英国等级制的传统要求相应的社会等级要有与其身份相匹配的消费标准，因此所有评论家都强调贵族与绅士要保持与其等级身份荣耀标志相匹配的义务。16世纪以来，这些荣耀的成本在来自下层的压力下提高了，提高到了双倍的消费标准。古代封建贵族在乡下有开放招待客人的房子和众多的仆人，在宫廷有举止优雅的米西奈斯（Maecenas）。而到了近代早期，他们要么毁灭，要么竭力维持通常入不敷出的花费。过量的花费是导致贵族向下流动的主要原因之一，而维持与之身份地位相符的消费义务是经济快速提升的强大阻力。为了建立自身的社会地位，任何一个阶段的暴发户都不得不暂时止步并挥霍。

（三）1540—1640年英国社会的不稳定因素

1540年至1640年的英国社会有一系列强有力的破坏力在起作用，但却没有造成像之前或之后同等程度的后果。

1. 人口增长。这方面没有准确的统计资料，但最可能的猜想是1500年到1620年英格兰和威尔士的人口几乎翻倍，从250万至300万发展到了500万。这极大增加了雇佣劳动力并导致人口的水平流动和城镇化。然而，1620年后，很明显除了西北部外，瘟疫、土地扩张热、商业困难、家庭限制以及移民等因素共同把增长率降到了更加适度的比例。①

---

① W. G. Hoskins, "The Population of an English Village, 1086-1801: a Study of Wigston Magna", in his *Provincial England*, pp.185-200. Lionel Munby, *Hertfordshire Population Statistics,1563-1801*, Hertfordshire Local History Council, 1964, p.21. L. Owen, *The Population of Wales in the Sixteenth Century*, Trans. of the Cymmrodorion Society, 1959, p.113. W. G. Howson, *Plague, Poverty and Population in Parts of North-West England,1580-1720*, Lancs. and chesh. Hist. Soc. Trans., cxii, 1960, pp.29-55.

2. 不同的生育率。几乎可以确定，1500 年到 1630 年上层等级的生育率高于穷人的生育率。伊丽莎白时代统计资料表明诺维奇 450 个穷人家庭的生育率为每个家庭 2.2 个孩子，相反诺维奇和埃克塞特富裕商人的生育率为每个家庭 4.25—4.7 个孩子。在农村情况也是如此。[①] 造成这种明显不同的原因很难发现，但还是可以窥见的。

（1）平均结婚年龄、婚姻存续期、结婚频率的不同。16 世纪晚期贵族（也许包括乡绅）的长子平均结婚年龄是 21 岁，而贵族所有的儿子和孙子，包括男性继承人和全部幼子们，平均结婚年龄是 25—26 岁。然而，约曼及其以下等级的人，17 世纪早期平均结婚年龄是 27—28 岁。对于生育率更重要的是妇女的结婚年龄，对比最为显著。1550 年到 1625 年间上层等级的女儿结婚年龄为 20—21 岁，而下层等级的女儿必须等到 24—25 岁才能结婚。因此，后者的生育时间明显要短于前者，由于没有节育措施每个家庭要少 1—2 个孩子。利用延缓婚期方式降低生育率在下层等级中是非常清楚的。工匠等级 7 年的学徒制度导致他们只能在 25 岁或者 25 岁左右结婚；在农村，大多数年轻人开始作为提供家庭服务或农业服务的居家仆人，而同时自由农或佃农的长子们在没有能力结婚前不得不等到父亲死亡才能结婚。这种方式决定了女性的结婚年龄，因为 17 世纪要结婚的女人只能与比自己大约小 3 岁的男士成婚，似乎是上层社会和底层社会公认的社会习俗。

同样重要的是当时社会非常高的再婚比例催生了高等级的高生育率，由此因丈夫或妻子死亡（极其容易发生）造成的生产过程被打断的情况被降到了最小值。有理由相信结婚或再婚对那些处于不利经济环境的人来说是不容易的，确实在 17 世纪末利奇菲尔德（Lichfield）25 岁至 44 岁包括

---

① J. F. Pound, *An Elizabethan Census of the Poor*, Univ. of Birmingham Hist. JL., viii, 1962, p.142. P. Laslett, *The Word We Have Lost*, London, 1965, p.69.

寡妇和老处女在内的育龄妇女多达31%处在生育阶段。①

（2）自然生育率是有区别的：哺乳期妨害生育是显而易见的，尽管不能严格区分这种影响是由生理上排卵被阻止还是不能与哺乳期妇女性交的社会禁忌造成的。高等级婴儿在出生后就交给低等级奶妈，因此在穷人中母亲哺乳期延长2年是正常的。

（3）婴儿死亡率不同。越高等级的孩子越容易活到结婚年龄，因为高等级婴儿的死亡率要比穷人婴儿的死亡率低。约克市一个堂区在1572—1585年间2岁以下孩子的葬礼占全部葬礼的34%。贵族宗谱表明婴儿的死亡率相当低，那时对新生命的预期大约为男孩35岁，女孩38岁。② 大概是因为这些孩子生活在乡下而不是城市，住着好房子，穿着好衣服并受到很好的喂养（尽管有些奶妈和医生不太负责）。此外，在17世纪发展起来的机构，抛开其虚假的目的，最大的成就就是淘汰穷人的弃婴：育婴医院和育婴工作室都是高效率的"杀婴代理"。在18世纪早期的伦敦，后者杀死了他们88%的孩子，在一些堂区甚至报告"没有婴儿在他们的工作室存活到学徒身份"。③

这些因素造成的后果就是，1550年到1600年高等级阶层的出生率非常高，贵族的新生代比例高达1.5。换句话说就是1580年到1630年贵族出生率超出平均出生率50%。对照这一显著的人口现象，就不难理解内战前几十年间专业职务和行政职务的激烈竞争了。

3.价格革命。这一人口现象造成的巨大后果，但不是全部后果，就是1500年到1640年，物价上涨了400%—650%。粮食价格猛涨，工资和其他收入增长缓慢，与物价上涨不相适应。由此导致社会等级和职业群体上

---

① Lawrence Stone, "Social Mobility in England, 1500-1700", *Past and Present*, No.33 (Apr. 1966), pp.16-55.

② *V. C. H., Yorks., Loc.*, p.121. Hollingsworth, *op. cit.*, pp.56-7.

③ Wilson, *England's Apprenticeship, 1600-1763*, p.352.

升或下降的结果。

4. 自由土地市场。1534 年到 1650 年王室抓住了修道院和附属于礼拜堂的小教堂的全部收入及主教收入的大部分。为了支付战争费用，大部分财产被立即出售，其余部分在财政压力下被陆续出售。王室和教会土地出售总量占到国家土地总量的 25%—30%，这些土地以前控制在机构手中，1534 年到 1660 年被释放并进入私人市场。到复辟时代这一过程全部完成。①

伴随王室和教会土地投入市场的，还有同等重要的一个发展，大量的私人财产被释放，以前法律严格限制这些土地的转让。在中世纪晚期限定继承对于当前的所有者来说是反对自由处置财产的非常有效的障碍；17 世纪晚期严格的转让限制是出于同样的目的。然而，在 1530—1660 年间，对财产转让的法律限制相对变小而弱。这样的法律形势和多重经济压力造成大量的土地买卖和转让，在 17 世纪 10 年代达到顶峰。需要注意的是，无论是对教会土地的没收和处置还是私人财产转让限制的废除与获得自由，都是在土地阶层支持和鼓励下的政治法律行为的结果。

5. 商业活动的增加。这一阶段英国对外贸易突然爆发式扩张，尤其是在 1508—1551 年，1603—1620 年，及 1660—1688 年。更重要的是，文献不容易记载，很可能是信贷和交通设施的增长，以及由此带来的国内市场活动的扩张使然。商业发展包括了商人数量与商人流动总量及范围的增长。

6. 诉讼的增长。暴力的终结、商业活动的发展，以及巨量的开放的土地市场造成了诉讼案卷的增加，这些因素造成的主要后果就是财富从地产阶层向律师手中的转移。②

---

① Stone, *op. cit.*, p.166.

② *Op. cit.*, pp.191, 240-2.

7. 清教伦理。清教徒带来了一种强大的道德上的——事实上是中世纪的——经济事务方法，清教徒商人因此屈从于几乎无法容忍的心理压力，因为既想要最大的利润又要追求因公平的价格道德要求带来的心理舒适。坚持清教徒自律的道德教条和召唤奋斗的美德不可避免会产生人格上的强烈欲望特征和强烈的成就动机。孩子一旦长大成人，对勤俭和奋斗的痴迷、理性的计划与工作不可避免地把他们带向导致腐败的财富和向上提升社会地位的方向。

然而，有理由相信，直到 17 世纪 30 年代意识形态的因素并没有完全发挥作用，因为它最好的理论表达来自于理查德·巴克斯特（Richard Baxter）。此外，与反国教密切联系的商业成功的案例直到复辟时期之后才逐渐丰富。即使这样，这种联系更像是《克拉伦登法典》（The Clarendon Code）下的社会和政治生活之外的偶然的副产品，而不是宗教意识的直接后果。

比这种可能的经济联系更重要的是，清教主义的间接而偶然的结果。一方面是强调清教徒存在以诵读《圣经》为基础以及因此而造成的基础教育的传播。另一方面是起源于契约理论和选举教义的自信和正义意识，它们给与人们羡慕高等级并挑战其社会、经济和政治地位的保证。与此同时，清教教会通过组织民主或通过极低的寡头政治的倾向反对社会等级制和专制观念，并以此成为一种破坏力量。"清教即平等"是英国国教徒略带嘲讽的口号。

最后，二者时间上的对应至少揭示了其内在联系。社会流动的伟大时代与清教运动的伟大时代精确一致。大概还有太多的巧合，对流行文学的分析表明社会流动的高峰期与清教运动时间惊人地一致。[①] 这一时期对官

---

① M. Walzer, *The Revolution of the Saints*, Cambridge, Mass., 1965, *passim*. D. McClelland, *The Achieving Society*, New York, 1961, p.139.

方价值体系的挑战与后复辟时代君权神授和绝对服从观念的发展形成了尖锐的对比，在 1688 年光荣革命之后英国人仍然认为目前的社会和政治秩序仍然有很多自鸣得意之处。

8. 教育的扩展。1560 年到 1640 年出现了前所未有的教育繁荣，它影响到了除社会最底层之外的所有人。这不仅造成了社会上有大量的识字的人，而且造就了一批超出政府吸纳能力的有教养的绅士和贵族，以及超出教区牧师岗位所需的较低等级的牧师。如果说教育扩张的许多果实是苦的话，对于富裕自由农约曼和工匠之子而言，文学的扩张和高等教育机会，必然增加了向上层知识人才流动的可能性。[1] 政府的世俗化或许摧毁了一些适度谦卑的孩子们取道教会达到政府高位的机会，但教育和专业化的发展为他们提供了另一条丝毫不亚于高贵地位的宽广大道。

1640 年后首次内战的动乱和随后的复辟时代的社会保守终止了中等教育和高等教育的扩展，教育进入衰落期。1660 年后经过专业化获得社会提升的机会必定成比例的减少了，仅仅限定在那些仍然能够进入狭窄的教育阶梯的人。

9. 革命的政治行动。人们往往会设想 1640 年到 1660 年的英国革命造成的政治巨变必然造成深刻的社会变革。目前可以确定的是革命行动本身就是社会流动的载体，以前被淹没的个体，诸如出身低微的教士如史蒂芬·马歇尔（Stephen Marshall），边远地区的绅士如奥利弗·克伦威尔（Oliver Cromwell）以及沮丧的小资产者如约翰·李尔本（John Lilburne），发现了进入舞台中心的机会甚而从上级手中抓住了权力。

但是传统秩序的暂时崩溃和角色的暂时倒置并没有对英国社会造成持续的影响。旧领主甚至保皇党人在过渡期幸免于难，而且境遇远远好于预期。是否仅仅因为在复辟时代教会、王室和保皇党人的土地差

---

[1]　Stone, *Educational Revolution*, *loc. cit.*

不多全部归还给了原来的主人，就没有新的成功成为将军、企业主和议会委员会的人来源于 17 世纪 50 年代呢？[①]平等派把公簿持有地转变为自由持有地（降低社会标准）的计划失败了，佃农和小自由持有农可能承受着沉重的战争税收、掠夺及提供军队住宿的压迫，这些负担要远远超过新政府出于关心为他们提供的任何福利。政府债务的增长和政府服务的扩展增强了金融家、承包人和要臣的声望和财富，但这些因素的意义似乎不是很大。1660 年的社会看起来更像 1640 年，崛起的新家族或者衰落的旧家族的数量与之前的 20 年似乎并无差别。就长期的社会变化而言（相对于传统观念），英国革命是历史上所有"伟大革命"中最不成功的。

（四）1650—1700 年英国社会的稳定因素

17 世纪晚期，一系列稳定因素成为严重阻碍社会流动过程的有效因素，同时减轻了社会压力。

1. 破坏稳定的主要因素趋稳。人口增长、价格革命、自由土地市场、教育扩张、清教思想狂热以及革命活动到 1660 年都大大减少了，其中一些因素开始降到了 1620 年的水平。

2. 上层等级的出生率显著下降以及死亡率显著上升。由此导致 1625 年到 1674 年间出生的群体尚能勉强维持其规模，而 1675 年到 1749 年间出生的那些人就不能维持原来规模了。[②]前内战时期过剩的人口供应适应相对固定的用工市场的状况发生了戏剧性变化，必然导致 25 年之后的

---

① 　J. Thirsk, "The Sale of Royalist land during the Interregnum", *Econ. Hist. Rev.*, 2nd. Ser., v, 1952-3, pp.188-207; and "The Restoration Land Settlement", *Jl. Mod. Hist.*, xxvi,1954, pp.315-28. H. J. Habakkuk, "Landowners and the Civil War", *Econ. Hist. Rev.*, 2nd ser., xviii [I] ,1965, pp.130-51.

② 　Hollingsworth, *op. cit.*, pp.32-3.

1660 年社会竞争大大减少。

3. 长期的社会流动后的自然结果。随后的内战和暴力及政治和社会动荡注定在所有阶层的思想中会出现沮丧的变化，并且重新要求恢复传统权威的传统控制。① 尽管对斯图亚特王朝早期即已存在的某些社会趋势起到了促进的作用，但后复辟时代保守的反应大概是革命造成的最显著的实际后果。最明显的后果出现在教育领域，这一时期教育主要满足社会精英的需求。1570 年至 1650 年间中等和高等教育疯狂发展，导致现有精英无法控制的无序自由竞争，这种竞争导致了大量的有能力和有资格胜任精英工作的人员产生，但却没能同时灌输给他们精英的价值观与行为方式。因此，17 世纪早期的保守派，如培根、霍布斯，哀叹教育破坏了已经确立的社会基础。然而，复辟时期过后，这种高水平的教育机会急剧减少，英国教育方式固定在传统的"荐举式流动"模式上。在这种体制下青年中的极少数被精英及其代表在年幼时挑选出来，接受经典教育和审美素养培养，为进入这个专属世界做好准备。18 世纪的文法学校和提供有限奖学金的大学、19 世纪公立中小学，都履行着对这些有抱负的少数人灌输现存精英的思想和价值观的任务。17 世纪早期危险的竞争形势因此而避免。

教育制度的调整付出了巨大的智力成本。不仅导致英国教育在数量上的下降；而且，在质量上，还不及古代，强迫把学习经典纳入了课程体系；社会上，有望开始成为向任何等级的天才开放的智力群体皇家学会，堕落成为"有绅士风度的半吊子"的俱乐部。② 到 1720 年英格兰失去了其科学上的卓越，大学陷入麻木。

---

① Stone, *Crisis*, pp.30-1.

② Stone, Educational Revolution, loc. cit. M. Espinasse, "The Decline and Fall of Restoration Science", *Past and Present*, no.14 (Nov.,1958), pp.71-89.

与这一发展相伴的是，各个层次的政府都被一小撮精英强化了统治。堂区的控制落入挑选出来的"种类较好的"小礼拜堂手中。郡政府机关，如北安普敦郡，被限定在一个较小的更加固定且封闭的家族精英群体的手中。[1] 在城镇也经历了同样的过程，长期控制在行会和市政府手中的政权传递到更小更缺乏流动性的寡头手中。自由人方面也出现了同样的情况，16 世纪末以前，约克等级流动的大门似乎就已经关闭。1509—1518 年仅有 16% 的自由人是自由人的儿子，但到 1594—1603 年这一比例跃升到38%，1675—1699 年达 43%。同样的趋势在莱彻斯特也可以看到，作为进入 18 世纪伦敦几个同业公会的方式——继承和购买——兴起了。[2]

在教会和政府服务方面，世袭继承变得更加显著。这是对教士婚姻和对教士尊严日益尊重的必然的副产物。在牛津和伍斯特教区，堂区教士之子做教士的占教士的比例从 1600 年的 5% 上升为 1640 年的 23%。17 世纪 30 年代，超过 1/4 的主教来源于教士之子。[3] 到 1660 年国教明显成为世袭职业。

内战前有大量证据表明政府中存在严重的裙带关系。17 世纪早期，继承和赞助是进入政府部门的两把主要钥匙，购买是糟糕的第三把钥匙。过半数官员都是贵族或骑士之子，他们的父亲都曾在政府任职的事实证明了继承的作用。全体人员中的 18% 都是第二代在王室服务。几乎一半来自于乡绅等级以上，约 2/3 来自绅士等级以上。关键问题是情况是否变得

---

[1] W. E. Tate, *The Parish Chest,* Cambridge, 1946, pp.18-19. A. Everitt, "Social Mobility in Early Modern England", *Past and Present*, no. 33, Apre., 1966.

[2] A. H. Johnson, *The History of the Warshipful Company of Drapers*, Oxford, 1942-22, ii, pp.54-5, 197n.l; iv, pp.253-4, 634, 643. *V. C. H. Yorks, loc. cit*., pp.128, 166. W. G. Hoskins, *Provincial England*, p.109. W. K. Kahl, *Apprenticeship and the Freedom of London Livery Companies, 1690-1750*, Guildhall Miscellany, vii, 1956, pp. 17-20.

[3] Barratt, thesis eited note 5, p.19. Information supplied by Mr. F. S. Odo.

更加糟糕，我们确实不得而知。17 世纪 30 年代，查理一世确实反对这种趋势，但这或许是一种新的朝着绝对君主制官僚机构发展的政治态度，而不是招募方式方面的任何实际变化。[①] 所有人都说裙带关系和社会排他性趋势的增长，是过去六十年地产阶层高出生率的先验性预期。

五、结论

（一）社会流动的世纪：1540—1640

人们未必满意广泛的流动机遇和快速的流动速度。按照传统而保守的时代价值观体系，1540—1640 年百年间各种流动的大幅增加可能导致的是不满而非满意，主要是因为流动造成了财富、身份和权力三方面的巨大差异。

1. 社会不满。这既反映在向上流动也反映在向下流动。经济上提升的群体，商人感受到的是拒绝承认他们的社会荣誉，并怨恨对他们的侮辱。其他经济上发展的群体，成功的律师和大乡绅，感觉自己被排除在宫廷之外，并因此而怨恨。下降的群体挣工资的人处在一种骚乱和暴动不断的悲惨境遇中。教士感叹他们收入和地位相对于普通信徒的下降，在劳德（Laud）领导下他们与王室结盟试图恢复其地位和收入，但只是徒劳。经济上静止不前的谦卑的堂区绅士抱怨他们的停滞不前，并且妒嫉非常成功的商人、廷臣和乡绅。离伦敦最近的那些人感受到了最强烈的抱怨，因为他们最了解机遇的不公。尽管伦敦周边地区的绅士经济状况要比北部和西部地区绅士更好，但他们感觉更苦一些，因为他们知道自己失去了什么。因此西部和北部边远地区的人们在内战期间对教会和国王的忠诚减弱，并且导致伦敦周边地区一部分小绅士聚集成为独立派。

---

① Aylmer, *op. cit., ch.* iii and pp. 263-5.

2.宗教不满。清教运动对人口流动的影响已经论及，但我们必须检验人口流动如何影响清教徒。毕竟，上升和下降二者完全惊人地一致，因果相互影响绝不是不可能的。沃尔泽（Walzer）教授指出，思想意识上的严格自律是由稳定的社会关系和共同议定的政治、伦理和宗教思想被颠覆导致的焦虑状态的可能的反应；乐观的机会主义、寂静主义的退出以及因失落的世界而产生的激烈的怀旧主义是其他反应。[①]不难理解 16 世纪晚期和 17 世纪早期英国人因其古代世界的支柱的远离而面临的困境。自相矛盾的宗教意识击碎了过去毫无疑问的、习惯性的信仰；国教把自己的房子留给每一个进取的大学生，为他们草拟了进入教会组织的另一个计划，但这种努力失败了；下院与王室在宪法上的冲突扰乱了政府角色的传统观念并提出了不能解决的君权问题；和传统依附关系紧密联系的准封建制度的崩溃使人们自由寻找能够找到的委托关系；手工业行会的衰落从规则和友情方面解放了劳工；在新的宗教和社会关系，以及核心家庭内部新的爱和自由的观念的压力下，亲戚关系松散了。作为快速社会流动的结果的身份等级制度的颠覆从而仅仅是造成不安、焦虑和混乱的众多因素中的一个。

目前，很难确定清教徒作为一个意识形态群体有向任何独特方向的明显的流动。很多清教徒无疑是向上流动的群体的成员，他们在 17 世纪新兴的社会中去寻找安全、友谊和确定的身份。有些刚刚崛起的亨利贵族和官员，如达德利家族（Dudleys）、塞西尔家族（Cecils）、诺斯家族（Norths）；最终摆脱对贵族权力依赖的富裕乡绅，如奈特利（Knightley）、巴林顿（Barrington）和汉普登（Hampden）；新的学者和传道牧师如劳伦斯·查特顿（Laurence Chaderton）和安东尼·吉比（Anthony Gilby）；有繁荣城镇的新兴商人、店主和工匠。其他是被周围变化所迷惑并寻求支持的静态的小绅士，如奥利弗·克伦威尔（Oliver Cromwell）。无论革命

---

① Walzer, *The Revolution of Saints, Passim.*

的清教主义和反动的"教会与国王"的保守主义的劳德，还是斯塔福德（Stafford）和边远地区的保皇党人，都是同样的社会变革压力下可供选择的反应。同时，运动中的许多关键人物，和他们法兰西的胡格诺同行一样，似乎属于富裕的、古代的、自信的家族，他们免受这种恐惧。

（二）革命的二十年：1640—1660

贵族收入和地位相对于被允许进入成为政治舞台中心的下议院的绅士的衰落只是短暂性的；这种衰落是声誉方面的衰落，与高级教士的衰落相似，斯图亚特王朝选取的补救措施是无效的，它允许绅士成功进入下议院挑战 1640 年教会和政府中的保守的当权派。与此同时，日益腐败、富裕、奢侈与邪恶的权威激励着乡绅起来行动。最后，教育的兴起和城市小资产阶级数量的增加，尤其是在伦敦，使得平等派政党和平等派思想在 17 世纪 40 年代的发展成为可能。如果这些假设是正确的，各种身份和职业群体中财富和声誉的转换，以及以前百年间教育扩张引起的"竞争性流动"，对于英国内战导致政治崩溃的紧张状态的产生，以及 1647 年激进主义的出现，起到了不小的作用。

（三）恢复期的稳定：1660—1700

如果要确定或否认社会流动是近代早期英国社会的基本特征，需要进行更加深入的社会学和统计学意义上的复杂研究。那个时代的人断言并被后世确信的观点是，按照欧洲的标准，英格兰在 16、17、18 世纪有着独特的社会流动，这或许是英格兰成为欧洲最早实现工业化的民族并且在这一过程中成功避免流血革命的主要原因。目前，毫无疑问，长子继承制并限定头衔给长子确保了幼子们稳定地向下流动，并因此造成英国社会在任何时间都不同于欧洲其他地区。但近来对法国的研究表明，在"古代制度"（*ancien régime*）下的等级结构社会中迄今为止无疑是有向上移动的。杜尔戈（Turgot）评论道："没有富人，谁马上就变为贵族"（il n'est aucun homme riche qui sur le champ ne devienne noble）。① 很可能是仅仅在 1540—1640 年的 100 年间，土地交易频繁，英国社会高等级作为一个整体的流动都是异常的，在 1200—1900 年间是史无前例的。英国社会等级制度比法国要早结束 100 年，在 17 世纪而不是 18 世纪。前工业化时期的英格兰不寻常的社会流动难道是建立在错误推断和统计资料不足的基础上的错觉吗？

　　如果高流动性只是一个短暂的现象，然而它对社会结构变化造成的影响却深刻而持久，并且无疑造成了英格兰与伏尔泰时代的法国明显不同。第一个结构变化是乡绅和绅士数量的增加，远远超出了社会和政治需求。政治方面，这意味着一个人数众多的政治民族并为 18 世纪的宪法制度提供基础，这种制度符合了基础广泛的阶层的利益和愿望。社会方面，它意味着在历史上大多数人口第一次直接生活在一个统治精英的视线内。拿白金汉郡（Buckingham）和拉特兰郡（Rutlandshire）的情况来说，1522 年一个村庄大约 10 个人中有 1 个居民是乡绅，到 1680 年全国的比例上升到了 2/3 强。② 社会和政治控制的潜力因此大大增强，超过了过去 200 年。

　　第二个结构变化是商人和职业阶层人数和财富的上升，随之而来的是分享政治决策和社会认可。这些人员数量的巨大增长无疑吸引了长子继承制度下农业等级的大量寻找出路的幼子们。商人很少有正式的权力，但他们的经济利益与农业等级密切联系在一起，他们感谢土地价格对羊毛价格的依赖，感谢羊毛价格对布匹出口贸易的依赖。这种贸易的保持也是政府

---

① F. L. Ford, *Robe and Sword*, Cambridge, Mass., 1953. P. Goubert, *Beauvais et le Beauvaisis de 1600 à 1730*, Paris, 1960. G. Bluche, *Les Magistrats du Parlement de Paris au XVIIIe siècle*, Paris, 1960. Turgot is quoted by Betty Behrens in *Hist. JL.*, viii, 1965, p.123.

② J. Cornwall, "The Early Tudor Gentry", *Econ. Hist. Rev.*, 2nd ser., xvii, 1964-5, p.460. Laslett, *The World We Have Lost*, pp. 62-3.

重点关注的，因为经济衰退不仅造成布匹生产地区因失业而带来的社会不稳定，而且会减少政府传统的财政收入。此外，伦敦商界领袖们作为政府债权人和承包商角色的日益增长，在英格兰银行的基础上达到顶点，给与他们相当大的幕后影响力。政府的外交、军事和商业政策因此越来越受到这些商界精英的利益和建议的指导。[①]

随着对国家政治的介入，他们的地位提高了。农业阶层中的部分人对他们的态度有了缓慢但稳定的转变，日渐承认以前不规则的职业种类已经形成了一系列半独立而平行的身份等级——"圣·吉米亚诺模式"（San Gimignano model）。到 17 世纪晚期，商人、律师、教士和官员较之前的一个世纪受到的蔑视要少得多了。这些中间等级的职业群体中很多起源于绅士，使得他们很容易被农业阶层尊重。这可能会给外国人造成一种"错觉"，认为英格兰较他们而言是一个更加流动的社会。

商人和专业化身份的勃兴造成了三方面的后果。第一，农业等级和这些职业群体中的经济层次相当的人之间的通婚非常多。因此，1682 年伍斯特郡有 105 个被传令官承认的佩戴徽章的绅士，其中 2/3 血统中有商业联系（主要是和伦敦），尽管只有一小撮人最初的经济财产可能来源于商业。第二，绅士摒弃了早先不愿意把自己孩子送入贸易行业的态度。到 17 世纪早期，什鲁斯伯里布商公会（Drapers' Company of Shrewsbury）近一半的自由人和伦敦书商公会（London Stationers' Company）近 1/5 的学徒来自绅士家族。第三，商业或职业男性能够获得"绅士"（Gent）头衔，有时甚至是"士绅"（Esquire）身份，他们的经济和农业及地产完全没有关联。早在 1635 年，伦敦就有 1200 个居民自称绅士，他们中的绝大多数从事商业或专业化的职业。在沃里克郡一个百户区，17 世纪晚期，

---

① B. E. Supple, *Commercial Crisis and Change in England, 1600-42*, Cambridge, 1959, ch. x. R, Ashton, *The Crown and the Money Market, 1603-40*, Oxford, 1960, pp. 67-78.

该地区的"绅士"的 1/3 定居在沃里克镇，而他们中的大多数可能是在那里挣生活。从而，供市场出售的土地大幅缩水与对土地需求的明显减少相一致。地产仍然是在国家和郡层面行使政治和行政权力的有限的精英的根本，但不再是为了被认可为社会平等的小乡村绅士的必需品。如果 1540—1640 年见证了绅士的勃兴，那么 1600—1700 年则见证了"伪绅士"的勃兴。①

这方面一个显著的例子是亨利·贝尔（Henry Bell）。他出生在 1647 年，他的父亲是国王的林恩市的议员（Alderman of King's Lynn），一个靠贸易起家的绸布商，并且两次成为镇长。亨利在当地的文法学校和剑桥学习，然后他过着商人和林恩显贵市民的生活，追随其父亲的脚步做了市议员和两任镇长。但是不顾这完美的资产阶级家庭和生活，贝尔走上了游学之路，成为把生活激情投入艺术的艺术大师。他写了一篇关于"大洪水"之前绘画的发明的论文，他是六个具备良好的意大利建筑学专业知识的英国人之一，他还是一个兼职的建筑师。同时，他的委托人和他一样是城市人，成立了北安普顿公司，在那场灾难性大火之后，他应家乡林恩镇当局和高官之召，参加了灾后重建。② 这是活生生的真正的资产阶级绅士家庭的，具备自信的、有教养、贵族气十足的价值观和兴趣的城镇人和商人。他是英国一个独特的现象，在 17 世纪晚期之前是不可能出现的。

商人和专业化趋势越来越降低了社会标准，因拥有新头衔的群体的出现而模糊了以前绅士与其他人的主要区别，类似夹心面包的中间"心"的部分包括两种人，一方面包括小绅士，另一方面也包括上层自由农约曼和店主。随着 17 世纪的慢慢过去，这些人数量稳定增长，他们的名字出现

---

① Lawrence Stone, "Social Mobility in England, 1500-1700", *Past and Present*, No.33 (Apr. 1966) , pp.16-55.

② H. M. Colvin and L. M. Wodehouse, "Henry Bell of King's Lynn", *Architectural History*, iv, 1961, pp. 41-62.

在官方清单等资料中，被加上了前缀词语"先生"。到 1700 年，第三群体农夫、小约曼、大约曼、工匠、店主和小商人等人的最顶层，与第四个群体小教士和小绅士的最底层开始形成一个新的身份群体。①

　　这两个结构性的改变是由以前百年间的人口流动引起的，这一流动同时出现在 17 世纪晚期，通过之前描述过的蓄意限定人口流动渠道进行。在上层社会流动通道是狭窄的，部分通过法律改变实现对现实命运和财产的保护，并且限制通过建立家庭来获得财富和权力地位；部分通过生物学上的改变实现，表现为 1630 年到 1740 年间上层等级出生率的显著降低；部分通过经济变化阻断人口增长和通货膨胀实现。对于底层社会，试图通过 1662 年《王位继承法》引入的旧的法律制度来限制其水平流动；教育机会的减少使人口流动成为为少数经选择而产生的人精心准备的荐举式流动；在堂区、行会和城市政府中长期保持的民主因素的降低；过度腐败造成的国家选举过程的歪曲。这些发展为 1688 年光荣革命后的世纪的政治和社会稳定铺平了道路，这期间英格兰被具有广泛基础但相对封闭的寡头政府所统治，这些寡头部分来自农业领域，部分来自商业领域，国家在一个仍然比较狭隘的拥有巨额财富和影响力的贵族地主精英的领导下。

第二节　自由农阶层分化的原因

　　自由农阶层的分化，无疑是前工业化时期英国的社会结构变化的重要组成部分和表现之一。但英国自由农的衰落和最终消失，经历了一个复杂

---

　　①　Lawrence Stone，"Social Mobility in England，1500-1700"，*Past and Present*，No.33 (Apr. 1966)，pp.16-55.

而漫长的历史过程。曾有观点认为：议会圈地导致了自由农阶层的消失。然而，自由农的消失是传统社会向现代社会过渡的必然结果，是农业革命的产物，也是传统粗放经营农业向现代集约化经营农业发展的必然结果。议会圈地在其中起到了不容忽视的作用，但却不是唯一的原因。因为，英国土地产权的集中是通过自由农圈地、领主圈地和议会圈地三种形式完成的。导致土地产权集中的原因是农民人均生产能力的提高，这不仅表现在单位面积的产量的提高，而且表现为人均耕作面积的增加。农业革命的发展，把大量的农业人口从农业生产中解放出来，这些人口转向非农产业，使得农业人口不断减少。同时，农业生产的工业化的完成，最终使农业劳动力从传统意义上的农民转变为现代意义上的农业雇佣工人。

农民人均生产能力的发展在"前原始积累"部分已经提及，这里不再重复，本节重点论述圈地运动对自由农消失的影响。

领主土地所有制是封建土地制度的基础。因此消灭庄园制本质上就是消灭封建领主土地所有制，其附加结果必然导致农民"份地制"同时被消灭。在英国，庄园制经济的消灭是通过圈地运动实现的，圈地运动的目的是建立大型资本主义农场，提高农业生产率，它从消灭农民的"份地制"开始，并最终以消灭小农经济而告终。英国自由农阶层兴起后，共发生了两次大规模圈占土地运动，第一次从 15 世纪后叶持续到 17 世纪末；第二次从 18 世纪中叶开始一直到 19 世纪中叶才结束。第一次是对自由小农份地的最初冲击，第二次彻底摧毁了自由小农阶层，小农小块份地制彻底被消灭了。资本主义在英国兴起之际，对农民个体份地是一次剥夺，部分小农转变为雇工，资本主义租地农场发展起来了，英国租地农场主阶级产生了。圈地运动在英国历史上是划时代的事件，是"为资本主义生产方式奠定基础的变革的序幕"。① 因此，了解英国自由农消灭和英国从传统庄园

---

① 《马克思恩格斯全集》第 23 卷，人民出版社 1972 年版，第 786 页。

制经济向现代资本主义经济的转变，对圈地运动（包括其性质和后果）的讨论是不可或缺的。

传统观点认为，自由农的最终消失是通过议会圈地实现的。在学习和借鉴西方学者近年来对圈地研究成果的基础上，笔者以为，自由农的衰落和消失是长期以来土地集中的结果，这包括自由农圈地、大土地所有者的圈地和议会圈地，而不仅仅是议会圈地造成的。

圈地是针对"敞田"而言的。在中世纪早期，英国农村实行的是敞田制，敞田由被分割为很多块的形状狭长的条田所构成。田间分布有小道和田垄，单位按田亩计算，不但每个农民都占有条田，而且庄园领主自营地也以条田来计。前者所占条田数目不等，或是连在一起的，或是分散在各个农户的条田中间。庄园土地除条田外，还有草地和荒地，都是公用地，按照惯例由领主和农民共用。但在公田的使用方面农民受到庄园法规的限制。所有土地都是敞开的，没有围栏与围墙分割。凡是打破条田分界，把分散的条田连成一片合并使用，并且用栅栏、树篱和石墙围圈起来，就被称为圈地；围圈公田据为己有的行为也是圈地。圈地的目的主要包括三方面：第一是让耕地连片，变个体分散经营为统一集中经营，以提高耕作效率增加收入；第二是为了扩大牧场；第三是贵族为了消遣所需扩充或开辟新的私人猎场、园囿或进行体育竞技等。圈地的实质是对堂区公共土地和农业用地持有人公共权利的废除，对分散的敞田持有地的废除，和对密集的土地的再分配。据此，此类圈占土地被以"个人所有权"的形式占有，也就是说个体所有者或其佃农享有唯一的使用权。[①] 圈地的形式有私人圈地和议会圈地两种。

---

① G.E.Mingay, *Parliamentary Enclosure in England:An Intriduction to its Causes, Incidence and Impact 1750-1850*, Longman, 1997, p.7.

英国最早的私人圈地发端于 13 世纪。[①] 当时的土地圈占主要包括三种方式，第一种是购买土地与自己土地相邻的穷人的土地，第二种是土地持有人为了方便经营互相交换土地，使自己经营的土地集中起来，第三种方式是通过租赁与自己土地相连的地块来扩大土地面积。无论哪种形式，目的都是合并分散的条田。13、14 世纪的早期圈地中被圈占土地既包括耕地，也包括荒地。荒地的圈占需要拥有荒地使用权的乡村共同体成员集体订立协议，这些成员既包括贵族也包括自由农。一旦协议订立后，圈地就成功了，土地圈占者将独享土地权利，乡村共同体任何成员都再也无权享用该地块上的土地权利。这个时期圈地的用途主要是建立小型农牧场。这样的小农场在 14 世纪逐渐发展起来，在 15 世纪呈现扩大的趋势。但总体说来这个时期的圈地只是个别现象，规模较小，社会影响有限。

从 15 世纪 70 年代开始，私人圈地高潮出现，圈地范围波及英国 40 郡中的 35 个，成为真正意义上的"圈地运动"。这一运动一直延续到 17 世纪末。这一高潮的出现，既与生产力的提升有关，也与这一时期英国土地交换市场的兴旺有关，当然也和毛纺织业丰厚利润引起的养羊业的兴盛密切相关。当时英国乡村各个阶层纷纷加入圈地队伍，上至贵族和乡绅下到富裕自由农都踊跃参与。

世俗贵族地主是该阶段圈地的主力军，他们的圈地无人能及。下表最能说明贵族在这一阶段圈地中的影响：[②]

①　H.S.A.Fox, "The Chronology of Encolsure and Economic Development in Medieval Devon", *The Economic History Review*, New Series, Vol.28, (1975), pp.181-202.

②　贵族圈地占该郡全部被圈占土地的比例。表中资料来自谢缅诺夫：《16 世纪英国的圈地运动和农民起义》，莫斯科 1949 年版，第 166、167、170、180 页。转引自戚国淦、陈曦文主编：《撷英集——英国都铎史研究》，首都师范大学出版社 1994 年版，第 5 页。

地区	北安普敦	白金汉	莱斯特	沃里克	约克
比例	53.05%	58.67%	71.2%	61.72%	64.64%

　　在有的地区贵族圈地次数并不多，但圈占土地数量却是最多的，诺福克郡就是典型代表。这个时期贵族圈地通常通过"折算"进行，以被圈占土地抵销佃农所欠债务，或是等待佃农租佃土地的租约期满收回土地。贵族经常发起大规模圈地。例如，托马斯·彼格特是白金汉郡一名贵族地主，他一次圈占了多德西尔教区960英亩土地，在这次圈地中，有24个庄园宅院被拆除，120个农民被驱赶，在同一时期，他还圈占了另外两个教区1141英亩的土地，驱逐了149个庄民。[①] 类似事件在各郡都存在。租地农场主是仅次于贵族的圈地人员，伯克郡和牛津郡经济发达，最为典型。租地农场主圈地是为了扩大耕地面积，提高生产效率，为成功驱逐小农，他们往往会提高地租，以求得地主的同意和支持，事实上地主一般也都是支持的。贵族地主和租地农场主进行的圈地大多属于明格所说的非议会圈地的第一种类型，即通过协议进行的大规模圈地。第二种类型的非议会圈地主要是侵占小块土地。这种圈地往往通过协议方式完成，被圈土地通常在20英亩以下，也有超过20英亩的，它是民间自发的圈占行为，进程缓慢。[②] 自由农圈地大多属于这一类型的圈地。由于被地主大规模圈地所掩盖，"自由农在圈地运动中的作用显得极不起眼。幸运的是，现代西方研究圈地的学者对都铎时期的圈地运动进行了全面研究，虽然在一些方面存在分歧，但在很多问题上已经取得共识。由于他们的贡献，我们不再

---

　　① 谢缅诺夫：《16世纪英国的圈地运动和农民起义》，莫斯科1949年版，第202页。转引自戚国淦、陈曦文主编：《撷英集——英国都铎史研究》，首都师范大学出版社1994年版，第6页。

　　② G.E.Mingay, *Parliamentary Enclosure in England:An Intriduction to its Causes,Incidence and Impact 1750-1850*, Longman,1997, pp.11-12.

因为全体大地主成为试图从农耕转向养羊的全体佃农的潜在敌人，而把圈地运动当做一场历史灾难。"① 不能认为圈地是在 17 世纪末停止又在 18 世纪初重新开始的一种现象。"它是一个自然的、渐进的发展过程，时而多时而少，有一种发展趋势，圈地是为了更好的生产而不是纯粹为了畜牧。此外，圈地显然有两种类型：一种是圈占已经耕种的敞田，另一种是圈占迄今还未耕种的林地、荒地和沼泽地。对圈地方法和本质的理解，比以前更加到位。一是圈地大多数不是强制执行，而是自愿进行。在领主和佃农签订协议后，大量自愿的圈地开始了，最初有一人然后其他人也主动进行。二是小块地圈占更加著名：人们与领主或邻居为一小块公田签订合同，或没有签约就直接圈占；侵吞荒地或森林边界的小块地；或为了一条狭窄的条形地把自己的地界标志向国王的公路移动几英尺。骑士和绅士不采用上述蚕食的方法，它是非常适合已经习惯于为小块地争吵的小农的需要和作风的一种方法。自由农的地位、气质和野心都适合采用这种圈地，他们是小块土地圈占者中的绝大多数。"②

"冈纳的研究表明，至伊丽莎白时代刚刚开始时一些郡的圈地已经非常完善"③，坎贝尔通过对伊丽莎白时代和斯图亚特早期与约曼土地经营有关的文献研究后发现，圈地贯穿 16、17 世纪的全过程，在英国各地都有不同程度的发展。除四个郡外英国所有郡都有圈占和侵吞土地的事例。在控告地主没有得到佃农同意的圈地案例中，自由农作为骑士和乡绅的佃农也在反对圈地之列。但是在很多情况下富裕自由农本身就是圈地者和土地侵占者。弗朗西斯·特拉格（Francis Tragge）在 1604 年说圈地的乡绅打倒了自由农。但当他研究过几乎所有圈地突出的郡四季法庭以上级别的档

---

① 李彦雄：《都铎时期英国自由农民圈地研究》，《北方论丛》2014 年第 3 期。

② 李彦雄：《都铎时期英国自由农民圈地研究》，《北方论丛》2014 年第 3 期。

③ 李彦雄：《都铎时期英国自由农民圈地研究》，《北方论丛》2014 年第 3 期。

案后就会发现，富裕的自由农和乡绅中最优秀的人一样是圈地和侵吞土地的积极参与者。

詹姆士一世统治期间沃里克郡和北安普顿郡一份反对圈地的控诉特别指控"骑士、乡绅、绅士和富裕自由农"正通过圈地侵害他们的小邻居。当时关于这个主题的一首民歌写到：有许多富人，既有绅士也有自由农，为了他们自己的私人利益，伤害整个乡村。富裕自由农为了自身私利圈地是事实，但圈地造成的伤害如此广泛以致祸及整个乡村在许多事例中却缺乏证据。①

大量通过协议进行的圈地对有关各方都有利。在诺森伯兰郡考本（Cowpen）镇区 1619 年签订了一份全面圈地的协议。那里存在交织类型的敞田制和与自由持有农土地犬牙交错的女王领地。一个骑士、一个乡绅、三个绅士和五个自由农共十个土地占有者被安排草拟协议条款。他们宣布以阻止浪费和强占土地、改进和节约为目的。他们根据把整块地划分为两份各取一份的原则划分了分配比例和份额，并注意了分配中避免一些人占有全部最好的土地而另一些人占有最差的。结果显示五个自由农做得很好。一个骑士得到了最大部分 594 英亩牧场和可耕地及 11 英亩草地。第二大的份额 192 英亩可耕地和牧场及 23 英亩草地给了一个自由农约翰·普雷斯顿。其他三个自由农和一个绅士每人都平等地得到面积略多于 93 英亩的可耕地和牧场及 11 英亩草地。其余两个绅士和一个自由农得到稍微少些的份额。②

自由农约翰·法内尔（John Fornell）充分描述了布克斯的洛夫顿（Loughton）庄园圈地协议签订的情形，他的土地在这次圈地中被圈占。

---

① Mildred Campbell,*The English Yeoman*,New York, 1968,pp.88-89.

② Thornton and Croft Papers, reprinted in *History of Northumberland*,1909, IX, pp.325-327.

1619 年在星室法庭为一个案件作证时，法内尔说洛夫顿是一个完全农耕地区，缺乏足够的牧场和草地为佃农的马和奶牛提供食物。他提到在干草和青草不太贵的早期这没有带来大的困难，但在大约四十年后的今天洛夫顿的农场主购买这些产品的临近地区草料价格已经很高，农场主不再能够从外地为牲畜买起草料。因此，"为了整个镇子和全体居民的利益"，从今以后，任何佃农在田地之外或与镇子毗邻的地区圈占或与邻居达成协议后圈占自己使用的小块地应该合法化。那次缺席的一个佃农反对圈地并曾经向大法官法庭起诉，但由于证实圈地是"为了公众和整个镇子的共同利益，法庭就宣判并命令圈地可以继续进行"，从此以后圈地持续了下去。①

在上述法内尔案例中，原告并不是反对这种圈地，而是反对圈地的方法及公地和荒地的分配。控告由某些没有体验到协议的目的——即圈地应该以一种"既有利于大土地持有者也有利于小自由持有农"——的方法进行的法内尔一类的佃农和其他一些大土地持有者发起。他们的指控可能是有根据的，并且无疑许多相似的问题得以消除。但恰恰是在这样的情况下圈地快速地发展。土地出售和交换契约常常列出圈地可以深入开展的状况，同意沿着既定方向发展的证据。

有时富裕的自由农圈地的规模很大。沃里克郡的威廉·伯顿就是一个例子。詹姆士一世统治时期，该郡的圈地者展开了竞争，伯顿在一桩诽谤案中的表现就很重要——在该案中他被指控试图败坏共同体内其他一些圈地者的声誉。自然，被带来反对他的证人应该很快就失败了，证人们指出伯顿本身是"一个最近不仅自己圈占了一大片可耕地和由 200 英亩可耕地转变来的牧场、圈占了拉达布鲁克（Ladbrooke）两个佃农和镇上部分土地，而且是十五或十六家农夫和同一个镇子许多农民土地的主要圈占者。"

① P.Williams, *Horstead and Stanninghall*, 1937, p.84.

但"自由农通常是不受同代人和大多数后世作者非难的土地蚕食者。小规模圈占土地通常比向牧场的转化更有利于农耕的事实，也有助于自由农逃避大量对圈地者的谴责和责难。"[1]1630年粮价昂贵，为弄清楚是否是因为粮田被圈占用于放牧造成的粮食稀缺，对英格兰中部各郡圈地情况进行了一次调查。各郡尤其是德贝、诺丁汉和亨廷顿的报告表明，在这些郡的大量圈地每次的规模在1—8英亩范围内。报告还显示小土地圈占者中很少有绅士，主要是约曼和农夫。[2]

"富裕自由农圈占土地的方式主要有三种：一圈占公共土地；二购买或租赁土地；三通过协议进行土地置换。圈占公共土地，包括侵占公路和侵占公共权利的圈地以及圈占尚未开发的土地（林地、荒地和沼泽等）的圈地。"[3]侵占和蚕食公路的例子不胜枚举，例如，艾塞克斯约曼"马泰·福德汉姆（Matthew Fordham）在1566年大约圈占了30英亩土地，这些地被描述为斯坦威（Stanway）'公有地的一大部分'"[4]；詹姆士一世统治时期，蒙默斯郡（威尔士郡原郡名）一个约曼约翰·刘易斯被指控圈占了全体居民声称享有公共权利的60或80英亩荒地；赫特福德郡一个自由农托马斯·克劳利被指控侵占了一个公共池塘；[5]"1572年艾塞克斯自由农威廉·索尔（William Sorell）因为'在女王公路开了三个口'被起诉；艾塞克斯一个自由农乔治·桑普森'因为在王室公路上开了一个横穿公路的口子'遭指控；约克郡自由农克里斯托弗·格林因为'犁了王室公路'被指控；赫特福德自由农威廉·鲍尔汉姆（William Boreham）'因为在公路上栽木杆和木桩圈地'被指控。类似案例在法庭案卷中较多，涉案富裕自由

---

① 李彦雄：《都铎时期英国自由农民圈地研究》，《北方论丛》2014年第3期。

② Mildred Campbell, *The English Yeoman*, New York, 1968, pp.91-92.

③ 李彦雄：《都铎时期英国自由农民圈地研究》，《北方论丛》2014年第3期。

④ 李彦雄：《都铎时期英国自由农民圈地研究》，《北方论丛》2014年第3期。

⑤ Mildred Campbell, *The English Yeoman*, New York, 1968, pp.91-92.

农明显多于其他阶层的人。"[1] 其中不乏被处罚者，有的还处罚非常重，例如 1639 年约克郡希克洛夫特（Seacroft）的自由农克里斯托弗·格林大胆犁了在重要的商业城镇利兹和约克之间的公路并"挖沟圈了起来，导致国王的臣民们冒着重大危险带马、手推车或马车从上面通过"。他的行为给邻居们带来严重的烦恼并成为其他人的一个坏榜样。因此 1640 年他被告上法庭，随后认罪，尽管可能没有恢复公路，但他向郡长交了 5 先令的罚金。无论如何这是对被忽略的公众利益的巨大侵害。因此第二道命令发布了，命令要求格林应该"在明年 5 月 1 日前开放上述王室公路并支付 40英镑的罚金"。[2] 40 英镑对一个自由农来说是一笔巨大的罚金并且可能已经超过了那块地的价值。在后来的档案中没有进一步提到这个案件，格林可能遵守了法院判决。虽然如此，但多数情况下法庭在被控者接受处罚后都承认了其对土地的占有。

"对公共土地的圈占比较常见的是对未利用土地的圈占，像这种圈地不仅不会招致反对，而且受到领主的欢迎，尤其是森林、荒地或沼泽地的圈占，因为他们以前在这些土地上很少或根本没有收入，现在则可以收取土地租金。"[3] 1630 年去世的威尔特郡自由农亨利·蒙得（Henry Munday）土地的记录提到"其中 11 英亩圈自沼泽"。苏塞克斯威斯特玛登（Westmarden）的自由农托马斯·格林的土地中有一块"最近取自林地"。[4] "兰开夏郡罗森戴尔（Rossendale）整个地区的发展都是靠圈占王室森林。亨利七世森林砍伐令发布后，共同体的扩张很快就开始了，这里圈地的小所有者数量急剧增加以致到 17 世纪该地大土地所有者圈地的只占少数。小土地所有者的产生和延续是 16 世纪晚期和 17 世纪早期该地区发展中最重

---

① 李彦雄：《都铎时期英国自由农民圈地研究》，《北方论丛》2014 年第 3 期。

② Mildred Campbell, *The English Yeoman*, New York, 1968, p.95.

③ 李彦雄：《都铎时期英国自由农民圈地研究》，《北方论丛》2014 年第 3 期。

④ Mildred Campbell, *The English Yeoman*, New York, 1968, p.95, p.96.

要的事实"。①

　　无论是圈占森林和沼泽还是挖沟或竖篱圈占自己敞田中的土地，或者蚕食邻居或共同体其他人的权利，富裕自由农在各地圈地运动中都是积极的和重要的代表。通过这里几小块那里几小块的慢慢蚕食侵占，他们围起边界，圈占了垂涎已久的土地，发展已经占有的土地。他们对土地的渴求使得他们中很多人不惜违反法律。伊丽莎白时期的济贫法规定，每座茅舍或雇佣工人住所旁必须留出 4 英亩土地供他们使用。但富裕自由农常常只为自己的小佃农和雇佣工人建立房屋，却拒绝提供必需的 4 英亩土地作为茅舍田。四季法庭档案中记录了很多这样的事例，赫特福德郡萨顿（Sandon）的一个约曼约翰·格雷（John Graie）1612年因为给一个叫史蒂芬·张伯伦的人建立了一个茅舍小屋，"而没有从他的自由持有地中拨出 4 英亩给上面提到的茅舍佃农"而被控告。兰开夏郡萨顿的约曼托马斯·贾斯提斯（Thomas Justice）和裁缝亚历山大·贾斯提斯因为相同的罪过被指控。伍斯特郡的约曼农查尔斯·哈德逊 1631 年被告上伍斯特法庭，原因是他把一个羊圈改成一个茅舍小屋给了一个叫约翰·雪莉的人而没有给他规定的 4 英亩土地。② 这些例子举不胜举。在小片土地圈占案例中，自由农是最常见的因为侵犯被指控的阶层。

　　"第二种方式购买或租赁土地，包括少数富裕自由农大规模买进土地和多数自由小农进行的小规模购买或租赁土地。大规模购买主要包括购买修道院土地和王室土地，以及一些庄园，属于少数富裕自由农民上层行为。"③ 在前文已有所涉及。这里主要讲述多数农民进行的小规模购买或租

① Tupingl, *History of Rossendale*, p. 97, p.161.

② Mildred Campbell, *The English Yeoman*, New York, 1968, p. 97.

③ 李彦雄:《都铎时期英国自由农民圈地研究》,《北方论丛》2014 年第 3 期。

赁。自由农也受资金不足的制约——他们没有足够的资金"一次购买大量的土地，只能被迫购买任何能买到的小块土地以扩大土地……格拉斯通过对汉普郡一个村庄的研究得出结论，从 16 世纪开始古老的小块地在南克劳利 (Crawley) 和北克劳利都消失了。托尼论证了其他地区也发生了同样的变化。"① 坎贝尔则为我们提供了许多具体史例。例如，艾塞克斯自由农威廉·科尔维 1620 年出售的 8 英亩 1 陆德土地由七块从 3 陆德到 3 英亩大小不等的土地构成。附近另外一个自由农在租佃由 12 块土地组成的总数是 52 英亩的土地还是租佃由 11 块土地构成的总数为 14 英亩的土地之间进行选择，他选择了后者。休·康福德（Hugh Corneforde）和他的儿子都是同一地区的自由农，他们有超过 300 英亩的土地，其中一大部分似乎是由分成小块的持有地连在一起构成的。东盎格鲁地区早期以典型的小块持有地为特征，伊丽莎白时代和斯图亚特时期那里的富裕自由农大量收买小块土地。② "诺福克的里查德·杨的土地包括 21 块，其中只有 3 块略微超过 3 英亩。21 块中只有 6 块是继承的。其余由杨购买的 15 块都在 2 英亩以下。这些土地显然大多数是从不同的所有者手中买来的。萨福克的约翰·乔德斯顿在 1615 年的遗嘱中提到他的 11 英亩半的公簿持有地分为 13 块。"③ 同一时期的萨福克另一个自由农买下了一个庄园超过 400 英亩的领主土地，其中许多是紧密相连的小块地。④

"第三种方式是通过协议在生产者之间进行的土地置换。在通过圈占、

---

① 李彦雄：《都铎时期英国自由农民圈地研究》，《北方论丛》2014 年第 3 期。N.S.B.Gras, *History of an Engish Village*, p.99. R.H.Tawney, *The Agrarian Problem in the Sixteenth Century*,1912, pp.61-62.

② Mildred Campbell, *The English Yeoman*, New York, 1968, p. 100.

③ 李彦雄：《都铎时期英国自由农民圈地研究》，《北方论丛》2014 年第 3 期。R.H.Tawney, *The Agrarian Problem in the Sixteenth Century*, 1912, pp.61-62.

④ Mildred Campbell, *The English Yeoman*, New York, 1968, p. 100.

购买和租佃增加了土地之后，农民还面临一个土地合并的问题。土地合并无疑是为了提高耕作效率。对土地联合的渴望刺激了土地买卖的同时，在自由农中普遍存在交换分散的地块使它们连在一起，以提高耕作效率的做法。如果在两块或更多的田里或在一块田的条田里 A 的土地和 B 的土地相邻，交换会对双方都有利。如果他们都有和 C 的土地搭界的地，C 就会选择对自己有利的做法让其他人和 A 和 B 交换土地，以便使自己的土地能连在一起。现存档案中有大量这种交换的契约，证明了这种合并方法的盛行。大法官法庭（Chancery）的一个案例提到，北安普顿郡自由农民尼古拉斯·杰克逊'为了更便利于自己耕种'进行了一次交换。自由农约翰·索普和林肯郡的乡绅丹尼尔·哈比（Daniel Harbye）'为了更好地耕种他们的几块继承地'，在 1602 年进行了土地交换。契约表明索普的土地分散在几块田地里，其中有许多地分散在两小块地中。另外，他还用那些地和荒地上的公共权利换取了一块未圈地。沃里克郡两个自由农约翰·查塔克（John Chattock）和约翰·奈特（John Knight）在一次交易中以一英亩半换取一英亩半土地，一块在公地上，另一块是最近圈占的土地；但从和他们别的土地的关系来看，交易对双方都有利。诺福克一个自由农和一个绅士之间彼此各用 5 英亩 1 陆德互相交换，其中一块是公簿持有地，一块是自由持有地。1576 年，北安普顿郡自由农罗伯特·雅克（Robert Yack）和乡绅约翰·伊萨姆（John Isham）之间的一份交换契约表明，伊萨姆拿出自己土地中的 19 块换雅克的 45 块地。他们两人还交换了一英亩半和一陆德大小的另外几小块土地。"[①]詹姆士一世统治时期达累姆的一个约曼农说到，最近的土地交换中的地在邻居们中间"非常模糊、分散并混合在一起"，虽然导致了许多关于各种土地权利的法庭争辩和诉讼，但是"他们

---

①　李彦雄：《都铎时期英国自由农民圈地研究》，《北方论丛》2014 年第 3 期。R.H.Tawney, *The Agrarian Problem in the Sixteenth Century*, 1912, pp.61-62.

全部欣然同意交换生效"。在一些庄园，佃农互相交换土地而不必为此向领主缴纳罚金的权利有时被写进庄园惯例。①

"通过自由农民的租约和买卖契约、债券和抵押、交换契约和圈地协议和法庭档案，我们了解了都铎时期英国富裕自由农在圈地运动中的表现，该阶层在生存有了保障之后，为了牟取利润，不惜利用一切可以利用的机会扩大自己的财富，但又没有足够的财力进行大规模投资和冒险，于是就出现了渐进的土地扩张活动。他们实际上成为了野心勃勃的小投资者"②，激烈的土地投资冒险无疑造成了一些农民在竞争中被淘汰而失去土地。

议会圈地相对于贵族和农民圈地等私人圈地而言开始较晚，其时间从18世纪中叶到19世纪中期。议会圈地长期以来受到学界的广泛关注，西方早期学者对圈地的研究主要集中在小农衰落的时间的确定上，一些史学家认为议会圈地开始前的16、17世纪的圈地是自由小农衰落的主要原因（这种观点已为多数学者抛弃）；研究英国土地所有制变化的大多数早期历史学家都认为，议会圈地时代是农民阶级下降剧烈和迅速的时期。③ 以吉尔伯特·斯莱特④ 和威廉·哈巴奇⑤ 为代表的学者遵循左翼的方法，认为圈地导致了大量无地工业无产者的产生。其中以 J.L. 哈蒙德和巴巴拉·哈蒙德的《乡村雇佣工人》一书影响最大，他们无视同时代的其他研究成果，提出并在后来继续坚持认为，议会圈地不仅是对农民剥夺的原因而且是导致乡村贫穷和当时的动荡的根本原因。⑥ 他们的观点后来被普遍接受，在

---

① Mildred Campbell, *The English Yeoman*, New York, 1968, p. 100, p.101.

② 李彦雄：《都铎时期英国自由农民圈地研究》，《北方论丛》2014 年第 3 期。

③ G.E.Mingay,*Enclosure and the Small Famer in the Age of Industrial Revolution*, 1973, p.12.

④ Gilbert Slater, *The English Peasantry and the Enclosure of Common Fields*, 1907.

⑤ Wilhelm Hasbach, *History of the Agricultural Labourer*, English translation, 1908.

⑥ J.L and Barbara Hammond, *The Village Labourer*, 1st edn, 1911.new edn, 1978.

我国学界影响相当深远。以约翰逊①、陶内②和冈纳③为代表的学者则采用大量可信的材料，对圈地作了更加中性的解释。

综合近年来的研究成果，笔者以为，议会圈地对自由小农的消灭作用是有限的，在议会圈地开始之前英国社会已经初步完成了农业的改造，农业的资本主义生产关系已经有了相当的发展，议会圈地只是在大多数地区农业转型基本完成的情况下对发展较慢的落后地区的自由小农的消灭起到了一定的作用。之所以这样认为，主要原因有以下几点：第一，议会对圈地的态度经历了从反对到支持的转变。议会最初对圈地是反对的，在15—17世纪私人圈地的高潮时期议会法令不仅禁止圈地，而且规定了保护小农的措施。如议会在15世纪末和16世纪上半叶连续颁布了著名的《防止破坏村庄法》。法令规定，凡附属于20英亩土地的房屋必须保持完好，以供一家农人居住。④亨利八世六年（1514年）的法令规定：凡在1515年2月5日以后拆毁的农人房屋都应在一年之内重建起来。这项法令在第二年（1515年）被宣布为永久法令。⑤伊丽莎白时代，立法要求保护拥有20英亩以上的土地占有者，还曾经要求为农业雇佣工人的茅舍小屋保有4英亩土地并禁止雇主以自己的小屋招揽房客。1634—1639年间，英国中部地区发生反圈地暴动，查理一世在中部7个郡都对那些促使人口减少的圈地者处以巨额罚金。1638年任命一个皇家委员会来监督旧法律的实施，特别是监督关于4英亩土地的法律的实施，等等。⑥这些法令虽然增加了

---

① A.H.Johnson,*The Disappearance of the Small Landowner*,1909.

② R.H.Tawney,*The Agrarian Problem in the Sixteenth Century*,1912.

③ E.C.K.Gonner,*Common land and Inclosure*,1st edn,1912.

④ ［法］保尔·芒图：《十八世纪产业革命》，杨人楩译，商务印书馆1983年版，第121页。

⑤ 同上书，第423页。

⑥ ［美］诺斯：《西方世界的兴起》，厉以平、蔡磊译，华夏出版社1989年版，第165页。

圈地的成本和阻力，却因违背了社会发展趋势，收效甚微，圈地仍在继续和扩大。到光荣革命之后，资产阶级取得政权，改变了对圈地的态度，开始公开支持圈地，直到 18 世纪早期才开始颁布了一系列的圈地法案，大多数集中在 1750—1830 年间。[1] 第二，议会圈地的规模和影响都是有限的。长期以来对议会圈地的影响的激烈争论，往往忽略了议会圈地的实际规模。近来的研究成果证明，议会圈地的规模是有限的。由于议会圈地本身不是普遍现象，因此也不能把议会圈地的影响认为是波及整个乡村的。议会圈地问题专家 G.E. 明格用科学严谨的方法批驳了约翰·查普曼[2] 和迈克尔·特纳[3] 对议会圈地规模的过高的评价，指出议会圈地法案影响到的地区大约占到英格兰和威尔士 1/4 或 1/4 强的地区。[4] 艾伦的研究证明议会圈地的破坏性和非议会圈地相比是非常有限的。关于圈地对人口的影响，艾伦在进行大量分析考证的基础上，得出结论。他认为 18 世纪的圈地对人口的影响微不足道，相反，16 世纪中期以前的圈地对人口产生了显著的——负面的——影响，和 1377 年相比 16 世纪中期乡村人口减少了20%[5]。这个结果和坎贝尔计算的英国人口在 1377 年和 1524 年之间总体上下降了 20% 的结果相一致。[6] 议会圈地时期被毁灭的村庄与非议会圈地相比在数量和比例上也是很小的（见下表）

---

[1]　G.E.Mingay,*Parliamentary Enclosure in England*,Longman, 1997,p.11.

[2]　John Chapman，"Some Problem in the Interpretation of Enclosure Awards"，*Agricultural History Review*, XXVI,1987;"The Extent and Nature of Parlimentary"，*Agricultural History Review*, XXXV, 1987.

[3]　Michael Turner,*English Parliamentary Enclosure:its Historical Geography and Economic History*, Folkestone,1980.

[4]　G.E.Mingay, *Parliamentary Enclosure in England*, Longman, 1997, p.30.

[5]　Robert C. Allen, *Enclosure and the Yeoman*, Oxford, 1992. p.42;p.43.

[6]　Bruce M.S. Campbell，"The Population of Early Tudor England:A Reevaluation of the 1522 Muster and 1524 and 1525 Lay Subsidies"，*Journal of Historical Geography*, 7/2.p.154.

圈地和被毁的村庄①

圈地时期	被毁灭村庄数量	圈占面积	占该时期全部圈地的百分比
1450 年前	64	45，545	44
1450—1524	156	123，437	68
1525—1574	19	14，679	24
1575—1674	54	50，845	11
1675—1749	10	10，001	7
1750—1849	13	17，208	1
1850—1924	1	1，068	1
日期不定的	53	31，524	
总数	370	294，307	

在圈地对土地所有权不平等的影响方面，艾伦通过对土地税征收副本的研究发现，总体说来越是早期圈地对土地所有权不平等的影响就越大。1676 年后的圈地对土地所有权或人口的不平等的影响微不足道。但 1790 年左右的圈地和 1450—1524 年的圈地一样造成了极大不平等，伊丽莎白时期和斯图亚特时期的圈地表现为介于两个极端之间的一种方式——它们导致了中间水平的土地所有权的不平等，而且它们导致了严格意义上的人口减少即自然增加的人口被迫迁移。②

综上所述，英国自由小农阶层的消失是从传统农业向现代农业转变的过程中逐步完成的，其中包括非议会圈地和议会圈地，而非议会圈地又包括贵族圈地和富裕农民的圈地，自由小农的多数在非议会圈地过程中已完成了转变，议会圈地对自由小农的冲击是有限的，是为早已开始的土地集

---

① Robert C. Allen, *Enclosure and the Yeoman*, Oxford, 1992. p.40.

② Robert C. Allen, *Enclosure and the Yeoman*, Oxford, 1992. pp.44-45.

中进行了扫尾工作。"在农业领域内，就消灭旧社会的堡垒——'农民'，并代之以雇佣工人来说，大工业起了最革命的作用……农业和工场手工业的原始的家庭纽带，也就是把二者的幼年未发展的形态联结在一起的那种纽带，被资本主义生产方式撕断了。但资本主义生产方式同时为一种新的更高级的综合，即农业和工业在它们对立发展的形态的基础上的联合，创造了物质前提……在农业中，像在工场手工业中一样，生产过程的资本主义转化同时表现为生产者的殉难史，劳动资料同时表现为奴役工人的手段、剥削工人的手段和使工人贫穷的手段，劳动过程的社会结合同时表现为对工人个人的活力、自由和独立的有组织的压制。农业工人在广大土地上的分散，同时破坏了他们的反抗力量，而城市工人的集中却增强了他们的反抗力量。在现代农业中，像城市工业中一样，劳动生产力的提高和劳动量的增大是以劳动力本身的破坏和衰退为代价的。此外，资本主义农业的任何进步，都不仅是掠夺劳动者的技巧的进步，而且是掠夺土地的技巧的进步，在一定时期内提高土地肥力的任何进步，同时也是破坏土地肥力持久源泉的进步……因此，资本主义生产发展了社会生产过程的技术和结合，只是由于它同时破坏了一切财富的源泉——土地和工人。"①

第三节　自由农阶层分化的表现

一、自由农阶层衰落的时间

在从传统社会向资本主义社会转变的过程中，英国自由小农阶层的衰

---

①　[德] 马克思:《资本论》第一卷，中共中央马克思恩格斯列宁斯大林著作编译局译，人民出版社 2004 年版，第 578—580 页。

落是不争的历史事实，然而学术界对其消失的具体时间存在很大的分歧。学者们的主要观点在本书导论部分已有详细介绍，为避免重复，在此仅概括三种代表性观点：一种看法认为英国自由农在 18 世纪后半叶消失了。"从 1750 年起（自耕农）即已几乎消灭，而且正在渐渐被人遗忘。"[①] 时人对此感慨："我对那些被人称为自耕农的这一种人的丧失，感到真诚的惋惜。"[②] 马克思认为："大约在 1750 年，自耕农消灭了，而在十八世纪最后几十年，农民公有地的最后痕迹也消灭了。"[③] 有学者写道："在 18 世纪期间，自耕农完全消灭了。"[④] 在我国史学界相当时期居于主流的看法是："到 18 世纪末，小土地所有者基本消灭。"[⑤] 这种观点影响很大，比如汤因比、冷战时期社会主义阵营多数史学家都持有这种观点。另一种看法认为英国自由农阶层消亡要晚些，时间在 19 世纪 30 年代。保尔·芒图认为："1833 年关于农业状况的议会报告，作出了他们几乎在全国都已灭绝的证明书。"[⑥] 最后一种看法认为，自由农阶层在英国被消灭时间更晚，要到 19 世纪末才完成。克拉潘指出："圈地既经办竣，那么在整个历史中，在整个传统中更加紧紧地随着公用地和敞地为转移的自耕农，亦即'自由民'的最终命运又如何呢？在维多利亚女王登极和她六十岁庆典之间，他们的数目和他们所控制的面积，扯平来说，可能并没有多大变化…… 在 1887 年和随后几年之中终于进行了准确的调查，据发现威尔士有 10% 到 20%

---

①　《一位萨福克绅士致 T.C. 邦伯里爵士的信》第二卷（1795），转引自［法］保尔·芒图：《十八世纪产业革命》，杨人楩等译，商务印书馆 1983 年版，第 109 页。

②　阿巴斯诺特：《论贫民》，转引自上书第 109 页。

③　《马克思恩格斯全集》第 23 卷，人民出版社 1972 年版，第 791 页。

④　苏联科学院主编：《世界通史》第五卷，1963 年中文版，第 650 页。

⑤　周一良、吴于廑主编：《世界通史》（近代部分上），人民出版社 1962 年版，第 115 页。

⑥　［法］保尔·芒图：《十八世纪产业革命》，杨人楩等译，商务印书馆 1983 年版，第 110 页。

的耕地是所有主自用的，而他们多是小业主。至于大不列颠，则同样的一些调查所举的数字是 14% 至 15% 之间；英格兰 15% 至 16%；苏格兰刚刚超过 12%。诚然在英格兰并非所有这些土地都是自由民的土地。"①

笔者以为，一个社会阶层的消失是一个漫长的历史过程，自由小农的消失实际上体现了经济社会方面的重大变革，因此其消失是和英国社会转型过程相一致的，其消失时间很难准确地订在哪一年或哪几年。但自由小农开始明显衰落的时间却可以确定在 15 世纪后叶开始的大规模的圈地运动，该阶层在贵族圈地、富裕农民圈地以及 18 世纪开始的议会圈地运动中逐渐衰落下去了。至于自由小农作为一个社会阶层的最终消失，客观来说应该定在 19 世纪中期。因为经过圈地之后，庄园制下的敞田制已不复存在，中世纪传统的农业经营方式已被近代新型资本主义农业经营方式所取代，农村人口的生产和生活都紧密地和市场联系在了一起，自由小农自然经济下自给自足的生活方式也已无法维持。在农业生产方式变革的竞争中，自由小农中的部分成功人士发家致富，这些人有的跻身上层社会，成为骑士、绅士、乡绅，有的成为了资产阶级农场主或投资其他行业成为资本家；该阶层中大多数在竞争中被淘汰，成为农业雇佣工人，或退出农业进入工业和其他行业寻求工作，成为雇佣工人。

二、自由农阶层分化的表现

（一）跻身上等社会

中世纪英国是一个等级社会，其社会等级主要包括贵族（Nobility）、士绅（gentry）、农民等。不同的社会等级享有不同的政治、经济、司法、

---

① ［英］克拉潘：《现代英国经济史》（中卷）（姚曾廙译，商务印书馆 1975 年版，第 334—335 页。

行政等权利。其中贵族处在最高地位，享有封地和领主权利，组成议会上院成员，他们包括公爵、伯爵、子爵、侯爵和男爵。贵族之下是士绅阶层，包括骑士（knight）、乡绅（esquire）和绅士（gentleman）。贵族和士绅是社会的上层。在农民内部也有很大的区别，有享有自由权利的自由农，有贫穷的茅舍农，也有依附于领主的农奴。然而英国又是一个"开放的等级社会"，各个社会等级之间存在一种社会自我调节的机制，即各个社会等级之间从来就不是相互封闭的，而是具有一定的流动性，学界称之为社会分层的"垂直流动"（vertical mobility）。[1]

具体说来，就是不同社会等级和群体有其自身的资格限制，各个社会等级之间不是固定不变的，低等级的人可以进身高等级，高等级的人也可以沦落到较低等级的行列。每个特权等级都有其规定的必要条件。例如，成为贵族有两个必要条件。第一个要求是有足以维持相应的生活方式的收入，意即大多数贵族的收入为每人每年至少400英镑，而最富有的伯爵和公爵高达3000英镑。第二个要求是国王对贵族头衔的认可。古昔的贵族的承认是通过被召集到议会上院任职实现的。如果国王想要赐封新的贵族，他就发布特权证书宣布新的提升。通常会在宫廷进行一个仪式，此后新贵族将会被召唤到议会。如果一个贵族家庭维持了财产并避免了政治灾难，爵位可以世袭由父传子。但是如果家庭收入大幅下降至不能维持贵族称号的水平，王室认可就会撤消，贵族地位失效。例如，1522年类似事件发生在理查德伯爵死亡时肯特的伯爵领地；他因为过度赌博挥霍了自己的遗产，没有剩余足够的财产或声誉来证明他的继承人能够成为贵族。如果一个贵族被判为叛国罪，也会导致其爵位的丧失。[2]维持骑士头衔所需

---

[1]　许洁明：《十七世纪的英国社会》，中国社会科学出版社2003年版，第44页。

[2]　Richard Britnell, *The Closing of the Middle Ages? England, 1471-1529*, Oxford, 1997, pp.189-90.

要的最低收入为一年 40 英镑，骑士收入通常略高于 40 英镑。法律规定，任何年收入达 40 英镑的自由持有农都要被授予骑士称号并履行这个地位的国王服役。骑士身份，和贵族相像，必须由国王或他的代表在骑士授予仪式上授予。乡绅（esquire）不是仪式授予的，但也不是能轻易获得的。从贵族或骑士下来的一些人使用它作为一个礼貌的称号，一些人把它作为一个约定俗成的称号，是沿袭了他们的祖先和其他人作为王室杰出的官员被授权使用这个称号的事例。与骑士和乡绅不同，绅士身份不需要任何特殊的认可形式，可以通过购买土地和单纯的自我描述为高贵身份进入绅士行列。想要得到官方对他们绅士身份的进一步确认的家庭，可以向国王的纹章官申请纹章官特权证书授予下的纹章承受，为此他们必须支付规定的费用。[①] 因此，高等级的上层人士可因其血统和出身而有其固有的等级身份，较低等级的人通过自身的奋斗获得成功，也可因自身的品质和财富而为自己赢得相应的权利和社会地位，跻身上流社会。在经济活跃的状态下，这种社会流动性具有一定的推动力，它推动着个体和社会集团的努力向上。

在中世纪晚期和近代早期，英国许多普通农民通过自身的努力增加了财富，并因自身的财富、勤劳和节俭等美德得到提升。农奴成为自由人的同时，自由农成为骑士、绅士甚至贵族的事例也很多。在这些人中有的是自由佃农的后代，有的祖先是公簿持有农，也有的祖先是农奴（bond-man）。曾为爱德华六世讲道的著名主教雷帝默（Latimer）就是一个富裕自由农的儿子，其家族以后数代都如此显赫；理查德·巴克斯特，什罗普郡一个小自由持有农的儿子，成为当时最具启迪性的神学家之一。亚当·马丁戴尔（Adam Martindale），兰开夏郡一个约曼的儿子，在北部非国教

---

① Richard Britnell, *The Closing of the Middle Ages? England, 1471-1529*, Blackwell Publishers Ltd, Oxford, 1997, pp.190-192.

的新教徒社区享有盛名。艾塞克斯一个约曼之子拉尔夫·乔瑟琳（Ralph Josselyn）在剑桥获得学位并做了四十年的教区牧师（vicar）。在宗教界之外的其他领域也有很多例子。艾萨克·牛顿爵士（Sir Isaac Newton）是林肯郡一个约曼的儿子，他出生在祖父于 1624 年购买的小地产上。发现血液循环规律的著名生理学家和医生威廉·哈维，是肯特郡一个约曼的儿子。著名诗人乔治·查普曼是赫特福德一个约曼的儿子。莎士比亚出生于沃里克郡的约曼家庭。约翰·塞尔登 (John Selden) 是苏塞克斯一个约曼的儿子，他被米尔顿（Milton）称为"这块土地上首要的博学之人"，塞尔登是长期议会的议员。约克郡一个约曼之子亨利·本森（Henry Benson）也是同期议员。在政治史上著名的霍勒斯（Holles）家族也源于约曼血统。[1] 尼古拉斯·培根 (1510—1579) 的父亲罗伯特·培根是一个富裕的自由农，[2] 经过奋斗提升为乡绅。他的儿子则更加优秀，青年时代尼古拉斯·培根曾经在剑桥大学就读，后来又进入格雷律师学院攻读法律，受过良好的教育。[3] 毕业后，在托马斯·克伦威尔的极力推荐下，培根就职于亨利八世朝廷，负责处理教产事务。从此官运亨通，到伊丽莎白时期，位跻大法官一职，成为当时的风云人物，其财富和政治势力堪与旧贵族相匹敌。[4] 著名的塞西尔家族也是源于富裕的约曼农家庭，其代表人物为威廉·塞西尔(1520—1598)，他的祖父出生在一个富裕约曼家庭，[5]曾经在王室庄园担任管事，后来担任过郡长，一代人之后其父理查·塞西尔时期，家族继续发迹，他被任命为治安法官。[6] 他祖父两代都借着宗教改革的有

---

①　Mildred Campbell, *The English Yeoman*,New York, 1968, p.34, p.36, p.37.

②　A.Simpson, *The Wealth of the Gentry, 1540-1660,* Cambridge, 1961.p.29.

③　A.Simpson, *The Wealth of the Gentry, 1540-1660,* Cambridge, 1961.pp.32-33.

④　A.Simpson, *The Wealth of the Gentry, 1540-1660,* Cambridge, 1961.p.70.

⑤　C.Read, *Mr.Secretary Cecil and Queen Elizabeth,* London, 1956.p.17.

⑥　C.Read, *Mr.Secretary Cecil and Queen Elizabeth,* London, 1956.p.74.

利时机大量购入教会土地。威廉·塞西尔于 1520 年出生在林肯郡，从小受到良好教育，后来曾先后在剑桥大学和格雷律师学院就读。1547 年步入政界，1551 年被封为骑士，[①]1555 年以林肯郡代表身份出席议会，1558 年伊丽莎白女王正式任命他为国务大臣和枢密院官员，他很快就成为枢密院核心人员和英国女王最倚重的心腹，[②]1571 年塞西尔受封伯利勋爵，跻身贵族行列，第二年开始担当财政大臣，从此以后在英国政坛影响极大，当时英国大多数重大决策都需要听取他的意见，到他去世时，作为一名新贵族其影响无人比肩。威廉·塞西尔死后，其子罗伯特·塞西尔子承父业，继续担任国务大臣要职，在斯图亚特王朝被封为索尔兹伯里伯爵。[③]

在整个社会转型期，富裕自由农民身份和地位的提升不是个别现象，而是非常普遍的现象，伊丽莎白时代和斯图亚特早期的历史档案中，有大量富裕农民凭借自身的财富和婚姻等手段提升为绅士、骑士和贵族的记载。这一现象引起了当时社会的高度重视，弗朗西斯·培根曾呼吁：政府不仅要关注大事，也应该留意贵族和绅士不能增加太快。[④]虽然，反对的呼声很高，可富裕自由农地位提升的步伐并没有停止。

（二）成长为资本主义企业主

在社会转型期，英国自由农民的上层除了一部分进入更高社会等级行列，成为绅士、乡绅、骑士和新贵族外，还有相当一部分改变经营方式，在转型的竞争中取得成功，成为新兴的资产阶级，包括农业资本家和工商业资本家。这部分人和上升为更高等级的群体有些重叠，但却是自由农阶

---

① C.Read, *Mr.Secretary Cecil and Queen Elizabeth,* London, 1956.pp.88-89.

② C.Read, *Mr.Secretary Cecil and Queen Elizabeth,* London, 1956.p.119.

③ L.Stone, *Family and Fortune:Studies in Aristocratic Finance in the Sixteenth and Seventeenth Centuries,* Oxford, 1973.pp.59-61.

④ Mildred Campbell, *The English Yeoman*, New York, 1968, p.44.

层衰落的两种不同表现。

　　英国通过侵占土地公权的圈地确立了土地私权。土地在长期被圈占中日益集中到少数人手中，大地产阶层兴起了，富裕起来的自由农纷纷租佃地主土地，成为新兴的资本主义租地农场主。这一点在前文已经进行了论述①，不再赘述。在此主要关注富裕的自由农和工商业资本家的联系。

　　早在 16 世纪左右，英格兰各地乡村就产生大批新兴工业区，包括毛纺织业、采矿、制盐、冶金、造纸、木炭、锯木、制革等行业。这些乡村工业是与农产品剩余量同步发展的。13 世纪以后的一二百年，是英国农业生产平稳增长的第一阶段，这一时期，毛纺织业逐渐崭露头脚；15 世纪以后，特别是 16、17 世纪，英国农业生产经历了第二次高速增长，其间发生了农业革命。与此同时，英国乡村工业空前发展，一批初具规模的新兴工业区出现了。乡村工业的组织者中，相当一部分是被称为"约曼"的富裕自由农。"英国乡村工业的发展和繁荣，从经济条件上讲，是以足够的储蓄率和商品率的农业为基础的；从社会条件上讲，是以富庶和自由的个体农民为骨干的，他们为工业的发展提供了资金、技术和企业家。"②的确，乡村工业的企业家中，不乏来自城市的商人和工匠，"他们带来资金和技术，他们的加盟有力促进了乡村工业的发展"③，但是他们不是推动乡村工业发展的根本动力。这些商人和工匠的转移，或者说其之所以被吸引，正是乡村工业发展的结果。

　　英国的历史证明，富裕而自由的农民奠定了近代雇佣经济的第一基

---

　　①　见本书第五章第二节。

　　②　侯建新：《社会转型时期的西欧与中国》，高等教育出版社 2005 版，第 250-253 页；关于这个时期英国的各种乡村工业，参见 H.C.Darby ed., *A New Historical Geography of England before 1600*, Cambridge,1973.

　　③　参见刘景华：《十五、十六世纪英国城市劳动者和城市资本向农村的转移》，《世界历史》1986 年第 7 期。

石，他们不仅是资本主义租地农场主的重要人选，而且实践和培育了自由企业制度。正是他们农产品剩余量的足够发展和个体权利充分的成长，才孕育出了以个体权利为基础的现代市场机制和工业世界。在中世纪晚期和近代早期英国转型阶段，英国很多郡的村庄中，就充满了"一只脚踏在土地上，一只脚踏在风箱上"的农业和手工业兼营的农民。例如，萨摩塞特一个约曼约翰·史密斯，经营一间磨坊，另外还利用磨剩的谷物在磨坊储水池中养鱼获利。什洛普郡约曼弗朗西斯·简克斯（Francis Jenks）有两个水磨和四台漂洗机（fulling mill）。约克郡的埃德蒙·巴克利（Edmund Buckley）也经营一个漂洗坊。约克郡另一个约曼罗伯特·伯顿 1573 年建立了"好几个马拉磨、风磨和手推磨"。萨里一个约曼威廉·罗格斯和妻子以年租金 8 英镑租下在泰晤士河边的金斯顿（Kingston-on-th-Thames）的"红狮子"酒馆。多塞特约曼托马斯·福特的"乔治酒馆"是从萨摩塞特一个绅士手中买下的。苏塞克斯一个约曼亨利·拉尔夫（Henry Relfe）在梅菲尔德（Mayfield）市场有两个位置不错的商店。斯塔福德郡的西蒙·李德（Simon Reider）经营一间"铁匠铺"。格洛斯特郡约曼克里斯托弗·梅里特（Christopher Merritt）1625 年去世时把大部分土地遗赠给了长子里查德，把一间"王冠"酒馆同时也是他们的寓所和其他财产给了妻子，而与酒馆相邻的一间商店则留给了次子让他从事绸缎行业。这种例子在约曼遗嘱和与生意有关的其他记录中反复出现。①

　　除了投资手工作坊、酒馆、客栈和小商店等小型企业外，英格兰各地富裕农民同样投资繁荣的新兴工业。柴郡大量的富裕农民经营盐场，基本控制了制盐业。在星室法庭档案中，德文郡一个富裕农民从事制桶业，他提供了数千啤酒桶和苹果酒桶用于从西部港口向外运输酒类。一个苏塞克斯约曼在 1608 年拥有一间玻璃制造场。萨摩塞特约曼爱德蒙·迪理

---

① Mildred Campbell, *The English Yeoman*, New York, 1968, pp.157-158.

克（Edmund Dirricke）既是一个经销商还是一个领导矿业的工场主（work-master），当地有很多富裕农民从事采矿业。德文郡一个约曼菲利普·朱尔（Philip Jule）控制了普莱姆普顿附近的一些锡厂，德文和康沃尔德别的一些富裕农民也和锡厂有联系。兰开夏郡和约克郡富裕农民采掘明矾。白金汉郡的富裕农民主要经营造纸厂。北安普顿郡富裕农民则经营制革厂。①

　　富裕农民的最大机遇出现在煤炭、冶铁和毛纺织业。北方的达累姆、诺森伯兰郡、坎伯兰郡是 16—17 世纪主要的产煤区，中部地区也不太落后，一些煤炭开采自萨摩塞特和德文的森林谷地。当工作拓展到要求更大的技术进步和劳动分工时，表明伊丽莎白时代采矿业已经朝更大的规模发展。大量的富裕农民投身煤炭开采业，他们在采煤业从事各种工作，其中一些人成为了煤矿主。例如，兰开夏郡一个富裕的农民企业家尼古拉斯·瓦兹沃斯（Nicholas Wadsworth）租得了煤矿开采权利，以致该庄园里的一个公簿农宣称从他的土地上拿走价值 300 英镑的煤矿权利是骗取他的财产的一个陷阱。另一个富裕农民迈克尔·霍尔和商人约翰·哈尔沃斯（John Halworth），从达累姆几个绅士手里租得煤炭开采权利。② 苏塞克斯是主要的冶铁郡，但其他地区也有铁矿和熔炉。实际经营大多数冶铁生意的是富裕农民、小士绅和熟练的工匠（tradesmen）。苏塞克斯两个约曼，约翰·福克纳（Fawkner）和约翰·弗伦奇从爱德华·盖奇爵士和他的儿子手中租下了炼铁厂，条件是给他们 600—100 车矿石。另一个约曼迈克尔·马丁 1581 年以年租金 32 英镑 6 先令 8 便士租下了绅士威廉·沃特斯新建的炼铁炉和炼铁厂及几块地，租期 10 年。1601 年罗若菲尔德（Rotherfield）一个约曼威廉·齐斯曼（Cheeseman）承诺一年支付 10 英镑租下绅士约翰·米德尔顿（Middleton）的一个炼铁炉，租期 3 年。作为协议

---

① 　Mildred Campbell,*The English Yeoman*,New York,1968,pp.160-161.

② 　J.Nef,*Rise of the British Coal Industry*,p.423.

的一部分，齐斯曼保证如果后者支付运费和每吨 3 英镑 3 先令 4 便士的铁价，他至少给米德尔顿 190 吨"优质畅销的原铁"。也就是说，在他们之间三年的铁交易值在 2000—5000 英镑之间。生活在詹姆士一世统治时期的什洛普郡的约曼汉弗莱·罗，以地产抵押举债从洛德·达德雷（Lord Dudley）手中租下了一个炼铁厂。他每年要支付 200 英镑的租金，他雇用了 20 名矿工和为熔炉生产木炭用的伐木工。通过冶铁业，福尔（Fowles）、福勒（Fullers）和弗伦奇，和苏塞克斯的古老的约曼家族，为自己赢得了财富并成为了郡中的望族。吸引富裕农民的第三大工业是毛纺织业，从事该行业的富裕农民最为普遍。一个叫克里斯托弗·霍尔的农民 1615 年去世时，仅动产就达 220 英镑，其中布料和羊毛存货就达 112 英镑。林肯郡的富裕农民亨利·波尔顿（Henry Boulton）1632 年死亡时在家中存有 80 码亚麻布、40 码加工中的新亚麻织物、50 码新布、16 码亚麻和羊毛混纺物和 14 码毛纺布；同时期德文郡另一个古老的约曼干得更出色，他靠毛纺业致富，在 1641 年获得从男爵爵位；詹姆士一世统治时期的塞尔温家族（Selwyns），也是兴起于呢布业。兰开夏郡的理查德·希尔顿被称为"富裕的约曼和麻纱布制造商。"①

这些投资工商业的富裕农民，拥有雄厚的资本，使用雇佣劳动，以面向市场、创造利润为目的而不是以糊口为经营目的，他们采用的显然已经是不同于中古生产方式的新的生产组织形式，其经营的事业已然是新型的资本主义企业，他们逐渐从亦农亦商、亦农亦工的生产模式下的农民转变为主要经营或专事工商业的新兴的工商业资本家。

（三）在圈地中被吞噬

除富裕自由农中部分人获得成功，成为新兴资产阶级和新贵族外，自

---

① Mildred Campbell, *The English Yeoman*, New York, 1968, pp.163-166.

由小农的多数在从小农农业向集约农业、从传统农业社会向近代工业社会的转变中失去了土地，逐步沦为了农业和工业雇佣工人，甚至流浪者。

在自然经济状态下，农业人口是一个相对静止的群体，农业劳动力无论在地域或行业之间的流动性较非农群体而言都是最小的。被迫背井离乡的"生存型"移民和主动迁徙、谋求生活地位改善的"发展型"移民，虽古已有之，但只是农村人口的一小部分，大部分农民依然固守家园，从事着祖祖辈辈不变的职业。[1] 然而，在传统小农经济向近代工业社会的转型中，土地产权的集中即圈地运动改变了这种劳动力流动局面。农业生产率的提高和土地产权的集中，是大量农业劳动力从自己的小块土地上"退出"的根本原因。自由小农大规模消失出现在大规模圈地浪潮中，据统计，在15世纪末至17世纪初圈地中，白金汉郡的圈地对象中，占有土地在10英亩以下的，占全都被剥夺土地总人数的74.71%。北安普敦郡为78.76%，莱斯特郡为84%，沃里克郡为85.72%，牛津郡为67.1%。[2] 然而在激烈的转型竞争中，失去土地的并不仅仅局限于小农，一些富裕的大农不能适应新形势，也有在竞争中失败破产的。许多在竞争中的失败者都常说的一句话是："我是最优秀群体中一个令人尊敬的人的儿子。但命运使我沦为乞丐，我的父亲是一个优秀的富裕农民，他曾在一个萧条的年代保持着良好的声誉，和邻居相比他有一个朴实的家，只要稳妥地坚持和领主的租约，完全可以培养他的儿子们，但因为中止了租约，把土地卖给了米德尔塞克斯（Middlesex）的一位商人，我们的生活就非常拮据了。"[3]

---

① 谷延方、黄秋迪：《前工业时期英国农村劳动力转移探析》，《北方论丛》2004年第1期。

② 谢缅诺夫：《16世纪英国的圈地运动和农民起义》，第164、168、172、176、178页。转引自戚国淦、陈曦文主编：《撷英集——英国都铎史研究》，第8页。

③ Mildred Campbell, *The English Yeoman*, New York, 1968, p.103.

　　在圈地中被吞噬的自由小农阶层是怎样被社会吸纳的呢？传统观念认为，圈地运动剥夺农民的土地，使大量的无地农民涌入城市，成为工业劳动力的主要来源。在借鉴前人研究成果的基础上，笔者以为，圈地运动中失去土地的农民有些进入城市，但其主体很难说直接进入城市工厂，而是被乡村劳动力市场所吸纳。乡村之所以能够吸纳大量的雇佣劳动力，"就其经济意义而言，原因在于它的资本主义效率。据估计，16世纪英国贵族从他的土地上所得租金与同一块土地承租者用农场经营所得收入的对比是 1：10；换言之，同一块土地改为农场式经营就可提高9倍的土地收入。"[1]圈地本身又促进了资本主义大农场的发展，导致对劳动力的进一步需求。圈地使许多农民失去土地，不得不沦为资本主义农场的雇佣工人。1850年以前的不列颠农场需要很多而不是很少的工人。[2]许多农民同土地彻底分离，成了纯粹的被雇佣的农业工人。[3]历史事实表明，无地农民的一条重要出路就是留在需要大量劳动力的圈地区。当时的生产力水平低，农业机械化程度不高，基本依靠人力和人的技能。农业的改良使劳动力趋向密集。除围圈公地外，围篱和挖沟也需要劳动力，森林、荒野和沼泽地的围圈更是需要大量的劳动力。在富裕的公共牧场，未圈地区每1000英亩土地需要470个劳力，被圈地区则需要1500个劳力；未圈地区公地和荒地每1000英亩需要190个劳力，被圈地区则需要1800个劳力。[4]总的说来，圈地对劳动力的节省并不显著，它使土地上劳动者的人数增加，吸收了那些也许可以成为工厂工人的劳动力，而这些劳动力本来也许会被工

---

　　① 侯建新：《社会转型时期的西欧与中国》，高等教育出版社 2005 版，第 185 页。

　　② C.P.Hill，*British Economic and Social History 1700-1982*，London，1985，p.20.

　　③ H.J.Habakkuk, Boston,*The Cambridge Economic History of Europe*,Cambridge University　Press,1978, pp.143-144.

　　④ Mark Overton，*Agricultural Revolution in England 1500-1850*，Cambridge University Press, 1996, p.161.

业很好地吸收和雇佣。被圈占土地的农民的另二条出路是进入未圈地地区或就地留在农村，或务农或半工半农。从 15 世纪至工业革命前，乡村工业成为英国工业的主要形式。由于受圈地运动的冲击只是小范围的，因而，大多数农民仍占有小块土地。乡村工业主要是靠在当地雇佣不完全脱离农业生产的乡村工人。[①] 还有些人则继续在农业领域，如雷帝默主教的父亲，是一位耕种 2—4 维格特土地的 15 世纪的富裕村民，雇佣了六个男子。[②] 最后，还有些失去土地的农民选择了移民海外。英国资产阶级革命胜利后，资产阶级大肆开拓海外市场和掠夺殖民地。海外殖民地的拓展和国内圈地运动对农民的排挤，使他们中的一些人离乡背井，到美国、加拿大、澳大利亚等地谋生，其中大部分人侨居他国，并仍然从事着农业劳动。

　　那么，失去土地的农民又是怎样进入城市的呢？如前所述，圈地中失去土地的自由小农首先主要被乡村吸纳。16 世纪的圈地狂潮没有造成农村人口大量流入城市。因为当时英国还是农业社会，没有实现工业化，城市工业对农村人口的吸纳能力有限。对 18 世纪至 19 世纪的议会圈地运动对农民向城市的转移的影响也不能过高估计，它并未造成大规模土地的集中或农民的急剧消亡[③]。这一时期被圈占的土地本身规模就有限，而且除公地外，有 1/3 左右是荒地。[④] 况且圈地的范围也并不普遍，直到 19 世纪中叶，兰开夏、肯特、德文、康沃尔等郡圈地仍很少。随之产生的解雇雇工和减少人口的现象，也主要发生在中部米德兰平原。[⑤] 进入城市的劳动

---

　　① 　[意] 奇波拉主编：《欧洲经济史》第二卷，贝昱、张菁译，商务印书馆 1988 年版，第 346 页。

　　② 　M. M. Postan, *The Medieval Economy and Society*, Lodon, 1972, pp.148-149.

　　③ 　Robert C.Allen, *Enclosure and Yeoman*, Oxford:Clarendon Press, 1992, p.85.

　　④ 　R.Floud,D.McClosky, *The Economic History of Britain since 1700*, Cambridge University Press,1981, pp.184-185.

　　⑤ 　Thirsk,Joan, *The Agrarian History of England and Wales*, Cambridge University Press,1981, p.240.

力只是没有被吸收的农村剩余劳动力，而不是全体劳动力成为了工业的劳动力，这一过剩并不是圈地引起的，由圈地造成的人口流动仅是次要因素。据 1788 年统计，当时英国的 142 个纺纱厂中，女工有 3.1 万人，童工有 2.5 万人，成年男工只有 2.6 万人。到 1835 年，英国棉纺织业中 18 岁以下的童工有 9.5 万人，占全部工人的 43.3%；女工 11.9 万人，占全部工人的 54.3%。1839 年，在大不列颠的 419560 名工厂工人中，除了 23% 是成年男工之外，其余都是女工和儿童。[①] 只有到了 19 世纪中期，随着大机器生产的不断排挤及工场手工业的破产，才相应导致了农村劳动力的转移。不能否认农民也是工业革命劳动力的一个来源，但他们并不都是因圈地而被赶出土地的。工业革命带来大量的就业机会，加上工业工资优越于农业工资，吸引了大批的农村居民，才是促使农民脱离土地的一个重要因素。综上所述，圈地中被吞噬的自由小农主要在农村被就地吸收，农村吸收不了的剩余劳动力则进入城市，成为工业雇佣工人。这是圈地中失去土地的自由农的两条主要归宿，另外也有一些沦为流浪者，但数量很少。

（四）移居海外殖民地

以自己的勤劳、节俭和友善为自豪的自由农 17 世纪经常独自从英国航海到美国。他的独特的英国品质很快成为北方佬的品质，他的强烈的独立精神在新英格兰民主宪政的发展中，起到了和在大洋彼岸的旧英格兰同样重大的作用。[②]

1620—1640 年间 80000 英国人移民到美洲和西印度群岛。那些经历了最初的艰苦岁月的人们在殖民地获得的土地数量远远超过了其在家乡可

---

① 蒋孟引：《英国史》，中国社会科学出版社 1988 年版，第 431 页。

② Albert J. Schmidt, *The Yeoman in Tudor and Stuart England*, The Folger Shakespeare Library , 1961.

能获得的土地，有证据表明地位低下的人的流动包括了一些普通但谦逊的高等级身份（也许包括经济）的流动。17世纪中期马萨诸塞州有一个由小约曼农场主组成的乡村社会，既不包括农业的绅士的上层，也不包括无地的穷苦下层。

更加重要的流动是通过对爱尔兰的殖民剥削完成的。16世纪90年代进入爱尔兰的那些人获得了丰富的土地收入和政府奖励，并且在17世纪早期的经济发展中获取经济效益，他们通过捐赠大量财产可以轻易购买到爱尔兰的爵位。1640年英格兰最富有的人差不多可以确定是科克伯爵(Earl of Cork)罗伯特·波义耳（Robert Boyle），他在都柏林（Dublin）定居52年，之前是一个一文不名的冒险者。17世纪通过移居国外，无论是爱尔兰，还是美洲，或者是西印度群岛，横向移动常常成为向上流动的一种手段。①

小　结

封建制度解体后，农奴解放了，自由农阶层成为英国劳动者的主体。然而，曾经创造英国历史"奇迹"的自由农在向近代资本主义社会过渡的数百年间作为一个社会阶层很快就不存在了，究竟是什么原因导致了这一社会阶层的衰落，该阶层又是怎样消失的呢？

为了澄清这一问题，本章首先介绍了近代早期英国社会的人口流动与人口结构的变化，意在表达两层意思：英国社会本身是一个开放的社会而非封闭的社会，存在人口流动的可能性，前工业化时期是英国社会人口流动与社会结构变迁的集中爆发的高峰期；自由农阶层的分化属于这一时期

---

①　Lawrence Stone，"Social Mobility in England, 1500-1700"，*Past and Present*，No.33(Apr. 1966),pp.16-55.

英国人口流动与社会结构变化的有机组成部分，了解这一问题有助于理解英国自由农阶层本时段的发展演变。

　　英国自由农阶层的衰落是从传统社会向现代资本主义社会转型的结果，是现代集约化农业和大工业发展对基本生产资料（土地）和劳动力资源的需求决定的，是原生态工业化国家实现社会转型的前提，原因主要是土地产权的集中和大地产的出现。其具体途径是通过圈地实现的，包括富裕农民的圈地、领主的圈地和后来的议会圈地。圈地运动导致自由农群体的大分化，因圈占大量土地而发家致富的自由农上层社会地位大幅提高，许多成为资本主义农场主，有的则跻身更高等级，最成功者甚至跃升豪门，而普通小农中的大多数却失去赖以生存的土地，成为靠出卖劳动力为生的无产阶级，甚至无家可归，成为乞讨者。自由农阶层的衰落和其产生一样是一个渐进的过程，很难准确确定在哪一年或哪几年，大致说来，该阶层在贵族圈地、富裕农民圈地以及 18 世纪开始的议会圈地运动中逐渐衰落下去了，至于自由小农作为一个社会阶层的最终衰落，定在议会圈地结束之后的 19 世纪中期应该是符合历史事实的。

结束语

    中世纪英国农民主体大致经历了从不自由到自由的发展轨迹。在诺曼征服时期的农民主体是对领主有一定的依附关系的自由人，然而，在诺曼征服后的一百多年间，随着庄园制度的确立，大量维兰沦为农奴制下的农奴，但即便在法律意义上成为了农奴，并承受劳役、婚姻捐、继承税、人头税和迁徙税等农奴义务的压迫，中世纪英国的维兰仍有事实上的财产权利，其经济地位较以前还有所改善。此后，经历了中世纪的财产和权利的发展，到中世纪晚期和近代早期，广大农奴则逐渐减弱并最终摆脱了对领主的依附关系，重新成为了自由人。

    英国农民身份之所以发生如此重要的变化，需要从英国社会本身的历史和传统寻找原因，"没有任何一个民族把它的过去如此完整地带入了现代生活。历史的联想对于我们决不是在重大场合下进行修辞的参考，而是英国人做任何一件事都不能须臾离开的东西。历史的联想影响着英国人关于这个民族生活赖以建立的权利和义务的概念"。[①] 中古英国社会活动的主体之间的关系，包括领主与佃农之间的关系在某种程度上是一种"原始契约"关系，或者说存在原始的"契约"因素。英国中世纪的契约关系与现代意义上的契约关系不同，其发生范围与程度都是有限的，所以，梅因

---

    ① 转引自吴浩：《自由与传统——二十世纪英国文化》，东方出版社1999年版，第3页。

称之为"借用来的原来作为保护臣民权利的用语竟成为国王和人民间一个现实的原始契约的学说，这一学说首先在英国人手中，后来，特别是在法国人手中发展成为社会和法律一切现象的一种广博的解释"。[①] 庄园习惯法作为调整领主和佃农关系的基本法律，也可以理解为领主和佃农之间的一种"契约"。在这种意义上，英国自由农的发展史也可以理解为佃农和领主之间契约关系的发展史，或者说是从"原始契约"关系向现代契约关系的发展。

推动领主和佃农"契约"关系变化的动力源泉是农民个体经济力量的壮大和个体权利的成长。中世纪佃农个体权利的存在既是"契约"关系的前提和基础，也是农民个体经济力量能够壮大的保障和基础。英国中世纪史既是个体农民财富与国家财富以及生产力日益发展壮大的历史，与这一过程相伴的，还有个体劳动者和个体劳动者权利与观念不断发展的历史。自由农阶层的发展实际上就是佃农个人和集体经济和权利及观念的发展，是农民物质力量和精神力量的发展。佃农个人权利的存在是其经济力量发展的前提和保障，而佃农个人经济力量的发展又进一步促进了佃农个体权利的发展，正是这两者之间的互动关系最终促成了资本主义的契约关系和市场机制的确立。

自由农作为一个社会阶层在英国的衰落和最终消失，和自由农阶层的兴起有些相似，其推动力都是英国乡村社会生产力的发展。自由农阶层的消失是从传统农业向集约化农业发展的必然结果。以农业的普遍发展和农民的普遍富裕为基础孕育出的新的生产方式和市场机制，引起了较自然经济状态下更为激烈的竞争，从而引起了社会阶级结构的变化和重组。自由小农的普遍发展为近代英国社会结构的变迁提供了条件，也是自由农阶层

---

① 侯建新：《社会转型时期的西欧与中国》，高等教育出版社 2005 年版，第 136—137 页；[英] 梅因：《古代法》，沈景一译，商务印书馆 1959 年版，第 195 页。

自身分化的前提。其作为一个阶层的衰落是转型期激烈竞争的结果，是从传统社会向近代社会转型的必然结果。转型期激烈的竞争造成了自由小农阶层自身内在结构的裂变，自由农这个整体在竞争机制和市场机制的作用下通过不断分化与重组，发生了深刻变化，蜕变为多个社会阶级，其阶层地位各有沉浮。其成功人士或跻身上等社会或跃升为新的资产者，其主体则主要蜕变为乡村工厂的工人或农业工人并随着大机器生产的确立最终进入城市工厂，这个过程是一个漫长的大浪淘沙的过程。

　　自由农阶层的发展和衰落在本质上都是英国社会契约关系的发展。该阶层的发展是"原始契约"关系的扩展，而该阶层的最终衰落则是向资本主义契约社会的转变的完成。正如梅因所说，迄今为止，所有进步社会的运动，都是"从身份到契约的运动"。① 其作为阶级整体的衰落绝非英国社会本身的倒退和堕落，恰恰是英国社会转型与进步的重要标志。自由农作为一个社会阶层在社会转型中虽然最终成为了历史上的过眼云烟，然而他们创造的社会财富、市场经济机制以及精神财富，都成为了新的社会形态的源泉。英国自由农阶层的衰落难免为本阶层的部分成员带来痛苦，然而它意味着更加进步的新的生产生活方式的诞生，这种痛苦就像是新生儿降生前母体经历的阵痛。总之，自由农阶层的衰落，既是一个旧时代的终结，也预示着一个新时代的开端。

---

① ［英］梅因：《古代法》，沈景一译，商务印书馆 1959 年版，第 97 页。

参考文献

中文参考文献：

（一）中文著作

1. 侯建新：《社会转型时期的西欧与中国》，高等教育出版社 2005 年版。

2. 侯建新：《现代化第一基石——农民个体力量与中世纪晚期社会变迁》，天津社会科学院出版社 1991 年版。

3. 侯建新主编：《经济 - 社会史：历史研究的新方向》，天津社会科学院出版社 1991 年版。

4. 侯建新：《资本主义起源新论》，生活·读书·新知三联书店，2014 年版。

5. 徐浩、侯建新：《当代西方史学流派》，中国人民大学出版社 1996 年版。

6. 徐浩：《18 世纪的中国与世界：农民卷》，辽海出版社 1998 年版。

7. 徐浩：《农民经济的历史变迁：中英乡村社会区域发展比较研究》，社会科学文献出版社 2002 年版。

8. 马克垚：《英国封建社会研究》，北京大学出版社 2005 年版。

9. 马克垚：《五百年的西欧农奴制度》，商务印书馆 1983 年版。

10. 马克垚主编：《中西封建社会比较研究》，学林出版社 1997 年版。

11. 马克垚：《西欧封建经济形态研究》，人民出版社 2001 年版。

12. 刘新成：《英国都铎王朝议会研究》，首都师范大学出版社 1995 年版。

13. 沈汉、刘新成：《英国议会政治史》，南京大学出版社 1991 年版。

14. 王亚平：《权力之争——中世纪西欧的君权与教权》，东方出版社 1995

年版。

15. 王亚平：《基督教神秘主义》，东方出版社 2000 年版。

16. 刘景华主编：《"日不落"的落日——大英帝国的兴衰》，中国文史出版社 1999 年版。

17. 刘景华：《城市转型与英国的勃兴》，中国纺织出版社 1994 年版。

18. 刘景华：《西欧中世纪城市新论》，湖南人民出版社 2000 年版。

19. 戚国淦、陈曦文主编：《撷英集——英国都铎史研究》，首都师范大学出版社 1994 年版。

20. 赵文洪：《私人财产权利体系的发展——西方市场经济和资本主义的起源问题研究》，中国社会科学出版社 1998 年版。

21. 朱寰主编：《亚欧封建经济形态比较研究》，东北师范大学出版社 1996 年版。

22. 黄春高：《西欧封建社会》，中国青年出版社 1999 年版。

23. 刘城：《中世纪英国教会史研究》，首都师范大学出版社 1996 年版，

24. 钱乘旦：《第一个工业化社会》，四川人民出版社 1988 年版。

25. 钱乘旦、陈晓律：《英国在传统和变革之间：英国文化模式溯源》，四川人民出版社 2003 年版。

26. 钱乘旦、许洁明：《大国通史·英国通史》，上海社会科学院出版社 2007 年版。

27. 姚介厚、李鹏程、杨深：《西欧文明》，中国社会科学出版社 2002 年版。

28. 沈汉、王建娥：《欧洲从封建社会向资本主义社会过渡研究》，南京大学出版社 1993 年版。

29. 陈曦文：《英国 16 世纪经济变革与政策研究》，首都师范大学出版社 1995 年版。

30. 朱孝远：《近代欧洲的兴起》，学林出版社 1997 年版。

31. 王家范：《百年颠沛与千年往复》，上海远东出版社 2001 年版。

32. 陈乐民、周弘：《西方文明扩张史》，东方出版中心 1993 年版。

33. 厉以宁：《资本主义的起源——比较经济史研究》，商务印书馆 2003 年版。

34. 蒋孟引：《英国史》，中国社会科学出版社 1998 年版。

35. 孟广林：《英国封建王权论稿》，人民出版社 2002 年版。

36. 程汉大：《英国政治制度史》，中国社会科学出版社 1995 年版。

37. 阎照祥：《英国政治制度史》，人民出版社 1999 年版。

38. 阎照祥：《英国史》，人民出版社 2003 年版。

39. 罗荣渠：《现代化新论》，北京大学出版社 1993 年版。

40. 杨豫：《欧洲原工业化的兴起》，江苏人民出版社 2004 年版。

41. 王家丰、张卫良：《西欧原工业化的兴起》，中国社会科学出版社 2004 年版。

42. 王章辉、孙娴主编：《工业社会的勃兴》，人民出版社 1995 年版。

43. 王章辉：《英国文化与现代化》，辽海出版社 1999 年版。

44. 杨昌栋：《基督教在中古欧洲的贡献》，社会科学文献出版社 2000 年版。

45. 丛日云：《西方政治文化传统》，黑龙江人民出版社 2002 年版。

46. 中国英国史研究会编：《英国史论文集》，生活·读书·新知三联书店 1982 年版。

47. 李红海：《普通法的历史解读》，清华大学出版社 2003 年版。

48. 王乃耀：《英国都铎时期经济研究——英国都铎时期乡镇经济发展与资本主义的兴起》，首都师范大学出版社 1997 年版。

49. 《蒋孟引文集》，南京大学出版社 1995 年版。

50. 刘启戈：《西欧封建庄园》，商务印书馆 1965 年版。

51. 高德步：《英国的工业革命与工业化：制度变迁与劳动力转移》，中国人民大学出版社 2006 年版。

52. 周一良、吴于廑主编：《世界通史》（近代部分上），人民出版社 1962 年版。

53. 吴浩：《自由与传统——二十世纪英国文化》，东方出版社 1999 年版。

54. [德] 马克思：《资本论》第 1 卷，中共中央马克思恩格斯列宁斯大林著作编译局译，人民出版社 1975 年版、2004 年版。

55. 《马克思恩格斯全集》第 2 卷、第 21 卷，人民出版社 1972 年版。

56. [英] 亨利·斯坦利·贝内特：《英国庄园生活：1150—1400 年农民生活状况研究》，龙秀清等译，上海人民出版社 2005 年版。

57. [法] 保尔·芒图：《十八世纪产业革命》，杨人楩等译，商务印书馆 1983

年版。

58.[英] 约翰·克拉潘:《简明不列颠经济史:从最早时期到一七五〇年》,范定九、王祖廉译,上海译文出版社 1980 年版。

59.[英] 约翰·克拉潘:《现代英国经济史》(中卷),姚曾廙译,商务印书馆 1975 年版。

60.[法] 马克·布洛赫:《封建社会》,张绪山等译,商务印书馆 2004 年版。

61.[英] 阿·莱·莫尔顿:《人民的英国史》,谢琏造等译,生活·读书·新知三联书店 1958 年版。

62.[英] 彼得·克拉克、保罗·斯莱克:《过渡时期的英国城市:1500—1700年》,武汉大学出版社 1992 年版。

63.[英] F.E.霍利迪:《简明英国史》,洪永珊译,江西人民出版社 1985 年版。

64.[英] 阿萨·勃里格斯:《英国社会史》,陈书平等译,中国人民大学出版社 1991 年版。

65.[荷兰] 约翰·赫伊津哈:《中世纪的衰落》,刘军等译,中国美术学院出版社 1997 年版。

66.[美] 泰格、利维:《法律与资本主义的兴起》,纪昆译,学林出版社 1996 年版。

67.[奥] 迈克尔·米特罗尔、雷因哈德·西德尔:《欧洲家庭史》,赵世玲等译,华夏出版社 1987 年版。

68.[苏联] 波梁斯基:《外国经济史(封建主义时代)》,北京大学经济史经济学说史教研室译,生活·读书·新知三联书店 1958 年版。

69.[苏联] 波梁斯基:《外国经济史(资本主义部分)》,北京大学经济史经济学说史教研室译,生活·读书·新知三联书店 1958 年版。

70.[英] 杰弗里·巴勒克拉夫:《泰晤士世界历史地图集》,生活·读书·新知三联书店 1982 年版。

71.[法] 布罗代尔:《资本主义论丛》,顾良等译,中央编译出版社 1997 年版。

72.[法] 布罗代尔:《菲利普二世时代的地中海和地中海世界》上、下卷,唐家龙等译,商务印书馆 1996 年版。

73.[法] 布罗代尔:《15 至 18 世纪的物质文明、经济和资本主义》三卷,顾良等译,生活·读书·新知三联书店 1996 年版。

74.[英] 波斯坦等:《剑桥欧洲经济史》第三卷,周荣国等译,经济科学出版社 2002 年版。

75.[法] P. 布瓦松纳:《中世纪欧洲生活和劳动》,潘原来译,商务印书馆 1985 年版。

76.[德] 汉斯 - 维尔纳·格茨:《欧洲中世纪生活》,王亚军译,东方出版社 2002 年版。

77.[德] 里夏德·范迪尔门:《欧洲近代生活——家与人》,王亚军译,东方出版社 2003 年版。

78.[德] 里夏德·范迪尔门:《欧洲近代生活——村庄与城市》,王亚军译,东方出版社 2004 年版。

79.[美] 莫里斯:《法律发达史》,王学文译,中国政法大学出版社 2002 年版。

80.[美] 汤普逊:《中世纪经济社会史》上、下册,耿淡如译,商务印书馆 1984 年版。

81.[美] 汤普逊:《中世纪晚期欧洲经济社会史》,徐家玲等译,商务印书馆 1996 年版。

82.[比] 亨利·皮朗:《中世纪欧洲经济社会史》,乐文译,上海人民出版社 1964 年版。

83.[比] 亨利·皮雷纳:《中世纪的城市》,陈国樑译,商务印书馆 1985 年版。

84.[英] 希尔顿、法根:《1381 年的英国人民起义》,瞿菊农译,生活·读书·新知三联书店 1956 年版

85.[德] 马克斯·韦伯:《新教伦理与资本主义精神》,于晓等译,生活·读书·新知三联书店 1987 年版。

86.[荷] 彼得·李伯庚:《欧洲文化史》,赵复三译,上海社会科学院出版社 2004 年版。

87.[美] 哈罗德·J. 伯尔曼:《法律与革命——西方法律传统的形成》,贺卫方、高鸿钧、张志铭、夏勇译,中国大百科全书出版社 1993 年版。

88.[爱尔兰] 凯利:《西方法律思想史》,王笑红译,法律出版社 2002 年版。

89.[意] 卡洛·M. 奇波拉主编:《欧洲经济史》第一卷、第二卷,徐璇等译,商务印书馆 1988 年版。

90.[美] 布鲁斯·雪莱:《基督教会史》,刘平译,北京大学出版社 2004 年版。

91.[美] 阿尔文·施密特:《基督教对文明的影响》,汪晓丹等译,北京大学出版社 2004 年版。

92.[德] 威廉·罗雪尔:《历史方法的国民经济学讲义大纲》,朱绍文等译,商务印书馆 1987 年版。

93.[德] 汉斯·豪斯赫尔:《近代经济史》,王庆余等译,商务印书馆 1987 年版。

94.[英] 约翰·希克斯:《经济史理论》,厉以平译,商务印书馆 2003 年版。

95.[德] 奥斯瓦尔德·斯宾格勒:《西方的没落》,齐世荣等译,商务印书馆 1963 年版。

96.[美] 道格拉斯·诺思、罗伯特·托马斯:《西方世界的兴起》,厉以平、蔡磊译,华夏出版社 1999 年版。

97.[意] 卡洛·M. 奇波拉主编:《欧洲经济史》第三卷,吴良健等译,商务印书馆 1989 年版。

98.[英] 安格斯·麦迪森:《世界经济千年史》,伍晓鹰等译,北京大学出版社 2003 年版。

99.[古罗马] 塔西陀:《阿古利可拉传·日耳曼尼亚志》,马雍、傅正元译,商务印书馆 1959 年版。

100.[美] 黄仁宇:《资本主义与二十一世纪》,生活·读书·新知三联书店 1997 年版。

101.[苏联] 施脱克马尔:《十六世纪英国简史》,上海人民出版社 1958 年版。

102.[英] 克莱登·罗柏兹、大卫·罗柏兹:《英国史》(上、下),台湾五南图书出版公司 1986 年版。

103.[英] M. M. 波斯坦:《剑桥欧洲经济史》第一卷,王春法等译,经济科学出版社 2002 年版。

104.[苏联] 祖季斯主编:《世界通史》第五卷,北京编译社译,生活·读书·新知三联书店 1963 年中文版。

105.[英] 梅因:《古代法》,沈景一译,商务印书馆 1959 年版。

(二) 中文论文

1. 波斯坦:《中古社会的经济基础》,载《波斯坦论文集》,中译文载自《世界历史译丛》1980 年第 4 期。

2. 程西筠:《关于英国圈地运动的若干资料》,《世界史研究动态》1981 年第 10 期。

3. 侯建新:《西欧富裕农民——乡绅阶级形成与农业资本主义兴起》,《天津社会科学》2000 年第 3 期。

4. 侯建新:《工业革命前英国农民的生活与消费水平》,《世界历史》2001 年第 1 期。

5. 沈汉:《英格兰中世纪的土地保有权和各种身份的土地持有者》,《贵州社会科学》2014 年第 10 期。

6. 黄春高:《1350 ~ 1640 年英国农民经济的分化》,《首都师范大学学报 (社会科学版)》2004 年第 1 期。

7. 王晋新:《论近代早期英国社会结构的变迁与重组》,《东北师大学报 (哲学社会科学版)》2002 年第 5 期。

8. 孙立田:《中世纪英国维兰土地权利考察》,《世界历史》2006 年第 5 期。

9. 沈汉:《近代英国的农业结构和性质问题——兼论从封建主义相资本主义过渡问题》,《史学理论研究》2007 年第 1 期。

10. 沈汉:《资本主义还是后封建主义——论英国近代租佃农场制的性质》,《诗学集刊》2011 年第 1 期。

11. 蒋孟引:《十六世纪英国的圈地狂潮》,《南京大学学报 (社会科学版)》1963 年第 2 期。

12. 姜守明:《刍议都铎时代的圈地运动》,《湘潭师范学院学报》2000 年第 1 期。

13. 叶明勇:《英国议会圈地及其影响》,《武汉大学学报 (人文科学版)》2001 年第 2 期。

14. 徐奉臻:《关于自耕农的再研究》,《世界历史》2000 年第 3 期。

15. 丰华琴:《英国圈地运动与自耕农的消亡》,《殷都学刊》1999 年第 3 期。

16. 沈玉:《论英国圈地运动与工业革命的劳动力来源》,《浙江大学学报(人文社科版)》2001 年第 1 期。

17. 沈玉:《英国圈地运动对农民影响新论》,《绍兴文理学院学报》2002 年 2 月。

18. 古延方、黄秋迪:《前工业时期英国农村劳动力转移原因探析》,《北方论丛》2004 年第 1 期。

19. 肖玉琼:《19 世纪英国小农变化初探》,南京大学研究生毕业论文,2015 年。

20. 沈汉:《英格兰中世纪的土地保有权和各种身份的土地持有者》,《贵州社会科学》2010 年第 10 期。

21. 李彦雄:《中世纪英国庄园中的儿童监护权研究》,《历史教学(高教版)》2013 年第 8 期。

22. 卢彦名:《试论近代早期英国农业人口增长模式的转变》,《理论界》2008 年第 8 期。

23. 赵煦:《英国早期城市化研究——从 18 世纪后期到 19 世纪中叶》,华东师范大学 2008 届博士论文。

24. 郭爱民:《工业化时期英国地主与租地农场主的博弈》,《中国农史》2015 年第 5 期。

25. 李化成:《黑死病期间的英国社会初揭(1348—1350 年)》,《中国社会科学》2007 年第 3 期。

26. 刘景华:《十五、十六世纪英国城市劳动者和城市资本向农村的转移》,《世界历史》1986 年第 7 期。

27. 李彦雄:《国外学者关于英国自由农民问题的研究综述》,《历史教学(高校版)》2008 年第 11 期。

28. 李彦雄:《索克曼:英国早期自由农起源研究》,《历史教学问题》2015 年第 2 期。

29. 李彦雄:《都铎时期英国自由农民圈地研究〉,《北方论丛》2014 年第 3 期。

30. 李彦雄:《中世纪晚期英国自由农发展地区不平衡的几种解释》,《重庆工商大学学报(社会科学版)》2009 年第 2 期。

32. 李彦雄:《中世纪晚期英国自由农发展的地区不平衡》,《西南大学学报（社会科学版)》2009 年第 1 期。

32. 李彦雄:《中世纪晚期英国自由农发展的地区不平衡的主要原因》,《廊坊师范学院（社会科学版)》2009 年第 3 期。

外文参考文献：

（一）外文著作

1.Mildred Campbell, *The English Yeoman Under Elizabeth and the Early Stuarts*, New York, 1968.

2.Albert J. Schmidt, *The Yeoman in Tudor and Stuart England*, The Folger Shakespeare Library , 1961.

3.Robert C. Allen, *Enclosure and the Yeoman*, Oxford, 1992.

4.R. H. Tawney, *The Agrarian Problem in the Sixteenth century*, Harper Torchbooks,1967.

5.T. H. Aston, *Landlords, Peasants and Politics in Medieval England*, Cambridge University Press, 1987.

6.R. H. Hilton, *The English Peasantry in the Later Middle Ages*, Oxford, 1975.

7.R.H. Hilton, *Bondmen Made Free*, London, 1980.

8.R. H. Hilton, *The Decline of Serfdom in Medieval England*，The Macmaillan Press Ltd, 1983.

9.R.H. Holton, *The Transition from Feudalism to Capitalism*, Macmillan, 1985.

10.R. H. Hilton, *Class Conflict and the Crisis of Feudalism*, London, 1985.

11.Maurice Dobb, *Studies in the Development of Capitalism*, New York,1984.

12.F.Seebohm, *The English Village Community*, Cambridge, 1926.

13.David Goodman and Michael Redclift, *From Peasant to Proletarian*, New York, 1982.

14.Werner Rösener, *Peasants in the Middle Ages*, IIIini Books edition,1992.

15.T. H. Aston, *Social Relation and Ideas*, Essays in Honour of Hilton, Cambridge, 1983.

16.A. H. Johnson, *The Disappearance of the Small Landowner*, Oxford, 1909.

17.G. E. Mingay, *Enclosure and the Small Farmer in the Age of the Industrial Revolution*, London, 1973.

18.George Caspar Homans, *English Villagers of the Thirteenth Century*, Harvard University Press, c1941.

19.G. E. Mingay, *English Landed Society in the Eighteenth Century*, London, 1963.

16.G. E. Mingay, *Parliamentary Enclosure in England*, Longman, 1997.

20.G. E . Mingay , *Land and Society in England 1750-1980*, London and New York: Longman Group Limited, 1994.

21.R. C. O. Mathews, C. H. Feinstein, J. C. Oldling-Smee, *British Economic Growth 1856-1973*, Stanford: Stanford University Press, 1982.

22.G. E. Mingay, *The Transformation of Britain 1830-1939,* Routledge & Kegan Paul, 1986.

23.M. E. Turner, J. V. Beckett, B. Afton, *Agriculture Rent in England 1690-1914*, Cambridge University Press, 2004.

24.E. Barbar, *The Great Landowners of East Yorkshire 1530-1910*, New York: Harvester Whearsheaf, 1990.

25.F. M. L. Thompson, *English Landed Society in the Nineteenth Century*, London and Toronto, 1963.

26.E dward Miller and John Hatcher, *Medieval England-Rural Society and Economic Change 1086-1348*, Longman London and New York, 1978.

27.Phillipp R.Schofield, *Peasant and Community in Medieval England, 1200-1500*, New York, 2003.

28.Phkllipp R Schofield, *Peasant and Community in Medieval England 1200-1500*, New York: Palgrave Macmillan, 2003.

29.Clapp B W, Fisher H E S, Jurica A R J, *Documents in English Economic*

History: England from 1000 to 1760, London: G. Bell & Sons Led, 1977.

30.E.A. Kosminsky, *Studies in the Agrarian History of England in the Thirteenth Century*, Oxford, 1956.

31.G.G.Coulton, *The Medieval Village*, New York,1989.

32.Joan Thirsk, *The Agrarian History of England and Wales*, Vol. IV,1500-1640, Cambridge University Press, 1967.

33.M. M. Postan, *The Medieval Economy and Society*, Penguin Books, 1972.

34.M. M. Postan, *The Medieval Economy and Society*, London, 1981.

35.John E. Martin, *Feudalism To Capitalism:Peasant and Landlord in English Agrarian Development*, The Macmillan Press, 1983.

36.J.D. Chambers, *Population, Economy, and Society in Pre-Industrial England*, Oxford University Press, 1972.

37.Lawrence Stone, *Social Change and Revolution in England 1540-1640*, Longmans, 1965.

38.D.C. Coleman, *The Economy of England 1450-1750*, Oxford University Press, 1977.

39.D. C. Coleman, *Economy in England 1450-1750*, Oxford, 1982.

40..Christopher Dyer, *Standards of Living in the Later Middle Ages: Social change in England c. 1200-1520*, Cambridge University Press, 1989.

41.Richard Britnell, *The Closing of the Middle Ages? England 1471-1529*, Blackwell, 1997.

42.Alan Macfarlane, *The Origins of English Individualism :the Family, Property and Social Transition*, Basil Blackwell Oxford, 1978.

43.J.L. Bolton, *The Medieval England Economy 1150-1500*, JMDent & Sons Ltd London; Rowman & Littlefiels Totowa, NJ, 1980.

44.Caelo M. Cipolla，*Before the Industrial Revolution :European Society and Economy, 1000-1700*, London, 1993.

45.S.H. Rigby, *English Society in the Later Middle Ages:Class, Status and Gender*, Macmillan, 1995.

46.M.H. Keen, *England in the Later Middle Ages*, London · New York,1973.

47.A. H. Halsey, *Change in British Society*，London,1982.

48.E. P. Cheyney, *History of England from the Defeat of Spanish Armada to the Death of Elizabeth With an Account of English Institutions During the Later Sixteenth and Early Seventeenth Centuries*, Longmans, Green, 1926.

49.H. P. R. Finberg, *The Agrarian History of England and Wales*,V.1, part2, A.D. 43-1042, Cambridge, 1972.

50.H. R. Lyon, *Anglo-Saxon England and The Norman Conquest*, London, 1991.

51.Pollock and Maitland, *History of English Law before the Time of Edward1*, 2vols, London, 1923.

52.Paul Vinogradoff, *Villainage in England:Essays in English Mediaeval History*, Nabu Press, 2010.

53.Ballard, Adolphus, *The Domesday Inquest*. London: Methuen & Co. , 1906.

54.Robert B. Holt, *Socage: Our Modern Freeholder tenancy of Land*, Land Nationalisation Society,1894.

55.W. Hudson, *Status of "Villani" and Other Tenants in Danish East Anglia in Pre-Conquest Times*，Transactions of the Royal Historical Society, Fourth Series, Vol. 4 (1921).

56.Paul. R. Hyams, *King, Lords and Peasants in Medieval England*, Oxford, 1980.

57.Joyce Youings, *Sixteenth-Century England*, London: Pengiun Books, 1884.

58.E. Miller & J. Hatcher, *Medieval England Rural Society and Economic Change 1068-1348*, Longman, 1978.

59.N. S. B. Gras, *The Economic and Social History of an English Village*, Hardvard, 1930.

60.Carlo M. Cipolla, *Before the Industrial Revolution European Society and Economy,1000-1700*, London, 1993.

61.C. Dyer, *Lords and Peasants in a Changing Society*, Cambridge, 1980.

62.P. Kriedte, *Peasants, Landlords and Merchant Capitalist: Europe and the World Economy, 1500 -1800*, Cambridge, 1983.

63.J. E. T. Rogers, *A History of Agriculture and Prices in England*, Oxford, 1866.

64.G. E. Fussell, *Farming Technique from Prehistoric to Modern Times*, London, 1966.

65.Nigel Sual, *The Oxford Illustrated History of Medieval England*, Oxford University Press, 1997.

66.W. S. Holdsworth, *A History of English Law*, Boston, 1922.

67.B. Harvey, *Westminster Abbey and its Estate in the Middle England*, Oxford, 1977.

68.A. W. B. Simpson, *A History of the Land Law*, Oxford University Press, 1986.

69.A. Simpson, *An Introduction to the History of the Land Law*, Oxford: Oxford University Press,1961.

70.B. W. Adkin, *Copyhold and Other Land Tenures of England,* London: The Estates Gazette, 1919.

71.J. V. Beckett, *The Agriculture Revolution*, Oxford, 1990.

72.Edward Miller, *The Agrarian History of England and Wales*, Vol.3, 1348-1500, Cambridge, 1991.

73.B. M. S. Campbell and Mark Overton, *English Seignorial Agriculture*, Manchester, 1991.

74.H. P. R. Finberg, *Tavistock Abbey: A Study in the Social and Economic History of Devon*, Cambridge, 1951.

75.E. Stone, *The Estates of Norwich Cathedral Priory, 1100-1300*. Ph. D. Thesis, Oxford, 1956.

76.Jone Langdon, Horses, *Oxen and Technological Innovation*, Cambridge, 1986 .

77.H. E. Hallam, *Rural England, 1066-1348*, Sussex, London: Fontana Paperbacks, 1981.

78.J. D. Chambers and G.E.Mingay, *The Agricultural Revolution, 1750-1880*, London, 1966.

79.B. M. S. Cambell and Mark Overton, *Land, Labour and Livestock: Historical Studies in European Agricultural Productivity*, Manchester, 1991.

80.H. L. Gray, *English Field Systems*, Cambridge, Mass.:Harvard University Press. 1915.

81.G. C. Homans, *English Villagers of the Thirteenth Century*, Cambridge, Mass.:Harvard University Press, 1941.

82.Ester Boserup, *The Conditions of Agricultural Growth*, London, 1965.

83.J. C. Russell, *British Medieval Population*, University of New Mexico Press, 1948.

84.F. J. Fisher, *The Development of the London Food Market: 1540-1640*, in *Eassays in Economic History*, vol.1. Edited by E.M. Carus-Wilson, London, 1954.

85.F. J. Fisher, ed. '*The State of England(1600)*. By Sir Thomas Wilson', *Camden Miscellany*, xvi (Camden Soc. LII,1936), 19-20; Cooper, loc. cit. 426.

86.C. S. and C. S, Orwin, *The Open Fields*, Oxford, 1987.

87.Willson, D. H., *A History of England,* Hinsdale, 1972.

88.J. Svaille, *Rural Depopulation in Enland and Walels 1851-1914*, London, 1957.

89.P. Anderson Graham, *The Rural Exodus: the Problem of the Village and the Town*, London: Methuen & Co., 1892.

90.B. A. Holderness, *Pre-industrial England Economy and Society, 1550-1700,* London, 1976.

91.John Bateman, *The Landowners of Great Britain and Ireland*: A List of All Owners of Three Thousand Acres and Upwards, Kessinger Pub Co,2009.

92.C.Dyer, *An Age of Transition?Economy and Society in England in the Later Middle Ages*, Oxford University Press, 2005.

93.C. Dyer, *Making a Living in the Middle Ages*, Yale University Press, 1988.

94.D. Gaimster, P. Stamper, *The Age of Transition: The Archaeology of English Culture 1400-1600*, The Short Run Press, 1997.

95.Phyllis Deane and W. A. Cole, *British Economic Growth,1688-1957*, Cambridge: Cambridge University Press, 1964.

96.Barrington Moore,*Social Origins of Dictatirship and Democracy*, Boston: Beacon, 1966.

97.Robert Brenner, *Agrarian Class Structure and Economic Development in Pre-industrial Europe*, in *The Brenner Debate: Agrarian Class Structure and Econnomic Development in Pre-in dustrial Europe*, edited by T. H. Aston and C. H. E. Philpin, Cambridge, 1985.

98.Robert Brenner, *The Agrarian Roots of European Capitalism*, in *The Brenner Debate: Agrarian Class Structure and Econnomic Development in Preindustrial Europe*, edited by T. H. Aston and C. H. E. Philpin, Cambridge, 1985.

99.Robert Brenner, *The Social Basis of Economic Development*, in *Analytical Marxism*, edited by John Roemer, Cambridge, 1986.

100.R. H. Britnell, *The Commercialization of English Society 1000-1500*, Manchester, 1996.

101.Michael Dalton,*The Country Justice*,chap.174. William West: EEBO Editions, ProQuest, 2010.

102.J. C. Cox, *Churchwardens' Accounts from the Fourteenth Century to the Cchurchwardens' Accounts from the Fourteenth Century to the Close of the Seventeenth Century*, Kessinger Publishing, 2010.

103.F. Dietz, *English Public Finance, 1558-1641*, London: Adam & Charles Black, 1932.

104.S. T. Bindoff, J. Hurstfield et al.,*Elizabethan Government and Society,* London, 1961.

105.W. T. MacCaffrey, *Exeter, 1540-1640* , Cambridge, Mass, 1958.

106.P. M. Tillott., *The City of York*, London, 1961.

107.T. S. Willan, *The Muscovy Merchants of 1555*, Manchester, 1953.

108.R. Robson, *The Attorney in Eighteenth Century England*, Cambridge, 1959.

109.D. M. Barratt, *The Condition of the Parish Clergy between the Reformation and 1660*, Oxford D.Phil. thesis, 1949.

110.G. E. Aylmer, *The King's Servants*, London, 1961.

111.D. V. Glass and D. E. C. Eversley, *Population in History*, London, 1965.

112.S. M. Lisper and R. *Bendix, Social Mobility in Industrial Society*, Berkeley, 1958.

113.J. E. Neale, *The Elizabethan House of Commons*, London, 1949.

114.W. G. Hoskins, *Provincial England*, London, 1963.

115.W. G. Hoskins, *The Midland Peasant*, London, 1957.

116.C. H. Wilson, *England's Apprenticeship 1660-1763*, London, 1965.

117.W. G.Hoskins, *Industry, Trade and People in Exeter:1688-1800,* Manchester, 1935.

118.A. G. Dickens, *The English Reformation*, London, 1964.

119.W. R. Prest, *Some Aspects of the Inns of Court 1590-1640*, Oxford D. Phil. Thesis, 1965.

120.E. Foss, *Lives of the Judges*, London, 1857.

121.J. Aubrey, *The Natural History of Wiltshire*, ed. J. Britton, London, 1847.

122.J. H. Roach, *A Directory of English Country Physicians, 1603-43*, London , 1962.

123.R. S. Roberts, *The Personnel and Practice of Medicine in Dudor and Stuart England*, Medical History, vi.,1962; viii., 1964.

124.W. T. MacCaffrey, *Place and Patrongage in Elizabethan Politics*, in *Elizabethan Government an Society*, ed. S. T. Bindoff et al., London, 1961.

125.L. Stone, *An Elizabethan: Sir Horatio Palavicino*, Oxford, 1956.

126.E. H. Phelps Brown and S. V. Hopkins, *Seven Centuries of Prices of Consumables compared with Builders' Wage-rates*, Economica, xxiii, 1956, repr. In *Essays in Economic History,* vol. Ii, ed. E. M. Carus-Wilson, London,1962.

127.W. Harrison, *Description of England*, in R. H. Tawney and E. Power, *Tudor Economic Documents*, London, 1924.

128.D. M. Barratt, *The Condition of the Parish Clergy between the Reformation and 1660*, Oxford D.Phil. thesis, 1949.

129.N. G. Brett-Tames, *The Growth of Stuart London*, London, 1935.

130.L. H. Carlson, *The Writings of John Greenwood,1587-90*, London, 1962.

131.J. H. Rose, etc., *Cambridge History of the British Empire*, Cambridge, 1929.

132.S. C. Powell, *Puritan Village,* Middlebury, Conn,1963.

133.J. SA. Bromley and E. H. Kossmann, ed., *Britain and the Netherlands*, ii, London,1959.

134.L. B. Namier and J. Brooke, *The House of Commons, 1754-1790*, London, 1964.

135.T. H. Hollingsworth, *The Demography of the British Peerage*, Supplement to *Population Studies*, xviii,1965.

136.H. Tilly, *The Vendée*, Cambridge, Mass, 1964.

137.R. G. Lang, *The Great Merchants of London in the Early Seventeenth Century*, Oxford D. Phil. Thesis, 1963.

138.Lionel Munby, *Hertfordshire Population Statistics,1563-1801*, Hertfordshire Local History Council, 1964.

139.L. Owen, *The Population of Wales in the Sixteenth Century*, Trans. of the Cymmrodorion Society, 1959.

140.P. Laslett, *The Word We Have Lost*, London, 1965.

141.M. Walzer, *The Revolution of the Saints*, Cambridge, Mass., 1965.

142.D. McClelland, *The Achieving Society*, New York, 1961.

143.W. E. Tate, *The Parish Chest,* Cambridge, 1946.

144.A. H. Johnson, *The History of the Warshipful Company of Drapers*, Oxford, 1942.

145.W. K. Kahl, *Apprenticeship and the Freedom of London Livery Companies, 1690-1750*, Guildhall Miscellany, vii, 1956.

146.F. L. Ford, *Robe and Sword*, Cambridge, Mass., 1953.

147.B. E. Supple, *Commercial Crisis and Change in England, 1600-42*, Cambridge, 1959.

148.R, Ashton, *The Crown and the Money Market, 1603-40*, Oxford, 1960.

150..Gilbert Slater, *The English Peasantry and the Enclosure of Common Fields*, London, 1907.

151.Wilhelm Hasbach, *History of the Agricultural Labourer*, English translation, 1908.

152. E. C. K. Gonner, *Common land and Inclosure*, 1st edn, London, 1912.

153.J. L and Barbara Hammond, *The Village Labourer*, 1st edn, 1911. new edn, London: Longman, 1978.

154.Michael Turner, *English Parliamentary Enclosure: its Historical Geography and Economic History*, Folkestone, 1980.

156.A. Simpson, *The Wealth of the Gentry, 1540-1660*, Cambridge, 1961.

157.C. Read, *Mr. Secretary Cecil and Queen Elizabeth*, London, 1956.

158.L. Stone, *Family and Fortune:Studies in Aristocratic Finance in the Sixteenth and Seventeenth Centuries*, Oxford, 1973.

159.C. P. Hill，*British Economic and Social History 1700-1982*，London, 1985.

160.H. J. Habakkuk, Boston, *The Cambridge Economic History of Europe*, Cambridge University Press, 1978.

161.Mark Overton，*Agricultural Revolution in England 1500-1850*，UK: Cambridge University Press, 1996.

162.R. Floud, D. McClosky, *The Economic History of Britain since 1700*, Cambridge University Press, 1981.

163.F. Dizetz, *English Public Finance 1558-1641*, London, 1932.

164.J. H. Clapham, *Economic History of Mordern Britain,* II, Cambridge, 1932.

165.Winchester, Angus，*Discovering Parish Boundaries*, Shire Publications, 2000.

166. *Report on the Decline in the Agricultural Population of Great Britain*, London: Darling & Son, Ltd, 1906.

167. R. Parkinson, *The Life of Adam Martindale* , Chetham Soc, 1845.

168.Philip Ziegler, *The Black Death,* Harper Perennal Modern Classics, 2009.

（二）外文论文

1.C. Dyer, "A new Introduction"，in R. H. Hilton, *Bondmen Made Free*,London, 2003, p.x.

2.R. H. Hilton, "Freedom and Villeinage in England"，*Past and Present*, No.31 (Jul.,1965), pp.3-19.

3.G.E.Mingay, "The Land Tax Assessments and the Small Landowner", *Economic History Review*, 2nd ser. XVII, 1964, pp.381-8.

4.H. L. Gray, "Yeoman Farming in Oxfordshire", *Quarterly Journal of Economics*, Vol.24.

5.J.D.Chambers, "Enclosure and the Small Landowner", *Economic History Review*, Vol.X, 1940.

6.Boaz Moselle, Allotments, "Enclosure, and Proletarianization in Early Nineteent-Century Southern England", *The Economic History Review*, New Series,Vol.48 No.3(Aug.,1995), pp.482-500.

7. J.V.Beckett, "The Decline of the Small Landowner in Eighteeeth Century and Nineteeth Century England:Some Regional Consideration", *Agricultural History Review*. XXX. 1982, pp.109-10.

8.H. E. Hallam, "Some Thirteen-Century Censuses", *The Economic History Review*, New Series, Vol. 10, No.3(1958), pp.340-361.

9.W. Hudson, "Status of 'Villani' and Other Tenants in Danish East Anglia in Pre-Conquest Times", *Transactions of the Royal Historical Society*, Fourth Series, Vol. 4 (1921), pp.23-48.

10.W. O. Massingberd, "The Linconlnshire Sokemen", *The English Historical Review*, Vol.20, No.80,1905, pp.701-2.

11.J.V. Beckett,"The Pattern of Landownership in England and Wales, 1660-1880", *Economic History Review*, Vol. 37, No. 1(February 1984), pp. 1-22.

12.Thomas Walker Page, "The End of Villainage in England", *Publications of American Economic Association*, 3rd Series, Vol. 1, No.2. (May,1900), pp.3-99.

13.Rosemary L. Hopcroft, "The Social Origins of Agrarian Change in Late Medieval England", *The American Journal of Sociology*, Vol.99. No.6. (May, 1994), pp.1559-1595.

14.Edward P. Cheyney, "The Disappearance of English Serfdom", *The English Historical Review*,Vol.15.No.57(Jan.,1900),pp.20-37.

15. Phillipp R. Schofield, "Peasants and the Manor Court:Gossip and Litigation in

a Suffolk Village at the Close of the Thirteen Century”，*Past and Present*, No.159. (May, 1998), pp.3-42.

16.Jane Whittle, “Individualism and the Family-Land Bond: A Reassessment of Land Tranfer Patterns among the English Peasantry c.1270-1580”，*Past and Present*, No.160. (Agu., 1998), pp.25-63.

17.Zvi Razi, Family, “Land and the Village community in Later Medieval England”，*Past and Present*, No.93. (Nov.,1981), pp.3-36.

18.D.M. Hirst, “The Seventeenth-Century Freeholder and the Statistician: A Case of Terminological Confusion”，*The Economic History Review*, New Series. Vol.29, No.2 (May, 1976), pp.306-310.

19.H.G. Hunt,“Landownership and Enclosure, 1750-1830”，*Economic History Review*, Vol. 11, No. 3 (April 1959), pp. 497-505.

20.Maitland, “History of a Cambridgeshire Manor”，*English Historical Review*, ix. 419, July, 1894.

21.B. M. S. Campell, “Agricultural Progress in Medieval England:Some Evidence from Eastern Nurfolk”，*The Economic History Review*, pp.26-46.

22.M. M. Postan, Village Livestock in the Thirteenth Century, *The Economic History Review*, New Series, Vol.15, No.2. (1962), pp.219-249.

23.Jean Scammell, “Freedom and Marriage in Medieval England”，*The Economic History Reiew*, New Series, Vol. 27, No.4 (Nov.,1974), pp.523-537.

24. A. R. Bridbury, “Sixteenth-Century Farming”，*The Economic History Review*, New Series, Vol.27, No.4 (Nov.,1974), pp.538-556.

25.Reginald Lennard, “The Alleged Exhaustion of the Soil in Medieval England”，*The Economic Journal*,Vol.32, No. 125. (Mar.,1922).

26.M. K. Bennett, “British Wheat Yield Per Acre foe Seven Centuries”，*Economic History*, Vol.3, No.10 (Feb,1935).

27.B. M. S. Campbell, “Arable Productivity in Medieval England: Some Evidence from Norfolk”，*Journal of Economic History*, 1983, 43:379-404.

28.Robert C. Stacey, “Agricultural Investment and Management of the Royal Demesne Manors,1236-1240", *Journal of Economic History*, 1986, 46: 919-34.

29.C. Dyer, "Peasants and Coins: the Uses of Money in the Middle Ages", *British Numismatic Journal*, 1997(67): 42.

30.L. E. Jones, "Agricultural Origins of Industry",*Past and Present*, 1968, 40:58-71.

31.J. R. Wordie, "The Chronology of English Enclosure", *Economic History Review*,2nd ser., 36 (4): 483 -505.

32.B. M. S. Cambell, "Population Change and the Genesis of Commonfields on a Norfolk Manor", *Economic History Review*, 1980, 2nd ser., 33:174-92.

33. Jack Goldstone, "Regional Ecology and Agrarian Change in England and France:1500-1700", *Politics and Society*, 1988, 16(2-3): pp.265-286.

34.B. M. S. Campbell and John P. Power, "Mapping the Agricultural Geography of Medieval England", *Journal of Historical Geography*, 1985, 15(1):24-39.

35.E. A. Wrigley, "Urban Growth and Agricultural Change:England and the Continent in the Early Modern Period", *Journal of Interdisciplinary History*, 1985, 15 (4): 683-728.

36.F. R. H. duDoulay, "Who Were Farming the English Demesnes at the End of the Midlle Ages?" *Economic History Review*, 1965, 2d ser., 17(3):443-55.

37.B. M. S. Campbell, "Population Change and the Genesis of Commonfields on a Norfolk Manor", *Economic History Review*, 1980, 2d ser., 33: 174-92.

38.H. S. A. Fox, "The Chronology of Encolsure and Economic Development in Medieval Devon", *The Economic History Review*, New Series, Vol.28, (1975), pp. 181-202.

39.Lawrence Stone," Social Mobility in England, 1500-1700", *Past and Present*, No.33 (Apr. 1966) , pp.16-55.

40.Lawrence Stone, *The Crisis of the Aristocracy, 1559-1641*(Oxford , 1965), pp.49-53.

41.L. Stone, "The Educational Revolution in England, 1560-1640", *Past and Present*, no.28 (July, 1964),pp.41-80.

42.P. McGrath, "Records relating to the Society of Merchant Adventurers of the City of Bristol in the Seventeenth Century", *Bristol Rec. Soc.*, xvii(1953), pp. xxviii-xxx.

43.A. J. Tawney and R. H. Tawney, "An Occupational Census of the Seventeenth Century", *Econ. Hist. Rev.*, v(1934-5), pp.25-64.

44.P. Laslett," Clayworth and Cogenhoe", *in Historical Essays, 1600-1750*, ed. H. E. Bell and R. L. Ollard (London, 1963).

45.D. C. Coleman, "Labour in the English Economy in the Seventeenth Century", *Econ. Hist. Rev.*, 2nd ser., viii,1955-6, pp.280-95.

46.J. Cornwall, "The People of Rutland in 1522", *Leics. Arch. Soc*. Trans., xxxvii, 1961-2, p.15.

47.J. Cornwall, "The Early Tudor Gentry", *Econ. Hist. Rev.*, 2nd ser., xvii, 1964-5, p.460.

48.Julia Cprnwall, "English Country Towns in the 1520s", *Econ. Hist. Rev.*, 2nd ser., xv, 1962-3, pp.54-6966.

49.H. J. Habakkuk, "English Landownership,1680-1740", *Econ. Hist. Rev.*, x,1940.

50.C. Creighton, "The Population of Old London", *Blackwood's Magazine*, cxlix, Edinburgh, Apr., 1891.

51.M. Curtis, "The Alienated Intellectuals of Early Stuart England", *Past and Present*, No.23, Nov., 1962.

52.R. H. Tawney, "The Rise of the Gentry, 1558-1640", *Econ. Hist. Rev.*, xi, 1941, repr. in *Essays in Economic History,* Vol. I, ed. E. M. Carus-Wilson, London,1954, pp.173-4, 192.

53.W. G. Howson, "Plague, Poverty and Population in Parts of North-West England,1580-1720", *Lancs. and chesh. Hist. Soc. Trans.*, cxii, 1960, pp.29-55.

54.J. F. Pound, "An Elizabethan Census of the Poor", *Univ. of Birmingham Hist. JL.*, viii,1962, p.142.

55.J. Thirsk, "The Sale of Royalist land during the Interregnum", *Econ. Hist.*

Rev., 2nd. Ser., v, 1952-3, pp.188-207.

56.J. Thirsk, "The Restoration Land Settlement", *Jl. Mod. Hist.*, xxvi,1954, pp.315-28.

57.H. J. Habakkuk, "Landowners and the Civil War", *Econ. Hist. Rev.*, 2nd ser., xviii [I], 1965, pp.130-51.

58.M. Espinasse, "The Decline and Fall of Restoration Science", *Past and Present*, No.14 (Nov.,1958), pp.71-89.

59.A. Everitt, "Social Mobility in Early Modern England", *Past and Present*, No. 33, Apre., 1966.

60.H. M. Colvin and L. M. Wodehouse, "Henry Bell of King's Lynn", *Architectural History*, iv, 1961, pp. 41-62.

61.John Chapman, "Some Problem in the Interpretation of Enclosure Awards", *Agricultural History Review*, XXVI, 1987; "The Extent and Nature of Parlimentary", *Agricultural History Review*, XXXV, 1987.

62.Bruce M.S. Campbell, "The Population of Early Tudor England: A Reevaluation of the 1522 Muster and 1524 and 1525 Lay Subsidies", *Journal of Historical Geography*, 7/2.

63.Phillipp R. Schofield, "Tenurial Developments and the Availability of Customary Land in a Later Medievaal Community", *The Economic History Review*,New Series, Vol.49. No.2. (May,1996), pp.250-267.

64.J. R. Kent, "The English Village Constable 1580-1640: The Nature and Dilemmas of the Office", *The Journal of British Studies*, Vol.20, No.2 (1981).

65. Henry Ellis, "A general introduction to Domesday book", *University of Michigan Library* (January 1, 1833).

（三）外文档案

1. *Hundred Rolls*, i.

2.M. Sylvester, ed. *Reliquiae Baxterianae* (1696).

3. Lay Subsidy Rolls, 1524-25, *Sussex Record Society*, lvi(1957).

致　谢

　　治史难，研究中世纪史更难，因此，每天置身浩如烟海的学术资料，深入研读，细细琢磨，不敢稍怠。阅读愈多，困惑愈多，对学术的惶恐与敬畏愈多。好在功夫不负有心人，历经六年的艰辛，终于成稿，但忐忑的心情没有放松。由于自由农是涉及英国社会转型的大问题，加之本人学术积淀不厚，学力有限，因而本书只能提供一个阶段性成果，文中难免有不够深入、完善乃至谬误之处，恳请各位学界前辈专家批评指正，以便我在今后的研究中改进和提高。

　　本书能够顺利完稿，要感谢九年（包括读博三年）来给予我关爱和帮助的人们。第一个要感谢的是恩师，侯建新老师不仅关心学生的学业，而且关心学生的生活，知道我血压高后，每次和老师在一起时，侯老师总会询问我的身体状况，在我爱人生病之后，侯老师更是多次询问，先生的每一句问候都使我倍感温馨。在研究生学习期间，先生更是在选题、文章构架、写作过程中给予精心指导，尤其在论文修改阶段，先生逐字逐句推敲，不仅指出文章的错误和不适，而且对行文和措辞都亲自修改，令人感动。即使在工作后的生活和学习中，侯老师依然百忙之中抽出时间，及时对课题进行指导，使学生永世难忘。

　　天津师范大学刘景华教授、王亚平教授、龙秀清教授和孙立田教授对本书的研究也提出了中肯的建议和指导，在此一并致谢！

　　在研究进行过程中没能对年事已高的父母尽到人子之孝，父母双亲先后离世，其中悲痛，只有自知，唯望本书的出版，能够告慰二老在天之灵。对妻儿照顾不周，深为未尽到为夫为父之责感到歉疚，希望本书的完稿能给亲人带来些许慰藉。

众多同门师兄、师姐和师弟、师妹与我分享了学术的快乐和求知的艰辛，感谢多年来他们对我的关照和帮助。

更需要感谢的是项目组成员，他们是刘季富、李斌、陈太保三位老师。本成果能够最终成稿，还要感谢人民出版社李斌师兄。感谢安阳师范学院帮助过我的师友们，特别是孙朝阳、张磊二位好友。在此书成稿之时，我能对他们做的只能是致以深深的谢意，真诚地谢谢你们了。

李彦雄

2018 年 2 月 27 日